史料から読む近世大坂

塚田　孝　編

和泉書院

JN069596

刊行にあたって

本書『史料から読む近世大坂』は、近世都市大坂の豊かな歴史像を、基礎的な史料を一つひとつ読み解くことで読者にわかりやすく提示しようという試みである。本書は、もともと大学における共通教育や博物館などでの市民向け講座のテキストを作りたいというところから出発したが、広く歴史に興味・関心をもつみなさんに利用してもらうことを意図している。

現在の都市大阪は、都市としての長い歴史を積み上げてきた。古代の難波宮から中世の渡辺津や大坂寺内町を経て、豊臣秀吉の大坂城下町建設、徳川幕府直轄都市としての大坂、それを基盤として近代都市大阪が形成され、現代都市大阪にいたっている。その中でも近世における都市大坂の形成が現代大阪の直接の起点になっていることは言うまでもない。

それゆえ、江戸時代の大坂に関する関心は広く存在しているものの、その歴史の蓄積を、表層のイメージではない形で深くとらえ、その時代を生きた人びとの存在を生き生きと感じ取れる歴史認識に達することは容易なことではない。それを可能にする最も有効な方法が、当時の人たちの息吹を伝える一次史料を通して歴史を理解する方法であろう。当時の人たちが、自分の活動の中で作成し、残してきた史料だからこそ、現在、さまざまな出版物やメディアで流れている表層イメージとは異なるリアリティーが感じられるのである。

しかし、過去の史料を学生や市民のみなさんが自分だけで読み解くことは容易なことではない。それをサポートするテキストがあればと考えて本書を構想した。「Ⅰ　近世都市大坂の形成と三郷惣年寄」「Ⅱ　町」「Ⅲ　仲間」の三部に分けて、基本的なテーマに関する史料を取り上げて、その写真、釈文（翻刻）、読み下し、語句説明を入れて、読者自らが史料内容を理解することを補助するとともに、解説において、その史料の背景、そこから引き出せる論点などを説明している。また、それ以外に【コラム】を設けて、これまでの研究蓄積の一端を紹介した。これらを通して、本書全体で近世大坂の基本的な成り立ちをつかめるように工夫したつもりである。その意味で、本書は、一面では古文書のテキストの側面を持っているとともに、大坂の都市社会史の成果をまとめ、その最前線を紹介するものでもある。

本書の作成過程は研究を進展させる意味を持った。収録したそれぞれの史料の細部に及ぶ理解を試みたことで、史料読解の方法を鍛え、都市社会史の分析方法の深化につながったと考えている。さらに、本書の持つ包括性、つまり学生・市民のみなさんに対して近世大坂の包括的な都市像を提示しようと意図したことによって、近世大坂を対象とした都市社会史研究において、都市社会の全体性を見通す新たな視野を切り拓くことが可能になったと考えている。本書が、古文書に興味を持っている方がた、受け売りではなく自ら歴史について考えたいと思っている方がたに広く利用されることを願っている。

塚田　孝

目次

凡例

釈文

- 原則として常用漢字を用いた。
- 「与」・「者」(「は」となる場合のみ)・「茂」などは平仮名として用いられているものは平仮名とした。ただし「江」・「得」・「而」などは、原史料のまま表記した。合字の「〆」はそのまま翻刻した。
- 紙幅の関係で、原文の改行をそのまま続けて表記したものもある。その場合は、改行を(/)で示した。
- 文書の差出や宛先など史料の形式については一部改めたところがあるので、史料の写真版を参照していただきたい。

読み下し

- 現代仮名遣いを基本とした。また、なるべく平仮名で表記し、適宜ふりがなをつけた。
- 原文にある作成年月日・差出・宛名などは適宜省略した。

現代語訳

- 文意を明確にするために、適宜語句を補ったり、言い換えたりして意訳した部分がある。

解説

- 解説中に引用した史料は、原文のまま翻刻し、( )内に現代語訳をいれた。

執筆分担

執筆は、塚田孝、八木滋、高橋菜穂子、渡辺祥子、山下聡一、飯田直樹が分担して行った。なお、本書は、科研プロジェクト「近世巨大都市・三都の複合的社会構造とその世界史的位置—〈史料と社会〉の視点から—」(基盤研究(A)2020~23年度:代表・塚田孝)の活動の一環として取り組んだものである。

Ⅰ　近世都市大坂の形成と三郷惣年寄

（1）都市大坂の形成

1．都市大坂の形成

まず、大坂三郷の形成について簡単に説明しておこう。

大坂の都市建設は、天正一一（一五八三）年の豊臣秀吉による大坂城の築城に伴う城下町造りに始まる。織田信長に対して一一年にわたって抗戦した大坂本願寺の址を利用した大坂城と、四天王寺周辺に形成されていた都市的な場をつなぐ形で上町台地上に都市建設を行う南北に長い線状の都市プランであった。大坂城の本丸・二の丸と城下町も包み込む惣構（北の大川と東横堀と空堀と猫間川で囲まれる）の三重の守りが造られていたが、秀吉は最晩年の慶長三（一五九八）年に幼い秀頼のことを思い、二の丸と惣構の間に三の丸を築いた。このため、三の丸内相当の場所にいた町人たちに「町中屋敷替え」が実施された。その替地を確保するため、さらにこのような大規模な建設需要に引き付けられて集まる者たちの居住空間を確保するため、東横堀の西側、つまり船場の方面に都市建設の方向が広げられた。いわば西に展開する面状の都市プランへの転換と言えよう。

大坂は上町台地の西側は海流の堆積作用で徐々に陸地化してきたのであるが、水はけの悪い湿地状の土地であった。そのため西への面状の都市開発は、堀川の開削と一体で進行した。五頁の表1に示した堀川の開削は、同時に都市開発の空間的広がりの状況を示している。その開発のあり方を象徴するのは道頓堀の開発であろうが、それについては、後で詳しく見ることにしたい。

大坂の陣で一旦大坂は甚大な被害をこうむるが、元和五（一六一九）年の徳川氏の直轄化後に大坂城の大規模な再建と都市づくりが行われる。そして表に見えるように、ほぼ一六三〇年頃までに大坂の都市開発は一段落を迎える。この段階で、大坂三郷の枠組みもほぼ整うのである。

2．大坂の新地開発

後に見る〔史料①〕には、貞享三（一六八六）年の春頃より「川々御普請」が進められたとあるが、これは表1にある第一回の河村瑞賢による淀川・大和川の治水工事と連動するものである。かつて河内地域には大阪湾が大きく入り込んでいた。ところが上町台地北側に天満砂堆が延びて河内湾だったところが河内潟になり、ついには深野池・新開池などとなっていく。これには大和盆地から亀の瀬を越えて流れ込んできて北流する大和川が運んでくる土砂の堆積作用も関わっていた。そうして形成されていった河内平野は、たびたび大和川などの氾濫による洪水被害に悩まされていた。そのため、一七世紀後半には河内平野の村々から、大和川の流れを西向きに変えて大阪湾に直接流れ込むように願う出願が次々に出された。

幕府は当初、大和川の付替えは考えておらず、現地調査にあたった河村瑞賢らの意見を取り入れて、大和川や淀川の治水工事を実施することで対処しようとしていた。そのために行われたのが、貞享元年から五年にかけての河村瑞賢らによる第一回の工事である。大坂に即して言うと、この時淀川の河口部分の流れをまっすぐにするため、九条島を掘り通し

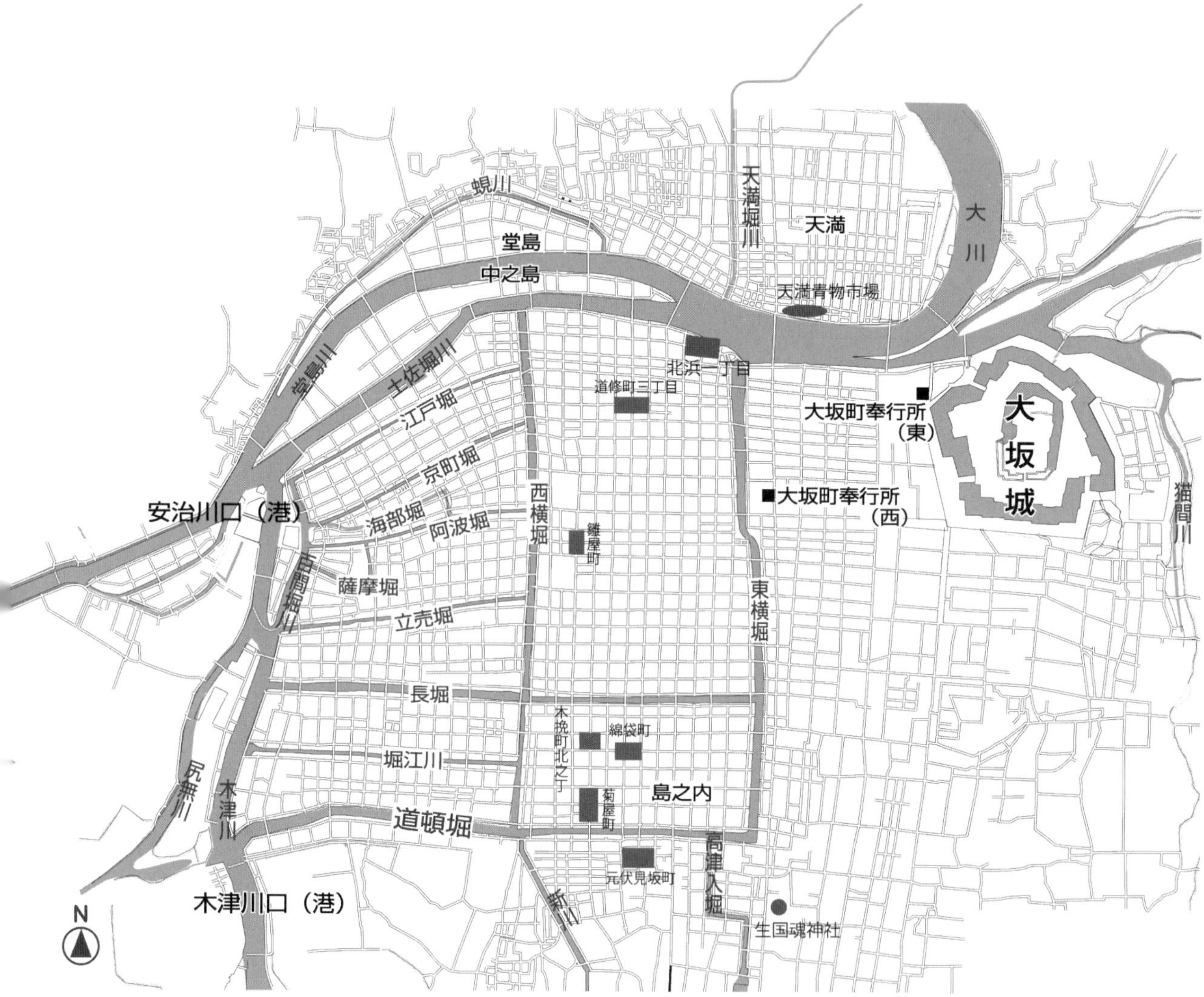
蜆川
堂島
中之島
天満堀川
天満
大川
天満青物市場
北浜一丁目
道修町三丁目
堂島川
土佐堀川
江戸堀
京町堀
大坂町奉行所
（東）
大坂城
大坂町奉行所
（西）
猫間川
安治川口（港）
海部堀
阿波堀
西横堀
鑓屋町
百間堀川
薩摩堀
立売堀
東横堀
長堀
木挽町北之丁
綿袋町
堀江川
尻無川
木津川
島之内
菊屋町
道頓堀
高津入堀
元伏見坂町
新川
木津川口（港）
生国魂神社
N

近世大坂の堀川と本書関係地名

て新川（後に安治川と改名）を通し、堂島や安治川両岸に新地を開発した。その後、元禄一一（一六九八）年に第二回の治水工事が行われるが、この時は堀江が通され、堀江新地が開発された。しかし、こうした対応では十分な効果を得られず、幕府は大きく方針を転換し、宝永元（一七〇四）年に大和川の付替えが実施される。これが現在の大阪市と堺市の境界を西流して大阪湾に注ぐ大和川である。

なお、この後も淀川の最下流部＝大坂市中部の整備のため曽根崎新地が開発される。表1に見えるように、その後一八世紀半ばから後半にかけて、西高津新地や難波新地が開発されるが、これは治水工事と連動した一七〇〇年前後の新地開発とは異なり、開発による利益を目論む町人の出願によって実施されたものである。

以下では、大坂の形成や開発について知ることのできる史料として、一七世紀末（一六八〇年代半ば）の大坂を描いた絵図〔史料①〕と道頓堀の開発に関わった安井家の由緒書〔史料②〕を紹介する。

表1　大坂の都市空間の形成

①豊臣期	
天正11（1583）	大坂城と城下町の建設に着手
	東横堀川（1594）
慶長3（1598）	三の丸建設
	天満堀川（1598）
	西横堀川（1600　→1617～19の新説あり）
	阿波堀川（1600）
②徳川期Ⅰ	
元和1（1615）	大坂の陣で大きな痛手
	道頓堀川（1612着手、～1615）
	江戸堀川（1617）
	長堀川（1619～22　旧説は1625）
	京町堀川（1620または1617）
	立売堀川（1620～26）
	海部堀川（1624）
	薩摩堀川（1628～30）
③徳川期Ⅱ	
第1回河村瑞賢の治水	
	堂島新地（1688）　新川（のち安治川と改称）
第2回河村瑞賢の治水	
	堀江新地（1698）
	大和川付替え（1704）
	曽根崎新地（1708）
	難波新川（1733）
	西高津新地（1733）……（1～9丁目成立 1745）
	難波新地（1764）　堀江川などの新築地

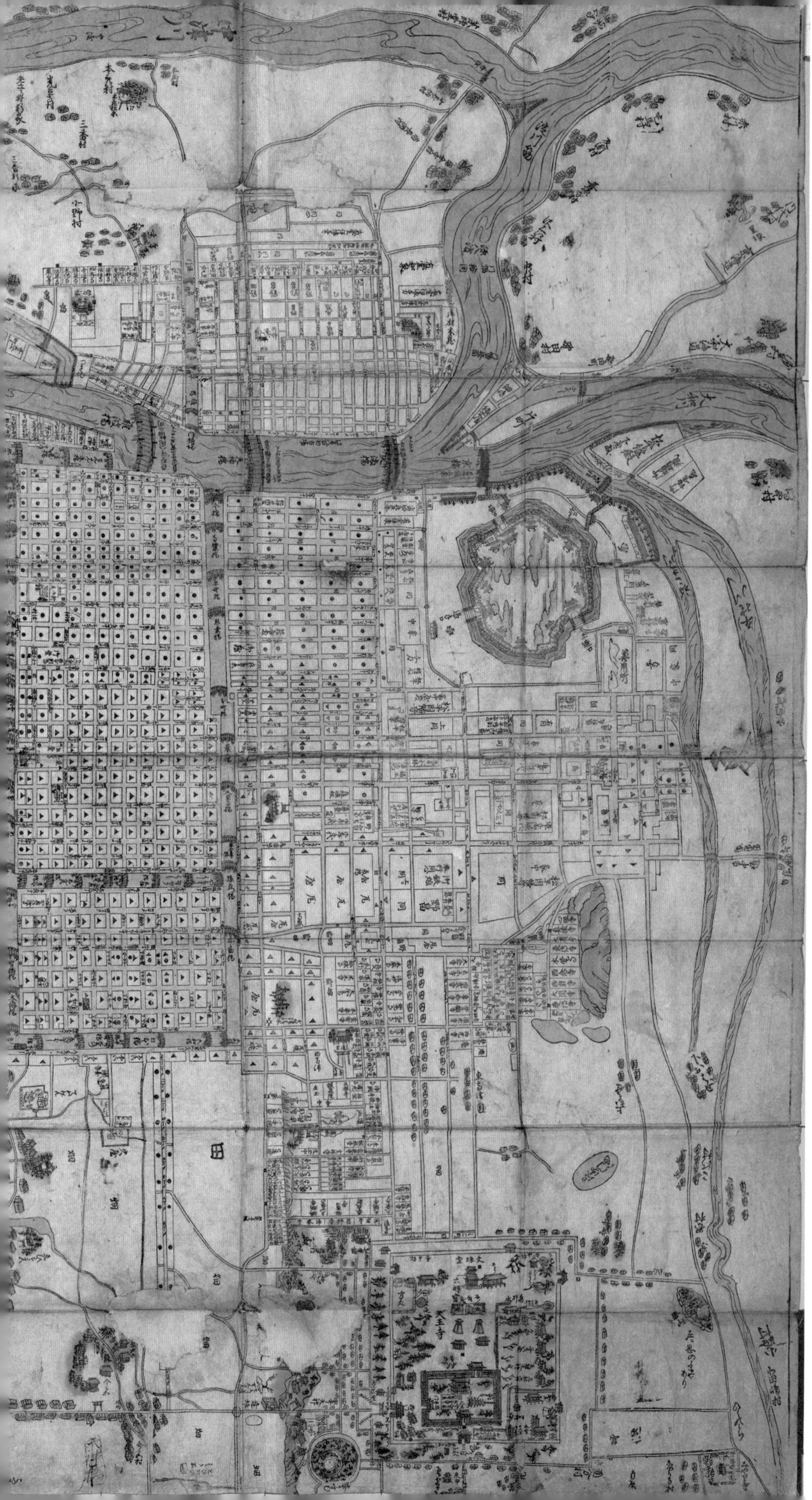

〔史料①〕新撰増補大坂大絵図（大阪歴史博物館蔵）

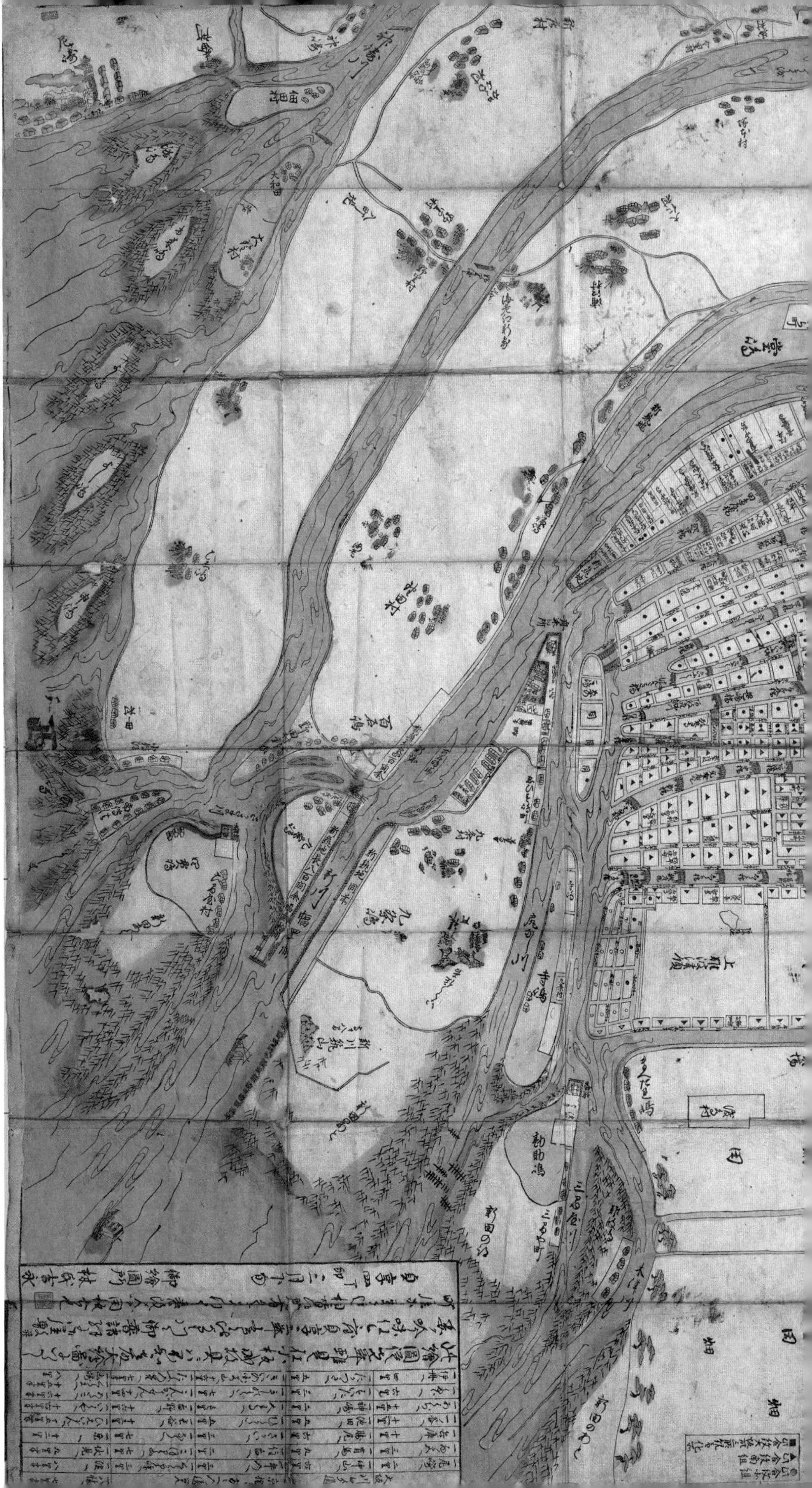

〔史料①〕
新撰増補
大坂大絵図

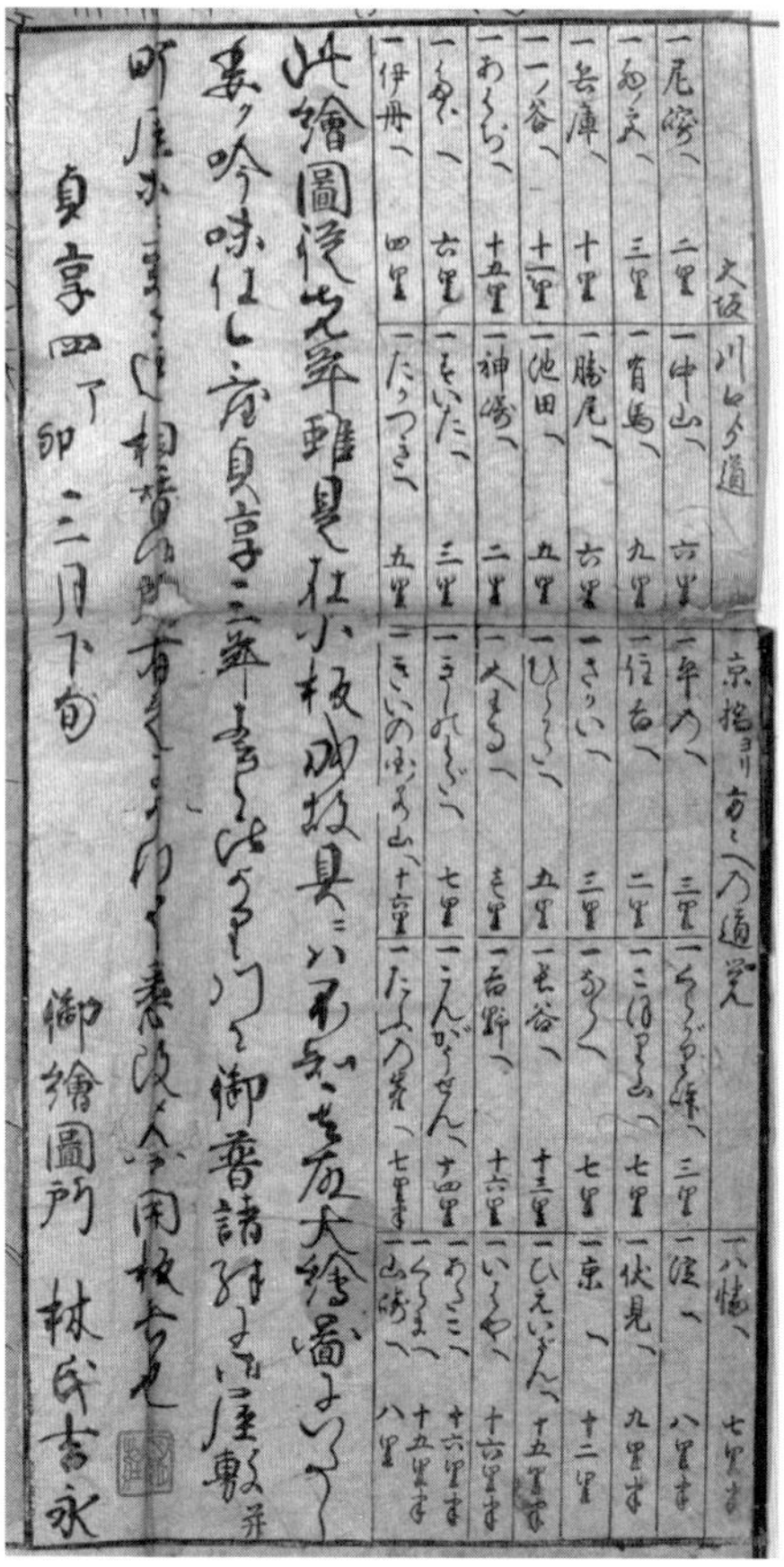

【釈文】

此絵図、従先年雖是在、小板成故具ニハ不知、其故大絵図にいたし、委ク吟味仕、今度貞享三年春之頃より川々御普請、殊に御屋敷幷町屋等ニ至る迄相替候所有之によつて、悉改メ、令開板者也

貞享四丁卯三月下旬　　御絵図所　林氏吉永

【読み下し】

この絵図、先年よりこれ在ると雖《いえど》も、小板なる故具《つぶさ》には知れず、それ故大絵図にいたし、委《くわ》しく吟味《ぎんみ》仕《つかまつ》り、今度貞享三年春の頃より川々御普請、殊《こと》に御屋敷幷《ならび》に町屋等に至る迄相替《あいか》わり候所これ有るによって、悉《ことごと》く改め、開板せしむ者なり

【現代語訳】

この（大坂の）絵図は、以前から存在していましたが、小さな版なので詳細はわかりませんでした。それ故、大絵図にして細部まで調べ、また貞享三年の春頃からあちこちの堀川の御普請が行われ、特に御屋敷から町屋にいたるまで（以前と）変わった所があるので、今回すべて確認・修正して出版します。

【語句】

板…出版物のこと、またその大きさ。板を彫って印刷するため、板元・開板（出版のこと）など、江戸時代には、「版」ではなく「板」の字を用いるのが一般的。／**吟味**…調べること。／**普請**…土木工事。家を建てることなどにも用いる。／**御屋敷**…大坂に置かれた諸藩の蔵屋敷。町人の屋敷ではなく、藩の屋敷なので「御」が付く。／**町屋**…町人の居住する家屋。ここでは町屋が開発される町人地のこと。

【解説】

この絵図には、「新撰増補大坂大絵図」との題箋があり、また前記のような刊記が付けられている。これによると、この絵図は貞享四（一六八七）年に「御絵図所」の林吉永が出版したものだとわかる。以前から同種の絵図を出版していたようだが、貞享三年の川普請を機に、それによって変わったところも含めて、版型を大きくして改訂して出版したという。大坂の都市開発はほぼ一六三〇年頃までに堀川の開削が行われ、三郷の形が整えられたが、この時期の開発で、新たな変化を遂げていくようになる。この絵図に描かれているのは、河村瑞賢による第一回の治水工事が実施されている最中の状況である。

描かれた大坂

では、地図を見てみよう。

先に引用した刊記は東を上にして書かれている。現代の感覚だと地図は北が上というのが常識だが、この時代にはそのような感覚はなかった。この場合は、幕府に敬意を払って、大坂城を上にしたものと考えられる。もっとも、地図中の文字も東を上にして書かれたものが多いが、すべての文字が東を上にしているわけでもない。おそらく、これらの地図は畳に広げて多方向から見ることを想定して、東が上を基準としつつも、その見やすさを考慮して文字を配置しているのだろう。

地図に描かれている範囲は、北は中津川、南は四天王寺、東は大坂城の東（平野川）、西は海まで、となっている。大坂の市街地だけでなく、周辺の農村地域も含めて描かれている。他の大坂を描いた地図も同様の範囲のものが多い。

大坂城の中はあまり詳しく描かれていない。大坂城の周辺で、●や▲の印のないところが武家屋敷であり、大坂城の西側や南側に展開している。大坂城代の屋敷、大坂城を警備する定番や大番の与力・同心の屋敷、蔵奉行・金奉行・鉄砲奉行・弓奉行・具足奉行・材木奉行などの諸奉行の屋敷などがある。

その南に「瓦屋」「野畠」とある。「瓦屋」とあるところ（部分図1）は、三町人*の一人、御用瓦師寺島藤右衛門の請地である。その南の端あたりが空堀である。この空堀は豊臣期大坂城の惣構の一部である。惣構は、北は大川、西は東横堀川、南が空堀、東が猫間川となっており、大坂城の一番外側の防御ラインである。空堀の南から四天王寺に向かって一本の道が延びており、その両側に家の絵が描かれている。これが平野町で、平野から町人たちを大坂に誘致したと言われている。平野町の両側には浄土真宗を除く宗派の寺院が集められた。寺町である。これらがほぼ豊臣秀吉の時期の大坂城とその城下町の範囲と重なる（寺島の請地と一部の寺町は除く）。大坂城～四天王寺～堺へと上町台地上に都市を建設するプランであった痕跡である。

＊三町人＝山村与助・寺島藤右衛門・尼崎又右衛門の三人を「三町人」と称している。いずれも、徳川家との縁故を由緒に持ち、苗字帯刀や大坂城への出入りを許されるなどの特権を有していた。

これまた先述したように秀吉の死の直前、慶長三（一五九八）年に三の丸が造営されるとその代替地として、東横堀川より西の低地（船場地域）で都市開発が行われるようになった。これまでの南北軸から東西軸へ都市計画が変更されたのである。さらにその周辺へと開発が進められ、（後で道頓堀川について具体的に見るように）豊臣（秀頼）末期から堀川の開削とその両側での町屋の開発が行われるようになる。そして大坂の陣後は船場より西側（西船場）や島之内といった地域でたくさんの堀川が開削され、町屋が開発されていった。船場では正方形の街区となっているのに対し、西船場では堀川に沿った歪みをともなう長方形の街区となっているが、これは開発の段階性を表している。

天満地域は、天正一三（一五八五）年からの天満本願寺とその寺内町の建設によって開発されていった。天満組として大坂三郷に組み入れられているが、一七世紀中は「大坂・天満町中」などと呼び習わされているように、大坂城下町とは異なる独自の起源を持っていた。天満地域の中心には天満宮や興正寺などの寺社があり、北端には東西に寺町があった。その北側や大川沿い近くには町奉行所の与力・同心が住んでいた（与力町・同心町）。

大川沿いの中之島周辺には諸藩の蔵屋敷が建ち並んでいる。蔵屋敷のほとんどが幕府からの拝領地ではなく、町人地に建っている。絵図上では、「松平安芸守」「有馬中務」といった藩主の名前で記されている。

西船場で細い堀で囲まれた一角がある（部分図3）。新町である。新町は大坂で唯一公認された傾城（遊女）町である。市街地の南端で南に細長く延びた街区がある。長町である。南の紀州街道へとつながっており、旅籠屋や木賃宿が多かった。

この地図の時点では、堂島や堀江（長堀川と道頓堀川の間の「下難波領」「上難波領」と書いてある空白部分）は開発されていない（部分図3）。堂島はこの直後に新地開発が行われるが、堀江地域は元禄一一（一六九八）年の河村瑞賢による第二回の工事で堀江川が開削され開発された。

では、貞享三年の川普請の様子を見てみよう（部分図2）。海に近いところに、九条島と書かれたところが二ヶ所あり、その間を区切る直線的な川には「新川」と書かれている。これが後の安治川であるが、まだ名前が付けられていない。新川の近くには「新川筑山」がある。これは安治川開削時の土砂が積み上げられた場所で、のちに「瑞賢山」などと呼ばれた小山である。また、周辺の四貫嶋の近くには「新田あと」などと書かれた場所がある。一七世紀中頃以降海に近いところでは新田開発が行われたが、この川普請で一旦撤廃されたので、「あと」と書かれている。一八世紀から一九世紀にかけて大阪湾側に新田開発が再び進められていくが、この時点では一旦抑制されていたのである。寛永一一（一六三四）年に将軍徳川家光が上洛し、その段階で大坂の町人地であった場所は地子（町人地に賦課された地代、現代でいえば宅地に賦課される固定資産税のようなもの）が免除されたが、それはほぼ、この絵図の町人地の範囲に相当する（逆に言うと、それ以後の開発地は地子免許ではなかった）。

なお、地図中の●印は、先述の大坂三郷のうちの北組、▲印は南組の町を示している。天満組は無印である。北組と南組の境は本町通り付近であるが、周縁部の新しく開発された町などでは、入り組んでいるところもある。このような近世都市大坂の開発過程を、この地図からも読み取ることができるのである。

地図史のなかの「大坂大絵図」

大坂を描いた地図には、肉筆の「大坂三郷町絵図」と、このような木版多色刷りの絵図がある。いずれも同じような範囲を描いている。肉筆の三郷町絵図は大坂町奉行所や三郷各組の惣会所などでその時々の必要に応じて製作されたものであると考えられる。一方、木版刷りのものは民間の版元が出版したもので多種類にわたる。この絵図の版元の「林吉永」は、京都の版元で林治左衛門吉永といい、寺町通り二条上ルにいたようである。大坂では、それまでに「新板大坂之図」を出版していた。これは、大坂城が絵画的に描かれ、街区は方形・黒塗りであることが特徴であった。これに対して「新撰増補大坂大絵図」は地図に付された刊記にも記されているように版型が大きくなっており、街区の黒塗りもなくなり、色彩的にもカラフルになっているのが特徴である。京都でも大坂と同様に「新板平安城并洛外之図」→「新撰増補京都大絵図」を製作している。また、江戸に出店して江戸図も手掛けている。このように、林吉永は一七世紀後半から一八世紀にかけての三都を代表する地図の版元であった。

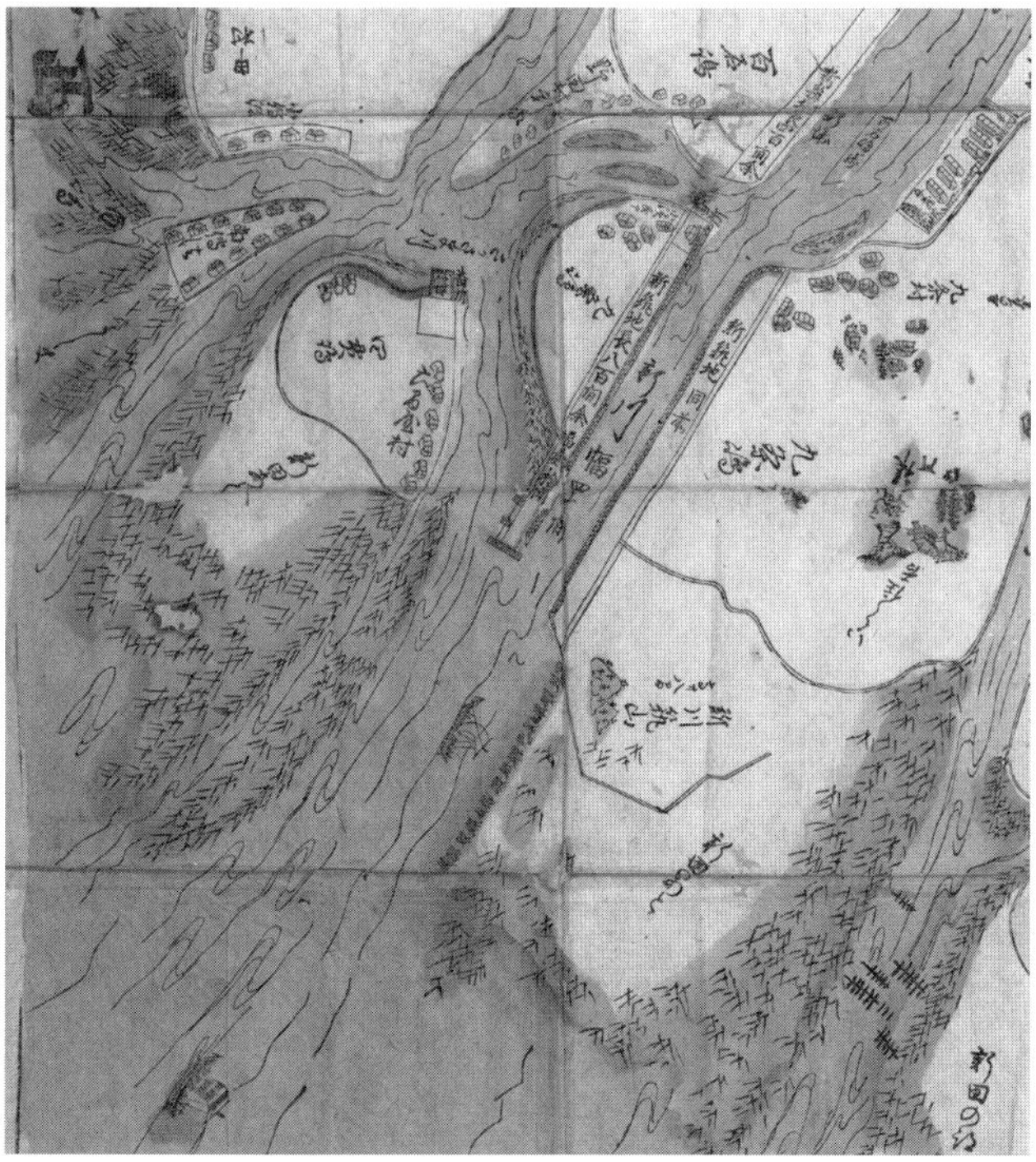

（部分図２） 安治川河口付近

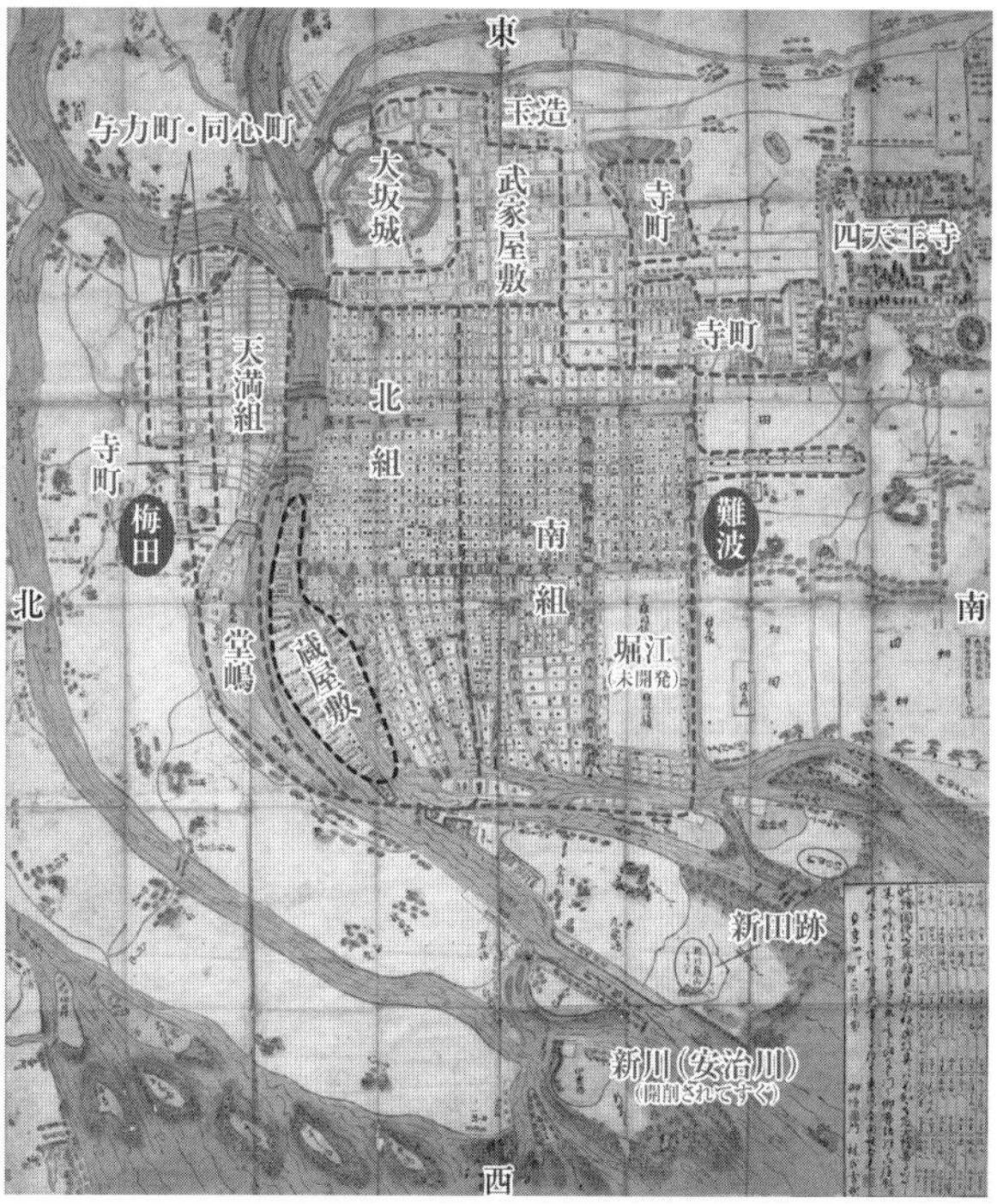

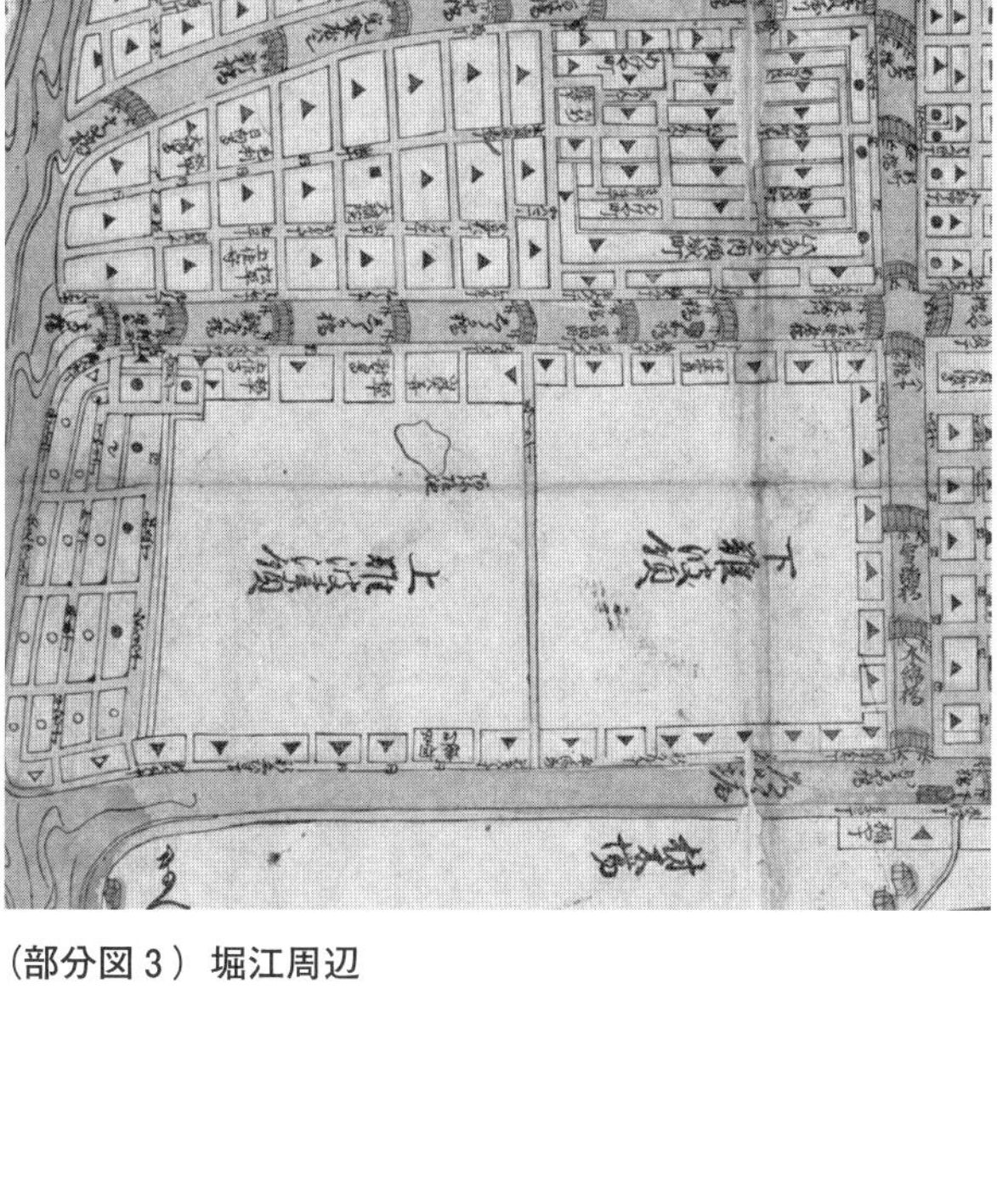

（部分図３） 堀江周辺

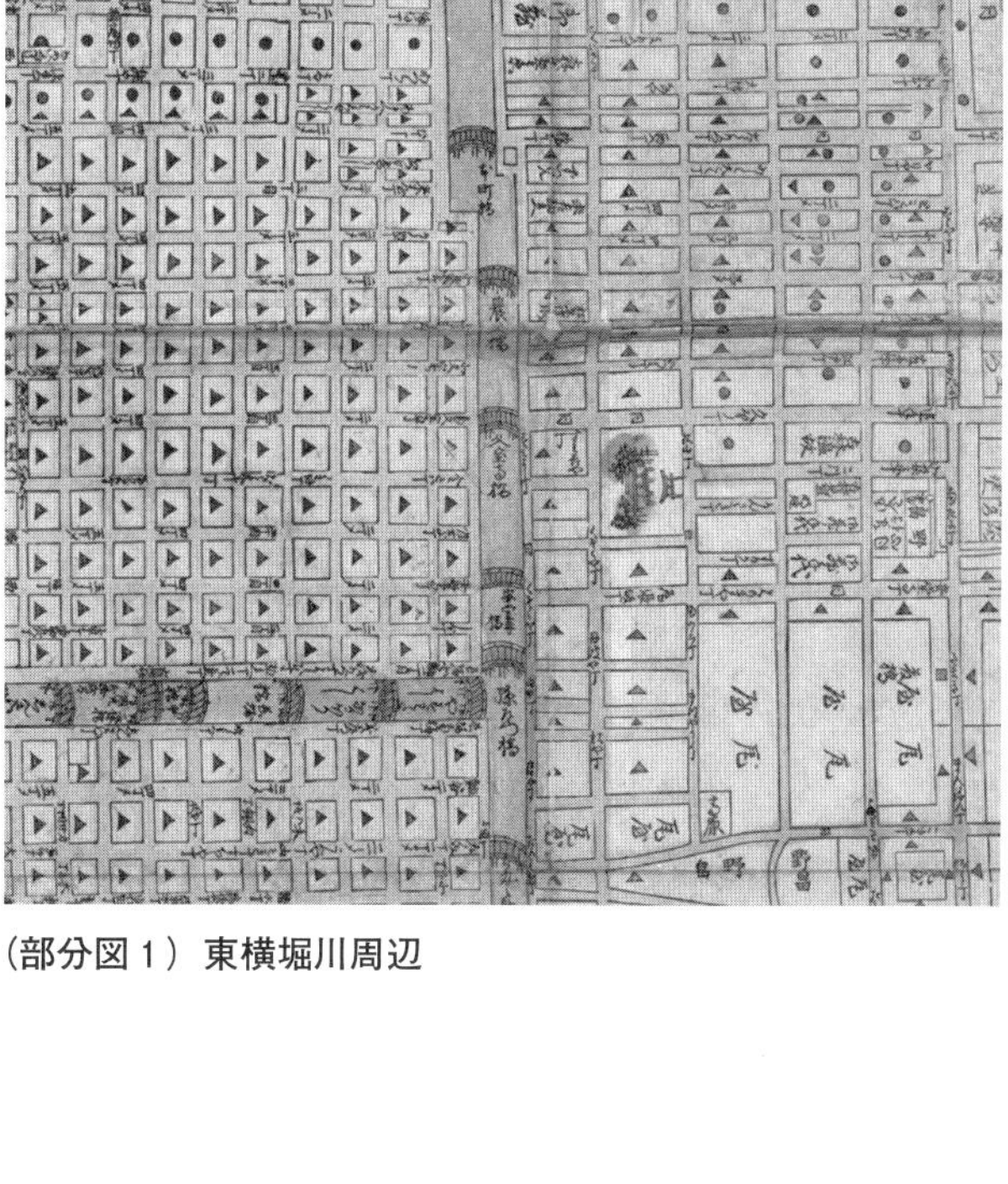

（部分図１） 東横堀川周辺

〔史料②〕

安井家由緒書（「安井家文書」大阪歴史博物館蔵）

【釈文】

私親安井九兵衛道頓堀取立、于今組合之
分支配仕来候由緒書付之覚
一、道頓堀川之儀、慶長十七壬子年平野藤次・成安道頓・
安井治兵衛・安井九兵衛四人従　御公儀様申請、上下
弐拾八町掘立申候、然所ニ治兵衛は翌年病死仕、悴は
寺沢志摩守様江被召置候、道頓は慶長十九年大坂
籠城之砌、城内ニ罷在相果申候、藤次・九兵衛両人は
籠城不仕立退候而、九兵衛儀は
台徳院様御陣所御用相勤罷在候、然所ニ御陣過候而、
藤次儀は平野住所ニ而御座候故、近辺御代官御願申上、
元和二辰年ゟ御代官被為　仰付候、親九兵衛儀は代々
河内国久宝寺村ニ罷在、親安井勘助・伯父主計・同清右衛門
信長様江忠節仕候ニ付、御朱印なと頂戴仕罷在候、
殊ニ伯父清右衛門は
太閤様御直判之御書数通被下、于今所持仕居申候故、
古郷難捨候而、大坂幷久宝寺村は松平下総守様御知行ニ
相渡候ニ付、久宝寺村・大蓮村・渋川村高五千石余、九兵衛
代官被為　仰付、元和元年ゟ同五年迄仕罷在候、其刻
道頓堀之儀、藤次・九兵衛両人ニ被下、家を建させ肝煎候
様ニと、則　下総守様御家老幷奉行衆連判之御折紙
証文被下、於只今所持仕候、尤久宝寺村近辺共代官
被為　仰付候折紙も御座候御事、

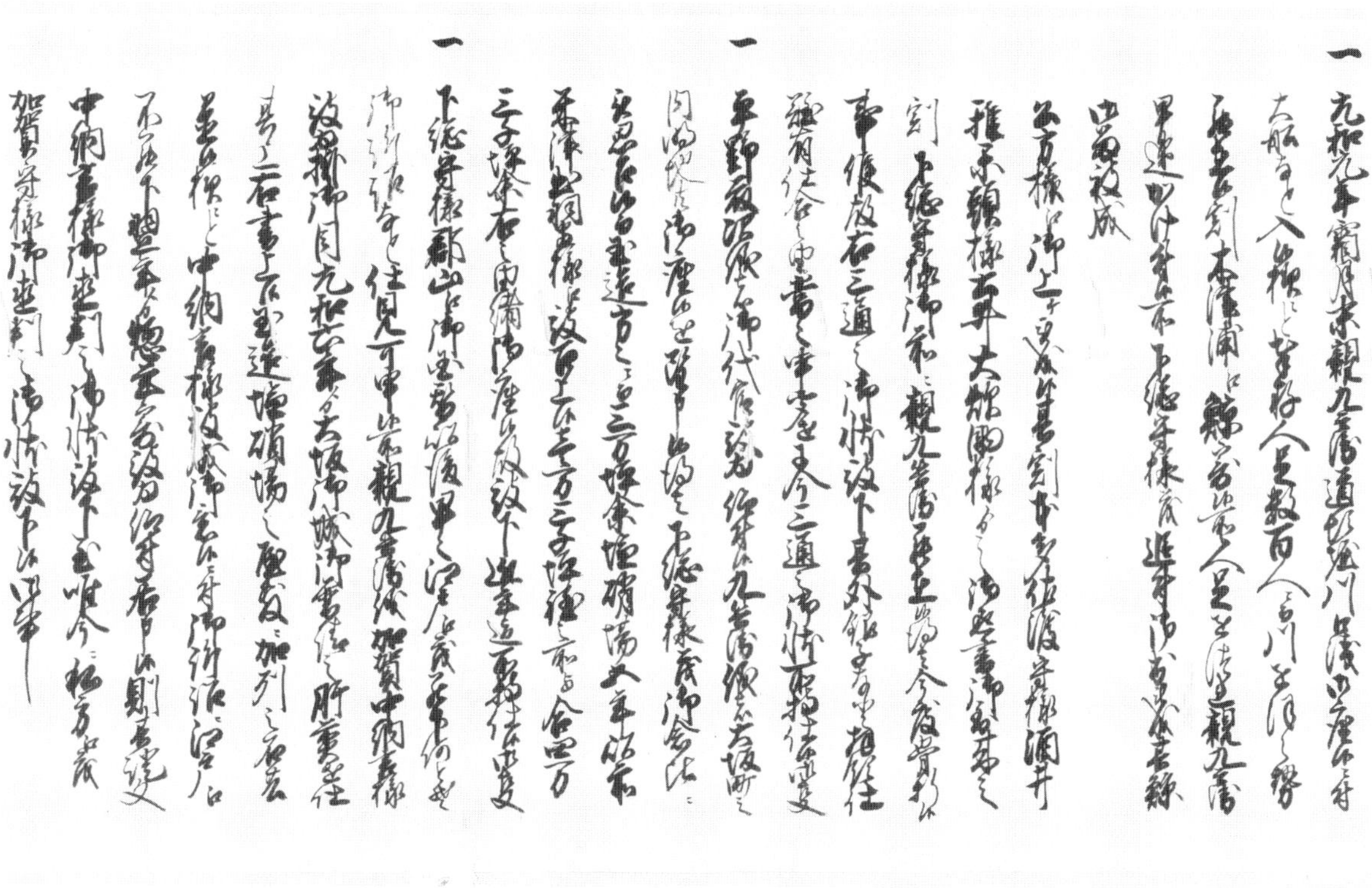

一、元和元年霜月末、親九兵衛、道頓堀川口浅御座候ニ付、
大船なと入候様ニと奉存、人足数百人ニ而川をほらせ
罷在候刻、木津浦江鯨寄候所、人足をつれ親九兵衛
早速かけ付候所、下総守様も追付御出被成、其鯨
御留被成、
公方様江御上ケ被成候、其刻本多佐渡守様・酒井
雅楽頭様・土井大炊助様ゟ之御返書御到来之
刻、下総守様御前ニ親九兵衛罷在候得は、今度骨折候
事候故、右三通之御状被下、其外銀子なと拝領仕、
難有仕合之由、常々申聞せ、于今三通之御状所持仕候御事、
一、平野藤次儀は御代官被為　仰付候、九兵衛儀は大坂町之
内、明地共御座候を望申候得は、下総守様も御念比ニ
被思召候而、玉造方々ニ而三万坪余塩硝場、五年以前
米津出羽守様江被召上候壱万三千坪程之所と、合四万
三千坪余、右之由緒御座候故被下、近年迄所持仕候御事、
一、下総守様郡山江御国替以後、早々江戸江も罷下、何とそ
御訴詔（訟）なと仕見可申候所、親九兵衛儀、加賀中納言様
被為掛御目、元和六年ゟ大坂御城御普請之肝煎を仕、
其上右書上候玉造塩硝場之屋敷ニ加州之石共
置候様ニと中納言様被成御意候ニ付、御訴詔ニ江戸江
不罷下、翌年ゟ惣年寄被為仰付居申候、則其証文
中納言様御直判之御状被下、至唯今ニ私方江も
加賀守様御直判之御状被下候御事、

一、由緒有之取立候道頓堀川之儀ニ而御座候故、五拾九年
以来親九兵衛ゟ只今私迄、組合八町之分何事ニよらす
支配仕来、　御公儀様ニも其通被聞召上、則
十六年以前明暦元年水帳御改之刻も、大坂
余之町々は其町々之年寄計奥書之判形
仕候、道頓堀組合八町之分は町々下年寄は親
九兵衛申付置申候故、奥書ニ九兵衛并藤次筋目
御座候ニ付、藤次弟平野徳寿と両人判形加江
置申候、由緒有之所は其外も如斯被遊
御取置被成候、則道頓堀大絵図も壱枚ニ仕、
差上ケ申候、其上惣会所ニ而惣年寄共万事
御法度申渡候刻、取置候判形之外ニ、八町之
下年寄之証拠我等差図請来候手形も
御座候、下年寄替り候得は、私方ゟ指図を以
私曲無之もの申付、則手形致させ置申候御事、

右之通相違無御座候、以上

寛文十年戌十一月十五日　南組惣年寄　安井九兵衛

【読み下し】

私親安井九兵衛道頓堀取り立て、今に組合の分支配 仕《つかまつ》り来たり候由緒書付の覚《おぼえ》

一、道頓堀川の儀、慶長十七壬子年平野藤次（藤次郎）・成安《なりやす》道頓・安井治兵衛・安井九兵衛四人、御公儀様より申し請け、上下弐拾八町掘り立て申し候、然《しか》る所に治兵衛は翌年病死仕り、忰は寺沢《てらざわ》志摩守様へ召し置かれ候、道頓は慶長十九年大坂籠城の砌《みぎり》、城内に罷《まか》り在り相果《は》て申し候、藤次・九兵衛両人は籠城《ろうじょう》 仕らず立ち退き候て、九兵衛儀は台徳《たいとく》院様御陣所御用相勤め罷り在り候、然る所に御陣過ぎ候て、藤次儀は平野住所にて御座《ござ》候故、近辺御代官御願い申し上げ、元和二辰年より御代官仰《おお》せ付けさせられ候、親九兵衛儀は代々河内国久宝寺村に罷り在り、親安井勘助・伯父主計《かずえ》・同清右衛門、信長様へ忠節仕り候に付き、御朱印など頂戴《ちょうだい》仕り罷り在り候、殊に伯父清右衛門は太閤様御直判《じきはん》の御書数通下され、今に所持《しょじ》仕り居り申し候故、古郷捨て難く候て、大坂幷に久宝寺村は松平下総《しもふさ》守様御知行《ちぎょう》に相渡り候に付き、久宝寺村・大蓮村・渋川村高五千石余り、九兵衛代官仰せ付けさせられ、元和元年より同五年迄仕り罷り在り候、その刻《きざみ》道頓堀の儀、藤次・九兵衛両人に下され、家を建てさせ肝煎《きもい》り候様にと、則ち 下総守様御家老幷に奉行衆連判の御折紙《おりがみ》証文下され、只今に於《お》いて所持仕り候、尤《もっと》も久宝寺村近辺とも代官仰せ付けさせられ候折紙も御座候御事、

一、元和元年霜月《しもつき》末、親九兵衛、道頓堀川口浅く御座候に付き、大船など入り候様にと存じ奉り、人足数百人にて川をほらせ罷り在り候刻、木津浦へ鯨寄り候所、人足をつれ親九兵衛早速かけ付け候所、下総守様も追っ付け御出《おい》で成され、その鯨御留《と》め成され、公方《くぼう》様へ御上げ成され候、その刻本多佐渡守様・酒井雅《う》楽頭《たのかみ》様・土井大炊助《おおいのすけ》様よりの御返書御到来の刻、下総守様御前《ごぜん》に親九兵衛罷り在り候えば、今度骨折り候事に候故、右三通の御状下され、その外銀子《ぎんす》など拝領《はいりょう》仕り、有り難き仕合わせの由、常々申し聞かせ、今に三通の御状所持仕り候御事、

一、平野藤次儀は御代官仰せ付けさせられ候、九兵衛儀は大坂町の内、明《あき》地《ち》共御座候を望み申し候えば、下総守様も御念比《ねんごろ》に思《おぼ》し召され候て、玉造方々にて三万坪余塩硝《えんしょう》 場、五年以前米津《よねきつ》出羽守様へ召し上げられ候壱万三千坪程の所と、合わせて四万三千坪余、右の由緒御座候故下され、近年迄所持仕り候御事、

一、下総守様郡山へ御国替え以後、早々江戸へも罷り下り、何とぞ御訴訟《そしょう》など仕り見申すべく候所、親九兵衛儀、加賀中納言様御目に掛けさせられ、元和六年より大坂御城御普請の肝煎を仕り、その上右書き上げ候玉造塩硝場の屋敷に加州の石共置き候様にと中納言様御意《ぎょい》成され候に付き、御訴訟に江戸へ罷り下らず、翌年より惣年寄仰せ付けさせられ居り申し候、則ちその証文中納言様御直判の御状《ごじょう》下され、唯今に至り私方へも加賀守様御直判の御状下され候御事、

一、由緒これ有り取り立て候道頓堀川の儀にて御座候故、五拾九年以来親九兵衛より只今私迄、組合八町の分何事によらず支配仕り来たり、御公儀様にもその通り聞こし召し上げられ、則ち十六年以前明暦元年水《みず》帳《ちょう》御改めの刻も、大坂余の町々はその町々の年寄計《ばか》り奥書《おくがき》の判形《はんぎょう》仕り候、道頓堀組合八町の分は町々下年寄は親九兵衛申し付け置き申し候故、奥書に九兵衛幷に藤次筋目《すじめ》御座候に付き、藤次弟平野徳寿と両人判形加え置き申し候、由緒これ有る所はその外もかくのごとく遊ばさ

れ御取り置き成され候、則ち道頓堀大絵図も壱枚に仕り、差し上げ申し候、その上惣会所にて惣年寄共万事《ばんじ》御法度申し渡し候刻、取り置き候判形の外に、八町の下年寄の証拠《しょうこ》我等差図《さしず》請け来たり候手形も御座候、下年寄替わり候えば、私方より指図《さしず》を以て私曲《しきょく》これ無きもの申し付け、則ち手形《てがた》致させ置き申し候御事、

右の通り相違御座無く候、以上

寛文十年戌十一月十五日　南組惣年寄
安井九兵衛

【現代語訳】

私の親安井九兵衛が道頓堀を取り立て、現在まで組合の町々を支配してきた由緒の書付の覚書き

一、道頓堀川は、慶長一七（一六一二）年に平野藤次郎・成安道頓・安井治兵衛・安井九兵衛の四人が、御公儀様から（土地を）貰い受け、全長二八町を掘り立てました。ところが治兵衛は翌年病死し、その倅は寺沢志摩守様に抱えられました。道頓は慶長一九年に大坂城に籠城した（大坂の陣の時）城内で死亡しました。藤次郎と九兵衛は大坂城へは籠城せず、九兵衛は台徳院様（徳川秀忠）御陣所の御用を勤めました。

大坂の陣が終わり、藤次郎は平野に居住していたので、近辺（幕領の）御代官になりたいとお願いし、元和二（一六一六）年より御代官に命じられました。（私の）親九兵衛は代々河内国久宝寺村に居住し、その親安井勘助、伯父主計、同清右衛門ともども（織田）信長様に忠節を尽くしたので、（信長様から）御朱印（状）などをいただきました。特に伯父清右衛門は太閤様（豊臣秀吉）の御直判の数通の文書をいただき、現在も所持しています。こうした由縁のある古郷を離れることができませんでしたが、大坂と久宝寺村は松平下総守様（松平忠明）の御知行になりましたので、（下総守様から）久宝寺村・大蓮村・渋川村高五千石余の代官に九兵衛を任じていただきました。元和元年より同五年までその代官を勤めました。同時に道頓堀を藤次郎と九兵衛の両人に下され、都市開発を行うようにという下総守様の御家老と奉行衆の連判の御折紙証文をいただき、現在まで所持しています。なお、久宝寺村近辺の代官に任じられた折紙も現存しています。

一、元和元年一一月の末、親の九兵衛は道頓堀川口が浅かったので、大船などが入れるようにしようと考え、人足数百人で川を掘らせておりました時に、木津浦へ鯨がやって来たので、人足を連れて親の九兵衛がすぐに駆け付け、下総守様も追っ付けお出でになって、その鯨を捕獲なされて、公方様へご献上なさいました。その時本多佐渡守様・酒井雅楽頭様・土井大炊助様からの御返書が到着した時、下総守様の御前に親の九兵衛が参上すると、今度は骨折りの事であったので、右の三通の御状やその他銀などを（下総守様から親九兵衛へ）拝領して、ありがたく幸せなことであった、ということをしばしば聞かされておりまして、現在三通の御状を所持いたしております。

一、（大坂の陣後）平野藤次郎は（幕領の）御代官に任じられました。一方、（親の）九兵衛は大坂市中の空き地をいただきたいと願ったところ、下総守様もご厚意をもって受けとめていただき、玉造方面で三万坪余の（現在の）塩硝場、これと五年前（現代の数え方だと四年前に相当）に米津出羽守様に没収された一万三千坪程の所と、合わせて四万三千坪余の土地（塩硝場）をこうした経緯でいただきました。これらの土地

は近年まで所持してきました。

一、下総守様が大和郡山へ御国替えとなった後、すぐに江戸へ下って、（代官などの地位〔武士の地位〕が続くよう）お願いするべきところでしたが、親の九兵衛は前田加賀中納言様にお目に掛けていただいていたので、元和六年より（前田家担当の）大坂城の御普請をお手伝いし、その上、前条に書きました玉造塩硝場の屋敷地を加賀藩の石の置き場とするよう、中納言様から言われましたので、（それらに忙殺されて）江戸にお願いに行くことができず、（結果として）翌年より（大坂南組の）惣年寄に任じられました。（その時）中納言様の御直判の文書をいただきましたが、（そのいわれで）現在も私方へ（前田）加賀守様の御直判の文書をいただいております。

一、このような由緒があり、開発した道頓堀川の周辺なので、五九年前の親九兵衛の時から現在まで、組合八町についてはすべてにわたって支配してきました。御公儀様もそのことを承認されております。一六年前の明暦元（一六五五）年の水帳の改定の時も、大坂の他の町々はその町々の年寄だけの奥書の判形でしたが、道頓堀組合八町の分は、各町の下年寄は親の九兵衛が申し付けたものなので、奥書には九兵衛と、藤次郎の所縁あるものとして弟平野徳寿の両人が判形を据えています。由緒のあるところはその外でも同様の措置が行われました。また道頓堀大絵図も一枚に仕立てて差し上げました。その上惣会所において惣年寄たちが諸々の御法度を申し渡す時に取り置く手形の外に、八町の下年寄であることの証拠となるような、私たちの指図を受けてきたことを示す手形もございます。下年寄の交替の時は、私からの指図で、私曲のない者を申し付け、手形を出させております。

右の通り、相違ございません。

寛文一〇年戌一一月一五日

南組惣年寄

安井九兵衛

【語句】

寺沢志摩守様…寺沢広高（永禄六（一五六三）年〜寛永一〇（一六三三）年）。戦国時代から江戸時代初期にかけての武将、大名。九州大名の豊臣秀吉への取次役。肥前国唐津藩初代藩主。／**台徳院**…二代将軍徳川秀忠。／**平野**…平野郷、現在の大阪市平野区にある。戦国期には環濠をめぐらせた自治集落（都市）を形成。豪商末吉家、平野家、成安家などの有力町人を輩出。秀吉期には平野から大坂に町人を移住させた。／**御代官**…幕領を管轄する役職。平野郷の代官は末吉孫左衛門が勤め、平野藤次郎の管轄地は別の村々。／**久宝寺村**…現在の八尾市にあった環濠集落・寺内町。室町期には、土豪・安井家が支配。戦国時代に本願寺第八世蓮如がこの地で布教活動を始め、西証寺（のちの顕証寺）を創建し、安井家の支援も得て寺内町が形成された。／**松平下総守**…松平忠明《ただあきら》。天正一一（一五八三）年、徳川氏の重臣・奥平信昌の四男として生まれる。母は徳川家康の娘・亀姫（盛徳院）であり、家康の外孫にあたる。天正一六年、家康の養子となり、松平姓を許された。大坂の陣の功績で、元和元（一六一五）年、大坂城主（一〇万石）。元和五年に大和郡山に転封（一二万石）。／**代官**…松平忠明の領地の代官。先の幕領の代官については「御」がついているが、ここでは私領の代官なので「御」をつけないという書き分けがされている。／**御折紙証文**…折紙は紙を横長になるように半分に折って書く形式の文書。その形式による証文。／**米津出羽守**…米津田盛。寛文六（一六六六）年より大坂定番。／**郡山**…大和郡山。／**加賀中納言**…前田利常。加賀藩第二代藩主。／**惣年寄**…大坂三郷に置かれた郷（＝組）を管轄する町人。各郷に数人ずつ置かれた（「三郷と惣年寄」で後述）。／**御公儀様**…江戸幕府のこと。ここでは大坂町奉行を指す。／**十六年以前**…現代の数え方だと一五年前に相当する。そのため寛文一〇（一六七〇）年の一六年前は明暦元（一六五五）年となる。／**水帳**…町ごとに作られた土地台帳。帳面と絵図がセット。／**奥書**…文書の奥にその内容を保証した署名。／**平野徳寿**…平野藤次郎の弟次郎兵衛。／**惣会所**…三郷の各組毎に置かれた運営のための施設。／**私曲**…自分の利益だけをはかって不正をはたらくこと。

【解説】

大阪市指定文化財「安井家文書」のなかの一通。寛文一〇（一六七〇）年に南組惣年寄の安井九兵衛が書いた由緒書である。印や宛名がないことから、安井九兵衛が大坂町奉行に提出したものの写しと考えられる。

表題によると、道頓堀を開発し、川沿いの組合八町を現在まで支配している由緒を町奉行に報告するためのものである。全五条からなっている。一条目は、道頓堀の堀と町の開発の経緯と安井家の由緒などを述べている。二条目では、元和元（一六一五）年一一月に木津浦にやってきた鯨を献上して褒美を受けたこと。三条目は、玉造などに四万三千坪余りの土地を拝領していたこと。四条目は、加賀中納言に目を掛けられていたことと、惣年寄に就任した経緯について。五条目は、それらの由緒を踏まえて、組合八町を支配している理由と現況を述べている。つまり、この文書は単に安井家の祖先のことを記述しているのではなく、安井家が組合八町を支配していることの経緯を述べるために作成されたものである。

安井家文書の他の由緒書や系図によると、道頓堀開削に従事した安井九兵衛（道卜）は明暦三（一六五七）年三月に隠居し、寛文四（一六六四）年一〇月一七日に八三歳で病死したという（由緒書では寛文元年とあるものもある）。息子の九兵衛（幽卜）は明暦三年に父の跡を継いで惣年寄となり、貞享五（一六八八）年七月一五日に病死している。そのまた息子の九兵衛は、元禄元（一六八八）年九月に惣年寄に任じられたという。この文書の書かれた寛文一〇年は二代目幽卜の時期である。標題にもあるように、この文書は、「私」（二代目幽卜）の親である道卜の死後、安井家が「組合八町」に対して支配的な立場にある理由の説明を町奉行所から尋ねられたことに対する幽卜の返答書である。以下、各箇条に即して見ていこう。

一条目は道頓堀の開削の経緯を記している。道頓堀開削の経緯を記した同時代史料はほとんど残されておらず、この文書等によってその経緯の一端を知ることができる。慶長一七（一六一二）年に、平野藤次（＝藤次郎）・成安道頓・安井治兵衛・安井九兵衛の四人で道頓堀川の開削を始めた。しかし、安井治兵衛は翌年病死し、その息子は姻戚の寺沢志摩守に引き取られた。成安道頓も豊臣方として大坂の陣で戦死した。平野藤次郎と安井九兵衛は豊臣方に付かず、九兵衛は徳川秀忠の御用を勤めた。大坂の陣が終わって、藤次郎と九兵衛は大坂城主となった松平忠明の家老と奉行衆から道頓堀の周辺に町屋を取り立てるよう指示を受けた。その指示の文書は現存している。内田九州男氏は、慶長一七年に全長二八町・幅八〇間の土地を与えられ、幅二〇間の堀の両側に一〇間の浜地と道、さらにその外側に奥行二〇間の町屋敷を造成する予定であったこと、早期に町の開発が実現した道頓堀川より東側半分について言うと、宅地造成者である安井家から、一定範囲を町開発者が買い取り、町人を誘致し町を開発したと想定している。（内田九州男「都市建設と町の開発」『日本都市史入門Ⅱ　町』東京大学出版会、一九九〇年）

このような道頓堀の開発について二、三の留意点をあげておこう。内田氏は、通説では元和元〜五年の松平忠明期に行われたとされてきた大坂の再開発は、多くが直轄期以降のことであることを論証した。しかし、このことによって、豊臣期の大坂と徳川期の大坂の都市発展が断絶すると考えるのは適切ではない。内田氏も、道頓堀周辺の町開発について、元和元年九月に松平忠明の家老らから平野藤次郎と安井九兵衛に「家を立てさせ」るよう命じた折紙に言及しているが、このことを念頭に置けば、大坂の都市開発は豊臣期から一七世紀にかけて一連の流れの中で再把握する必要があろう。

次に、安井九兵衛と平野藤次郎の関わり方の差異である。元和元年に松平忠明の家老らから、家建てと道頓堀関係の肝煎を命じられた折紙の宛先は、平野藤次郎と安井九兵衛の二人である（『安井家文書』大阪市史史料第二〇輯、一二号文書、以下同じ）。ここでは、道頓堀周辺の開発について二人は同じ立場と理解できる。ところが、平野藤次郎は元和二年に幕領の「御代官」に任じられ、彼が道頓堀に与えられていた屋敷は弟次郎兵衛に譲られた（この点は、八号文書による）。一方、安井九兵衛は久宝寺村など松平忠明領の代官を兼ねた（久宝寺村は彼の出身地）。平野藤次郎の管轄地域は未確認であるが（出身地の平野郷は含まない）、そちらに拠点が移されたと言えよう。こうした状況で、元和五年に松平忠明が大和郡山へ転封され、大坂が直轄化された時、安井九兵衛は代官としての立場を失い、元和七年に大坂・南組の惣年寄になった。こうして、安井九兵衛は都市大坂に拠点を置くことになった。道頓堀の開発に直接関わった平野藤次郎の立場は弟次郎兵衛が踏襲していくが、安井九兵衛の立場が一歩優越していくこととなった。

二条目は、木津浦にやってきた鯨を捕獲し、忠明が将軍に献上したことを述べている。忠明や幕府への忠誠・貢献を示すエピソードとして書き記しているのであろう。

三条目は、九兵衛の要望で大坂町中の土地を拝領したことを書き記している。なお、そのうち一万三千坪ほどは寛文六年から大坂城の定番を勤めた米津出羽守のために必要とされ没収されている。

四条目では、忠明が大和郡山に転封になったので、代官などの武士の地位を維持するために運動しようとしていたが、前田家の用務に従事していたため、その間に惣年寄に任じられてしまったとしている。この時期、九兵衛は、複数の大名家と関係を持ちながら、武士身分と町人身分の間の不安定な位置にいたことがわかる。また、三条目で言及している土地が前田家の石置き場に提供されていたことも興味深い。

最後の五条目で、これまでの記述を踏まえて、「組合八町」の支配について説明している。明暦元年の水帳では各町の下年寄のほかに九兵衛と藤次郎の弟の徳寿が押印している。その時に、道頓堀大絵図も提出しているという。また、下年寄の任命も安井の手で行われていると述べている。

他の安井家文書も参照しながら、これらのことを検証してみよう。

道頓堀東半分の両側の町場化について、内田氏は明暦元年の「北南道頓堀水帳」写の記載から、立慶町年寄―芝居立慶、吉左衛門町年寄―堺屋吉左衛門、九郎右衛門町年寄―塩屋九郎右衛門、宗右衛門町年寄―山ノ口屋宗右衛門、久左衛門町年寄―播磨屋久左衛門であることを確認し、彼らが安井九兵衛らから各町域を買い取って町人を誘致した町開発者であると結論づけた（内田前掲「都市建設と町の開発」）。そして、その地域の概念図を示している。

なお、この五町と裏町部分の再編された御前町・布袋町、木津組を再編した湊町を合わせた八町の組合（「川八町」と呼ばれる）は、安井九兵衛と平野次郎兵衛の支配とされ、この文書にあるように、水帳にも他の町のように町年寄・月行司だけでなく、安井・平野も連署した。これらの町の年寄は、一七世紀後半には下年寄とも称し、実際に着任に当たって安井九兵衛に諸事差図を受ける旨の一札を差し出している（一一五号文書）。ここにも実質的な統括は安井九兵衛によって行われていることが示されている。安井家にはこれら組合町の水帳が備えられ、帳切の際には張り紙が行われ、また諸祝儀が安井家に差し出されるなど、後々までこれらの町との特別な関係が維持されたのである。

この文書と同じような由緒書は、延宝五（一六七七）年閏一二月一二日と貞享三（一六八六）年七月一九日にも作成されている。延宝五年のものは、安井九兵衛・平野次郎兵衛が幕府「御巡見御奉行様」宛に提出したものである。内容は同様の由緒であるが、「川八町」の支配に集約されることはなく、両人の所持・管轄する土地の年貢負担の有無に焦点が合わされている。延宝五年から七年にかけて幕領全体の検地が行われているが、それと関連するものかもしれない。貞享三年のものは、文書冒頭に「私親安井九兵衛・平野次郎三郎祖父平野次郎兵衛道頓堀取立、于今組合支配仕来義先年書上ケ申候得共、此度も弥御尋被成候ニ付（道頓堀の開発と組合（八町）の支配について先年も書上を提出しましたが、今度もさらにお尋ねがありましたので）、由緒書上ケ申覚」とあるので、町奉行所が提出を求めたのであろう。なお、端裏書にこれは反故であり、後の証文にはならないが保存しておくと書かれている。

なお、道頓堀周辺の開発については、二〇一二年に新たに発見された安井九兵衛関係史料（遠藤亮平・安井洋一氏所蔵、大阪歴史博物館寄託）によって、その実態解明が大きく進展した。その新出安井家文書には、本史料五条目で言及されていた道頓堀大絵図（控え、もしくは写）が含まれている。新出安井家文書による研究進展の一端は、塚田孝・八木滋編『道頓堀の社会＝空間構造と芝居〈重点研究報告書〉』（大阪市立大学大学院文学研究科都市文化研究センター、二〇一五年）に示されている。※この報告書には、全長四メートルほどの道頓堀大絵図をカラーの口絵として収載しており、参照いただきたい。八木氏の研究を踏まえた道頓堀周辺の開発の理解は、塚田孝「道頓堀周辺の地域社会構造」（塚田編『シリーズ三都　大坂巻』東京大学出版会、二〇一九年）が整理している。

※なお、この報告書において、八木氏は「上下弐拾八町掘立」とあるのは、道頓堀の全長ではなく、両側に開発された町の表間口の総計である可能性を指摘している。今後検討していく必要があろう。

（2）三郷と惣年寄

近世の大坂市中は、北組・南組・天満組の三組に分かれていた。三組には、それぞれ惣会所《そうかいしょ》が置かれ、複数名の惣年寄《そうどしより》が任命された。各組はそれぞれ、道修町三丁目や木挽町北之丁など数百の個別の「町《ちょう》」から成り立っていた。

三郷と惣会所

一八世紀半ばの段階で、三郷に含まれる町数・家数と惣会所の所在地は次の通りである。

	町	家数	惣会所の位置
三郷全体	六二〇	一八九四四	
北組	二五〇	七二七二	平野町三丁目
南組	二六一	八一八一	南農人町一丁目（元は本町五丁目）
天満組	一〇九	三四九一	天満七丁目

惣年寄のほか、惣会所には、惣代（―若き者）、物書《ものかき》、会所守《もり》、筆工《ひっこう》などの役職の者が働いていた。

惣年寄

宝暦三（一七五三）年当時、惣年寄であった者の由緒の書上げが残っている（「初発言上候《ごんじょうそうろう》帳面写」『大阪市史』第五巻）。その段階の各組の惣年寄は次の通りである（【 】内は別史料から補足）。

北組惣年寄

住吉屋藤左衛門（五代）【元和三年住吉屋町の取立】
　一三九年前（元和元年）大坂天満地子銀取立役、元和八（一六二二）年南組惣年寄役、元禄一六（一七〇三）年北組の惣年寄の人数が不足したので北組へ組替え。

川崎屋次左衛門（七代）【道修町一丁目住居／鉄商売】
　一三九年前（元和元年）大坂天満地子銀取立役、元和五年北組惣年寄。

伊勢村新右衛門（四代）【高麗橋筋住居／木綿商売】
　一三九年前（元和元年）大坂天満地子銀取立役、元和五年北組惣年寄。

江川庄左衛門（五代）【元は堺町人】
　一三九年前（元和元年）大坂天満地子銀取立役、元和五年天満組惣年寄、宝永元（一七〇四）年北組惣年寄の人数が不足したので北組へ組替え。

永瀬七郎右衛門（六代）【西横堀で材木商売／七郎右衛門町の取立】
　一三九年前（元和元年）大坂天満地子銀取立役、寛永四（一六二七）年北組惣年寄。

南組惣年寄

野里屋四郎左衛門（五代）【内本町橋詰町住宅】
　一三九年前（元和元年）大坂天満地子銀取立役、寛永三年南組惣年寄。

吉文字屋三郎兵衛（五代）【本町二丁目住宅】
　一三九年前（元和元年）大坂天満地子銀取立役、寛永四年南組惣年寄。

渡辺又兵衛（六代）【内本町三丁目住宅】
　一三九年前（元和元年）大坂天満地子銀取立役、寛永六年南組惣年寄。

安井九兵衛（五代）【道頓堀川堀立、明地拝領／道頓堀側に住宅】

一三九年前（元和元年）大坂天満地子銀取立役、元和七年南組惣年寄。
綿屋喜四郎（八代）【本町三丁目住宅】
一三九年前（元和元年）大坂天満地子銀取立役、寛永一六年南組惣年寄。

天満組惣年寄

金谷三左衛門（五代）【天文年中、土佐金谷村より／天満四丁目で質商売・鉄商売】
一三九年前（元和元年）大坂天満地子銀取立役、正保四（一六四七）年天満組惣年寄。
中村左近右衛門（五代）【浅野家臣／天正年中に天満二丁目に引っ越し、町人に／質屋の支配】
一三九年前（元和元年）大坂天満地子銀取立役、元和八年天満組惣年寄。
今井喜左衛門（六代）【大和今井村より慶長年中に天満二丁目に／質屋の支配】
一三九年前（元和元年）大坂天満地子銀取立役、元和八年天満組惣年寄。
薩摩屋仁兵衛（三代）【慶長年中より大坂町人／薩摩堀の開発】
四一年前（正徳三［一七一三］年）祖父仁兵衛が天満組惣年寄役に。長州藩蔵屋敷の名代も勤める。

惣年寄には、初期の最有力町人が選ばれている。しかし、南組から北組へ替わった住吉屋藤右衛門、天満組から北組に替わった江川庄左衛門のように組替えもあり、薩摩屋仁兵衛のように一八世紀になってから任命された者も見られるなど、変遷もあった。各組の惣年寄のメンバーは『大阪市史』（第一・二巻）に時期ごとの一覧が掲載されている。

惣年寄の仕事

文化五（一八〇八）年提出の「三郷惣年寄由緒書幷勤書」（『大阪市史』第五巻）には惣年寄の仕事について詳しく記されている。その主なものを列記すると次の如くである（詳細は省略）。

町触・口達《こうたつ》の通達／公事訴訟《くじそしょう》の御用日の出勤／浪人の管理／関所通行の女手形発給／町年寄の任命／宗旨巻・人別帳の徴収／古町新地の町割り／普請・為替など御用請負人の家質《かじち》改め／酒造株改め／両替屋・船宿・船問屋・薬種屋《やくしゅ》・油屋・繰綿屋《くりわた》など諸仲間の改め書上げ、煮売《にうり》屋・茶屋・風呂屋・歌舞伎役者人別の改め書上げ（毎年）／町火消人足の手配と火事場での下知《げち》通りの働かせ／堂島新地地子《じし》銀・堀江御地代銀・所々御運上《うんじょう》銀・浜地《はまち》冥加《みょうが》銀・川浚《かわざらえ》冥加銀などの取立て上納

惣代

一八世紀半ばまでの三郷各組の惣代の人数の変遷は次の通りである（前掲「初発言上候帳面写」）。

【北組惣代】一三九年前（元和元年）松平忠明知行所の時期には北組惣代は三人。寛永四年に一人が加わり、延宝八（一六八〇）年に伏見組*惣代一人を北組に加え、元禄一七（一七〇四）年に船惣代の内から一人を加え、宝永六（一七〇九）年には一人加えて、合計七人となった。その後一人の跡目が絶え、享保七（一七二二）年に一人を補充して、現在の七人に至る。

＊元和期以降の一時期、伏見から移された町で構成された伏見組が存在していた。

【南組惣代】元和元年に南組の惣代は二人。元和五年に一人を加え、承応

三（一六五四）年に一人を加え、元禄一七年に船惣代の内から二人を加え、正徳五年にはさらに船惣代より一人を加え、（史料に脱有るか）合計六人となる。

【天満組惣代】元和元年に天満組の惣代は二人。元和九年に一人を加え、その後不調法で一人が退役したが、宝永六年に船惣代より一人を加え、正徳二（一七一二）年に船惣代より一人を加え、合計四人となる。

本書では、南組惣年寄の「安井家文書」（大阪歴史博物館蔵）の中から、惣年寄の職務の一つである「町触」の伝達に関する〔史料③〕と、牢人の町内居住のために惣年寄に請人になることを依頼している〔史料④〕を紹介する。それらの史料を通して、惣年寄の職務と、大坂の都市社会での位置づけの一端を知っていただければと思う。

〔史料③〕

町触（「安井家文書」大阪歴史博物館蔵）

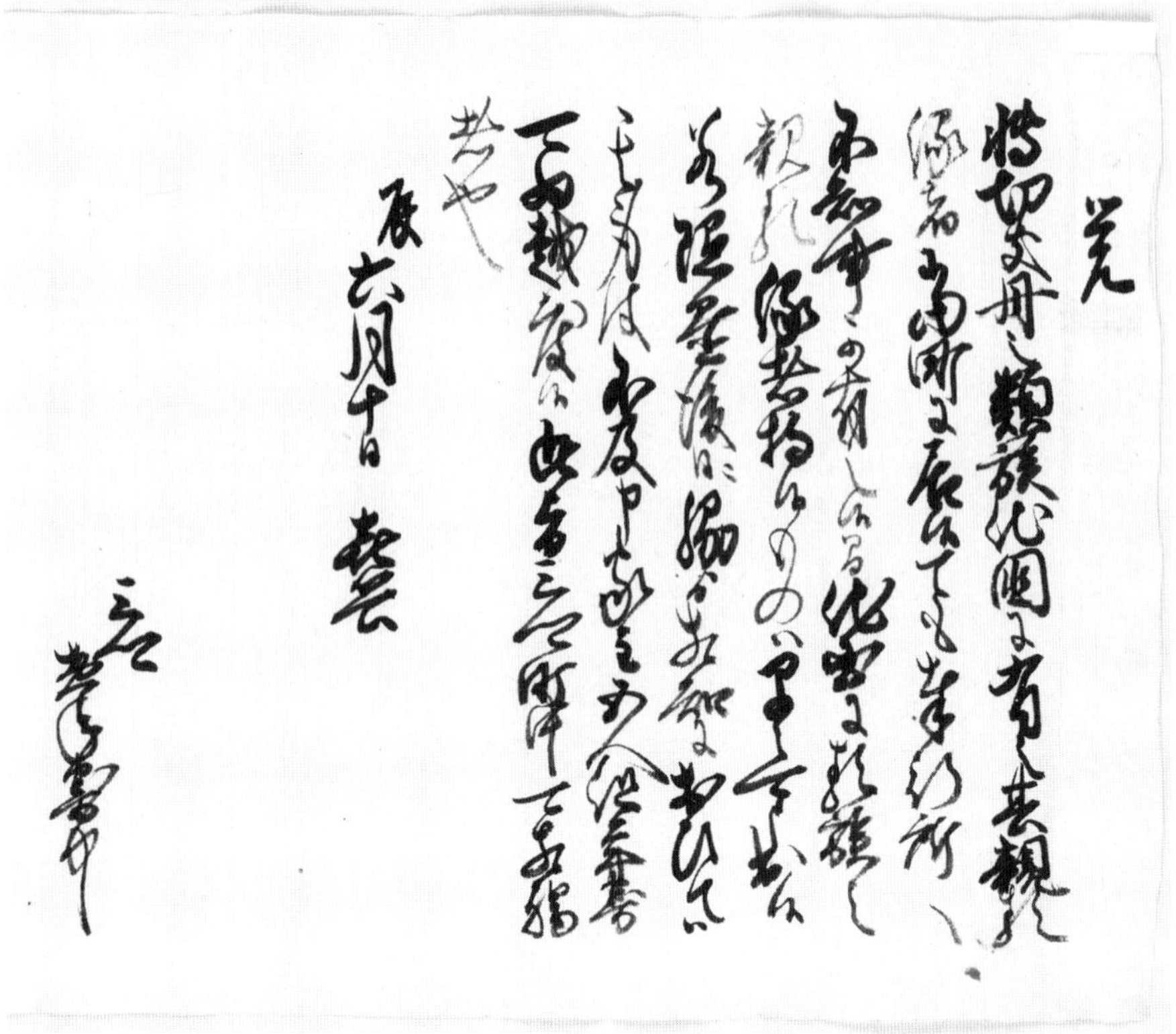

【釈文】

覚

転切支丹之類族、他国に有之、其親類・
縁者、当町に居候ても、奉行所へ
不知事可有之候間、他国に類族之
親類・縁者持候ものハ、早々可申出候、
若隠置、後日ニ脇ゟ相知におひてハ、
其身は不及申、家主・五人組・年寄
可為越度候、此旨三郷町中可相触
者也、

辰六月十日　喜兵

三郷
惣年寄中

【読み下し】

覚

転《ころ》び切支丹の類族《るいぞく》、他国にこれ有り、その親類・縁者、当町に居り候ても、奉行所へ知れざる事これ有るべく候間、他国に類族の親類・縁者持ち候ものは、早々申し出《い》づべく候、もし隠し置き、後日に脇より相知るにおいては、その身は申すに及ばず、家主・五人組・年寄越度《おちど》たるべく候、この旨三郷町中相触るべき者なり、

【現代語訳】

覚

転び切支丹の類族が他国にいて、その親類・縁者が、当町（大坂）に居ても、町奉行所ではわからないことがあるので、他国に類族である親類・縁者がいる者は、すぐに（町奉行所へ）申し出なさい。もし隠しておいて、後日に他より知れることがあれば、その親類・縁者（本人）は言うまでもなく、その者の家主や五人組や年寄までも越度である（処罰する）。このことを三郷町中に触れなさい。

【語句】

転切支丹（転びキリシタン）…江戸幕府の弾圧の中で棄教したキリシタン（キリスト教徒）。／**類族**…転びキリシタンの子女で、転宗以前に生まれた者は「本人同前」とされた。転宗以後に生まれた子やその子孫は「類族」とされた。／**越度**…過ち、手落ちの意。越度であると断ずるところから転じて処罰するという意味になる。／**喜兵**…小田切直利。喜兵衛と称した。当時は大坂町奉行（東）。在任は、貞享三（一六八六）年七月十日から元禄五（一六九二）年四月一日（『柳営補任』）。

【解説】

大坂三郷南組惣年寄の安井家に残された文書で、大坂町奉行小田切直利から三郷惣年寄中に宛てたものである。末尾に「此旨三郷町中可相触者也」とあることからわかるように、惣年寄から大坂三郷の各町々へ触れるように指示されており、実質的には大坂町奉行から市中各町住人に対して出された町触《まちぶれ》である。

江戸時代の大坂の町触を集成した『大阪市史』第三巻によると、元禄元（一六八八・戊辰）年の六月一〇日に「切支丹宗門吟味之事」【触三四二】という内容が触れられたことがわかるが、本文は（欠）とあり、市史の編纂当時、本文は未発見であった。日付と内容から、この触は【触三四二】に相当するものと考えられる。

大坂の町触は、発給者たる大坂町奉行名が明記され、惣年寄に対して「此旨三郷町中可相触者也」などの表現で終わるものが基本パターンと言えるが、その他大坂町奉行名が記されない「口達触」もある。また、町触とは区別されるが、町奉行の意をうけて、惣年寄が直接差出人となる通達書などもある。

大坂の町触は、大坂町奉行から三郷の惣年寄に伝達され、さらに惣年寄から三郷組内の各町に伝えられた。町触の内容は、現代の抽象的・一般的な文章で書かれた法律とは違って、幕府の基本的な法令から日常的な指示・命令まで、都市住民の生活に直結する内容を含む具体的なものであった。町触の伝達は惣年寄の重要な職務の一つであって、各町の町年寄を惣会所に呼び集め直接惣年寄が町触を伝えた。また、複数の町で、組合が作られ、そのなかで当番になった町だけが惣会所で町触を伝達され、残りの町に回覧されるという方法もとられた。そして各町の年寄から、町内の町人や借家人を含む住民に伝えられた。

さて、この史料は、大坂町奉行小田切直利（喜兵）から三郷惣年寄中（安井家はその一員）に宛てられたもので、町奉行から惣年寄に対して、文面の内容を各町に伝達するように命じた文書である。安井家に残されたこの文書は、町奉行が発給した正文ではなく、写しである。なお、通常大坂町奉行は東と西の二人で、連名で町触を出しているが、この史料では、文書の差出人は東町奉行の小田切一名だけである。この前後、前年の貞享四（一六八七）年七月一九日から元禄元（一六八八）年九月九日迄の触は小田切一名だけで出されているが、知られている触の数がごくわずかなので詳細な事情はわからない。この史料が出されたときの西町奉行は能勢頼相（出雲守）で、同年五月三日から在任している。前任の藤堂良直（伊予守）は同年四月九日まで在任している。この時、藤堂や能勢が江戸に在府していて大坂に不在だったのか、あるいは何らかの役割分担があったのかもしれない。このように町奉行一名で出している触は他の時期にも散見されるので、今後それぞれに即して検討することが必要であろう。

内容は、他国にいる親類・縁者の者で、転びキリシタンの類族の者がいても、町奉行所では掌握できないことがあるので、該当者はすぐに申し出るように促すものとなっている。貞享四年七月の幕令では、「類族之者、忌掛り候親類幷聟舅吟味有之て、書付可被申候」とある（『御触書寛保集成』一二三九）。類族の者の親類・縁者のうち服忌令で忌（忌は、死の穢れを忌む期間のこと）の対象になっている者は、調べて記録しておくように、との規定である。この触は、大坂においてこの規定を徹底するために出されたものであろう。この時期は、キリシタン本人は言うまでもなく転びキリシタンもほとんどいなくなっていたが、類族が多数生きている時代であり、だからこそ、宗教統制のために類族の取締りの制度化がもとめられたのである（「宗旨巻」「宗旨人別帳」の項を参照のこと）。

〔史料④〕

蒔田定正書状（「安井家文書」大阪歴史博物館蔵）

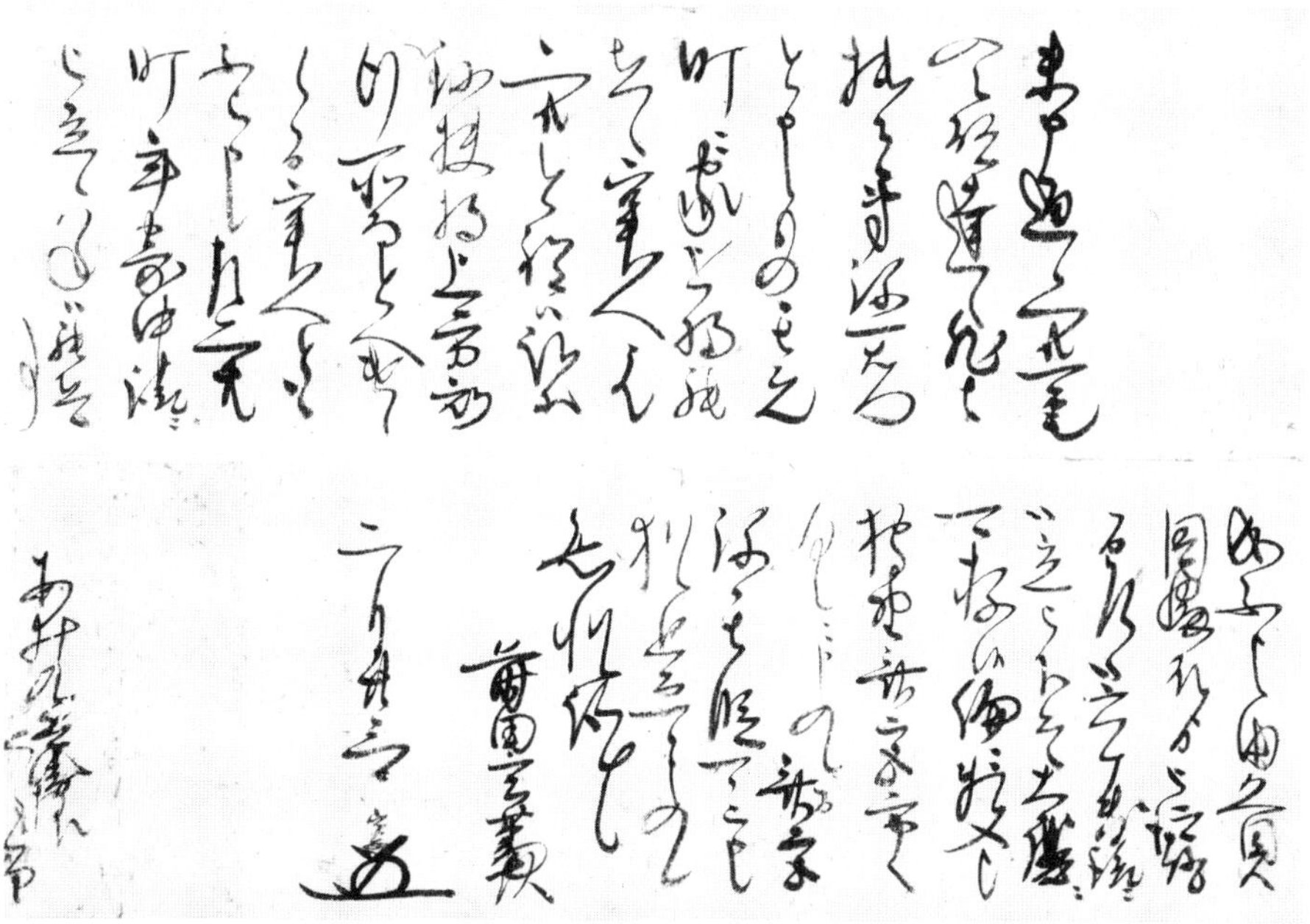

【釈文】

未申通候へ共、一筆
令啓達候、然は
拙者弟弥一右衛門
と申候もの、其元
町ニ家を持罷
在候、牢人ニて
候へ共、今程ハ我等
致扶持、上方知
行所なとへ遣し
候間、牢人とも
不被申候、左候へ共
町年寄中請ニ
被立候ハねハ、罷在候事

成不申候由、久貝
因幡殿ゟ被仰越候
間、乍御六ケ敷請ニ
御立被下候ハヽ、大慶ニ
可存候、偏ニ頼入申候、
狩野斎宮方へ
具ニ申入候間、斎宮
弥其段可被申候、
猶追而可申入候、
恐惶謹言

蒔田玄蕃頭

二月廿三日　定正（花押）

安井九兵衛様
人々御中

【読み下し】

未だ申し通さず候へども、一筆啓達《けいたつ》せしめ候、然《しか》れば拙者弟弥一右衛門と申し候もの、そこ元《もと》町に家を持ち罷《まか》り在り候、牢人《ろうにん》にて候へども、今程は我等扶持《ふち》致し、上方知行所《ちぎょうしょ》などへ遣《つかわ》し候間、牢人とも申されず候、左《さ》候《そうら》へども、町年寄中請けに立たれ候はねば、罷り在り候事成り申さず候由、久貝《くがい》因幡殿より仰《おお》せ越《こ》され候間、御六《むつ》ヶしきながら請けに御立ち下され候はば、大慶《たいけい》に存《ぞん》ずべく候、偏《ひとえ》に頼み入り申し候、狩野斎宮方へ具《つぶさ》に申し入れ候間、斎宮いよいよその段申さるべく候、猶追って申し入るべく候、恐惶謹言《きょうこうきんげん》

【現代語訳】

初めてのことであるが、一筆手紙を差し上げる。さて私の弟の弥一右衛門という者は、あなたの町（大坂市中）に家を持っている。牢人ではあるが、現在は私が扶持を与え、上方の知行所などに派遣しているので、（まったくの）牢人とも言えない（状態である）。しかし、町年寄中（惣年寄）が請人（身元保証人）にならないと（市中に）住むことはできないと、（町奉行の）久貝因幡殿から言ってこられたので、御面倒なことではあるが請人になっていただければとてもありがたく思うところである。何とかよろしく頼みます。狩野斎宮に詳しく説明してあるので、詳細は斎宮が話すであろう。また追って連絡する。恐惶謹言。

【語句】

蒔田玄蕃頭定正…蒔田《まいた》広定の息子で八三一〇石を領した旗本。家康に仕え、父子ともに大坂の陣に従軍。寛永七（一六三〇）年玄蕃頭《げんばのかみ》叙任。寛永一一年の家光上洛に供奉《ぐぶ》。寛永一三年、父の跡を継ぎ、弟数馬助《かずまのすけ》長広に三千石を分知。寛永一七年、五〇歳で没。／**弥一右衛門**…「寛政重修諸家譜」には定正の弟正之（弥市右衛門）は松平相模守の家臣となるとあるが、牢人したか。／**牢人**…扶持を召し放され、主家を失った武士。浪人とも書く。／**我等**…「我ら」とあっても、「私たち」（複数）ではなく「私」（単数）の意味。／**知行所**…知行として与えられ、支配する領地。／**久貝因幡殿**…因幡守正俊、初代の東町奉行（元和五年～慶安元年）。／**請**…身元などを保証すること。／**狩野斎宮**…蒔田定正の家臣と思われるが、詳細不明。／**申さるべく候**…書状を持参する使者が口頭で詳細を説明することが見られたが、そのことを伝える文言。／**恐惶謹言**…恐れかしこみ、謹んで申し上げるという意味で、書状の文末の挨拶語。

【解説】

この文書は、蒔田玄蕃頭定正が南組惣年寄安井九兵衛に宛てて出した折紙形式の書状である。定正の弟弥一右衛門が牢人として大坂市中に住んでいるが、市中に牢人が居住するには惣年寄が請人にならないといけないので、請人になってほしいという趣旨である。文面では「町年寄中」とあるが、惣年寄の安井に請人を頼んでいることや「中」と複数形になっていること、後述する後年に出された法度の規定などから、惣年寄を指すことは明白であろう。

慶安元（一六四八）年四月五日の「町中御法度之事」七ヶ条の中の一ヶ条に、牢人に宿を貸す場合、惣年寄の中から請人を立て、奉行所の手形（許可）を受けること、手形なしに宿を貸したら、牢舎に処すとある。その付則では、この先、町人になるという牢人は、確かな請人（これは惣

年寄という限定なし）を立て、今後（武家に）奉公しないという手形を（奉行所に）提出した上で居住が認められている。同年九月一四日には、それに違反して宿を貸した者に対する処罰規定が出されている。

この書状で依頼している方式は、この法度の趣旨に沿うものである。しかし、慶安元年の法度は、久貝の後任の松平隼人正重次が発布したものである。しかも、蒔田定正は、寛永一七（一六四〇）年に死んでおり、玄蕃頭を名乗るのは寛永七（一六三〇）年なので、この書状は寛永七年（とりわけ家督を継いだ寛永一三年より後の可能性）～一七年の間に作成されたものである。文面では、久貝から〝言ってこられたので〟とあり、それ以前に蒔田から久貝へこの件に関しての何らかの問合せを行ったものと想定される。そう考えると、この蒔田のケースは、この方式が採用された初発時点だったかもしれない。

一方、寛永一六（一六三九）年四月の三津寺町の「宗門改帳」（『御津八幡宮・三津家文書（下）』大阪市史史料第一八輯、一六五）の前書から、前年一二月に「牢人ニ宿かし候儀、大坂惣年寄之手形指上、御切紙を申請かし可申候」との指示が出されていることが確認できる。久貝への問合せが、これを受けたものとすれば、この書状は寛永一六年二月のものと考えられよう。

安井家文書（『安井家文書』大阪市史史料第二〇輯）の中には、他にも関連文書が残されている。

①（年欠）三月一六日付　蒔田定正書状　↓　安井九兵衛宛（六三号文書）

昨年の弥一右衛門の請人に対する礼と「当年も請ニ御立候て被下」たいと依頼。

②（年欠）三月一六日付　蒔田長広書状　↓　安井九兵衛宛（六四号文書）

昨年の弥一右衛門請への礼と当年の依頼。

この二点である。①で昨年のことと言及しているのは、ここでの史料のことと思われ、だとすると、①は寛永一七年と考えられる。同年に定正は没しているので、②はその翌年（寛永一八年）に弟長広から出したものと考えられるのではなかろうか。これらから、惣年寄が一度請人になればよいということではなく、（少なくとも当初は）毎年身元が確認されていることがわかる。新たな牢人の居住規制の最初期の動向が窺える貴重な史料と言えよう。

明暦元（一六五五）年一〇月一三日に、町奉行松平隼人正重次・曾我丹波守古祐は、重次着任直後の慶安元年四月から出した基本町触を集成・再確認するとともに、掟一九ヶ条を発令した。これは当時、大坂の都市法制整備が図られていたことを示すものだが、その中心課題の一つが盗人・牢人・キリシタンなどの治安統制の問題であった。それ故、請人のない者への宿貸し禁止が強化されていたのである。また、この時期に問題となっている牢人は、この例や次の例から窺えるように、かなり有力なクラスの武士が牢人になった場合が想定されていると考えられる。

安井家文書の中には、牢人が町人になる事例を示すものも残されているので、あわせて紹介しておこう。

◆万治元（一六五八）年七月八日付　藤堂孝吉書状　↓　安井九兵衛宛（一九八号文書）

孝吉は丹羽長秀の息子で、藤堂高虎の養子となった。のち二万石を宛行《あてが》われ、高虎の家臣になった。生駒与伯の次男惣兵衛は孝吉の孫であるが、住吉に居住しており、大坂で町人になるために、その請人を安井に依頼したい。

◆万治元年七月一二日付　大目甚兵衛・炭屋宗左衛門願書　↓　南組惣年寄中（一九九号文書）

生駒壱岐守家臣の生駒河内（三千石）は、主人の改易《かいえき》（寛永一七年）に伴い、牢人となった。一〇年前に出家して、与伯と名乗った。与伯の妻は藤堂孝吉の娘で、長男は孝吉方に行った。次男の惣兵衛（二四歳）は、与伯とともに住吉に居住（神主津守氏との関係）していたが、立売堀《たちぼり》の大目甚兵衛の一人娘の婿養子にしたい（炭屋宗左衛門が肝煎《い》り）。（武家に）奉公の意思はなく、親子・親類の立寄りもしない（縁切り?）。請人は安井道卜とその息子九兵衛が立つので、許可してほしい。

三千石の知行を持った有力武士の生駒河内は牢人となったが、その次男の惣兵衛が大坂町人の家に婿養子となる事例である。この場合は、必ずしも惣年寄が請人となる必要はなかったが、「確かな請人」として安井九兵衛に依頼したのであろう。その上で、惣兵衛の大坂居住願いが、南組惣年寄中に宛てて出された。ここに牢人が町人になる場合の手続きが窺える。

Ⅱ　町（住民生活の基礎単位）

（1）町の空間と家屋敷

個別の「町《ちょう》」は、空間的には道路に面した家屋敷《いえやしき》（江戸では「町《まち》屋敷」と呼ばれるが、大坂の場合は「家屋敷」と呼ばれる場合が多い）を単位としている。その多くは、道路を挟んだ両側に家屋敷が間口を開く構造（両側町）となっている。Ⅰ（1）でみたように大坂では、都市形成の過程でさまざまな都市計画が実施されているので、都市全体が統一的な街区を形成しているわけではない。

比較的わかりやすい船場地域中心部を例にとると、道路が東西・南北それぞれ四〇間（約八〇メートル）ごとに均等に通っており、四〇間四方の碁盤の目状の街区を形成している。各家屋敷は東西の道路に面して間口を開いている。東西二つの街区（ブロック）で、一つの町となっていることが多い。家屋敷は街区の南北のちょうど真ん中（二〇間＝約四〇メートル）のところで、背中どうしで接している。その背中には東西に排水路が通っている。これが「背割《せわり》下水」であるが、大坂は東に上町《うえまち》台地があり、西に海があるため、低地の船場でも西に傾斜した土地となっているので、東西に排水路が通るのは理にかなっている。

その他、一ブロックで一つの「町」をなしている場合もあれば、三ブロックが一つの「町」となっている場合もある。また、東西の道沿いが多いが、南北の道沿いもある。その町に属する家屋敷の所持者が「家持」であり、彼らだけが「町」の正式の構成員で「町人」ということになる。すなわち、「町」は家持＝町人の地縁的な共同体ということができる。また、家屋敷は建物としての家ではなく、敷地全体を指す。一つの家屋敷を一つの町家として利用する場合もあるが、長屋などを建てる場合もあった。家持自身が住んだり店として使用したりするだけでなく、借屋とする場合が多かったのである。

以上のことから、家屋敷の所持はその町の「町人」になることを意味し、家屋敷は「町人」が幕府や「町」から賦課される様々な負担の基準となった。つまり、それらの負担は、家屋敷単位やその面積、間口の広さに応じて賦課された。また、「町」は共同体として「町人」相互の財産や生業を保証しあう関係にあり、幕府も「町」を単位に支配し連帯責任を負わせた。したがって、家屋敷の売買には「町」の承認が必要であり、「町」も幕府も誰が家屋敷の所持者であるか、把握しておく必要があった。

ここでは家屋敷の台帳である「水帳」〔史料⑤〕と、家屋敷の売券（売買証文）〔史料⑥〕をとりあげる。

図1　船場地域の空間概念図

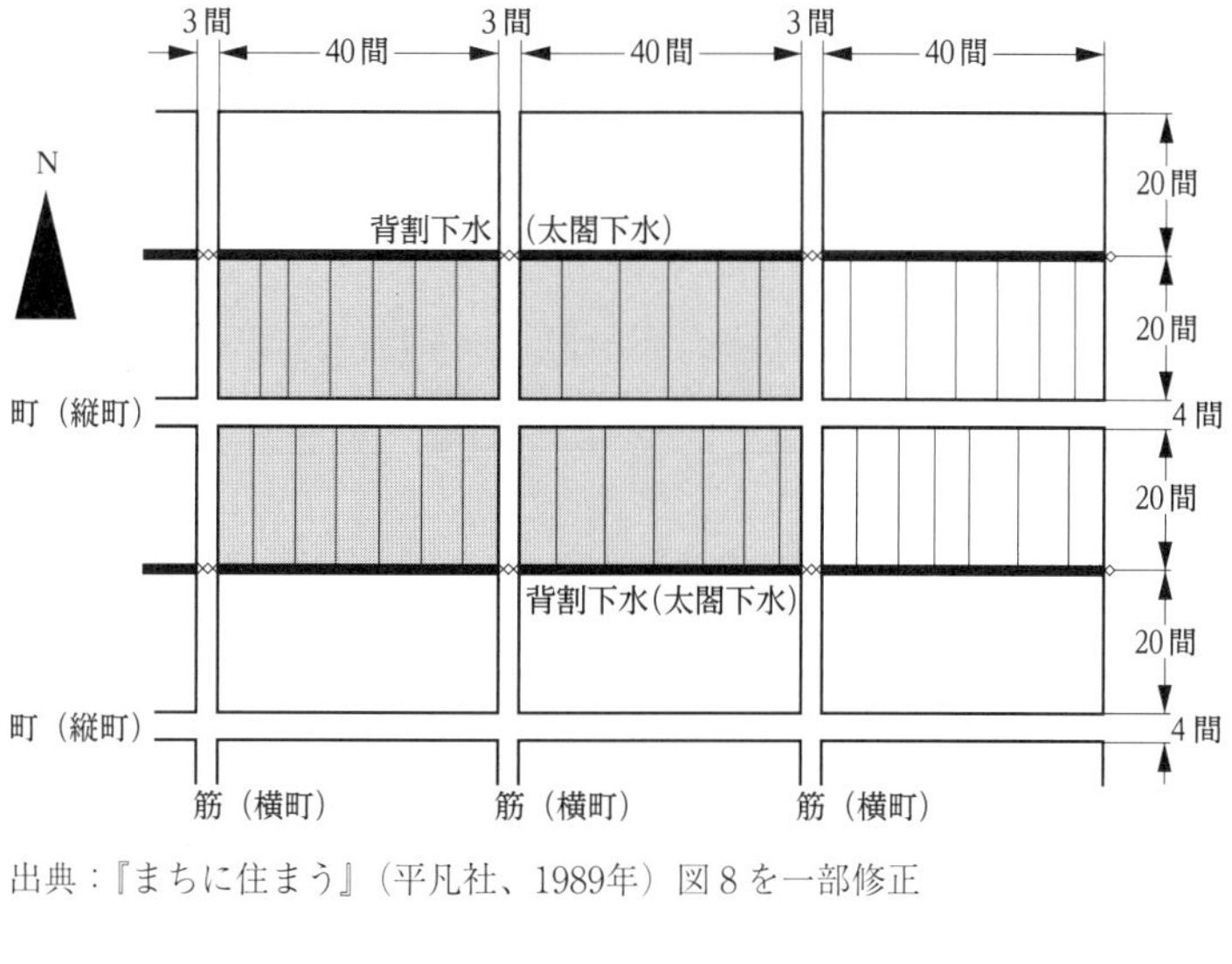

出典：『まちに住まう』（平凡社、1989年）図8を一部修正

〔史料⑤〕

水帳（「木挽町北之丁水帳」大阪公立大学大学院文学研究科日本史学教室蔵）

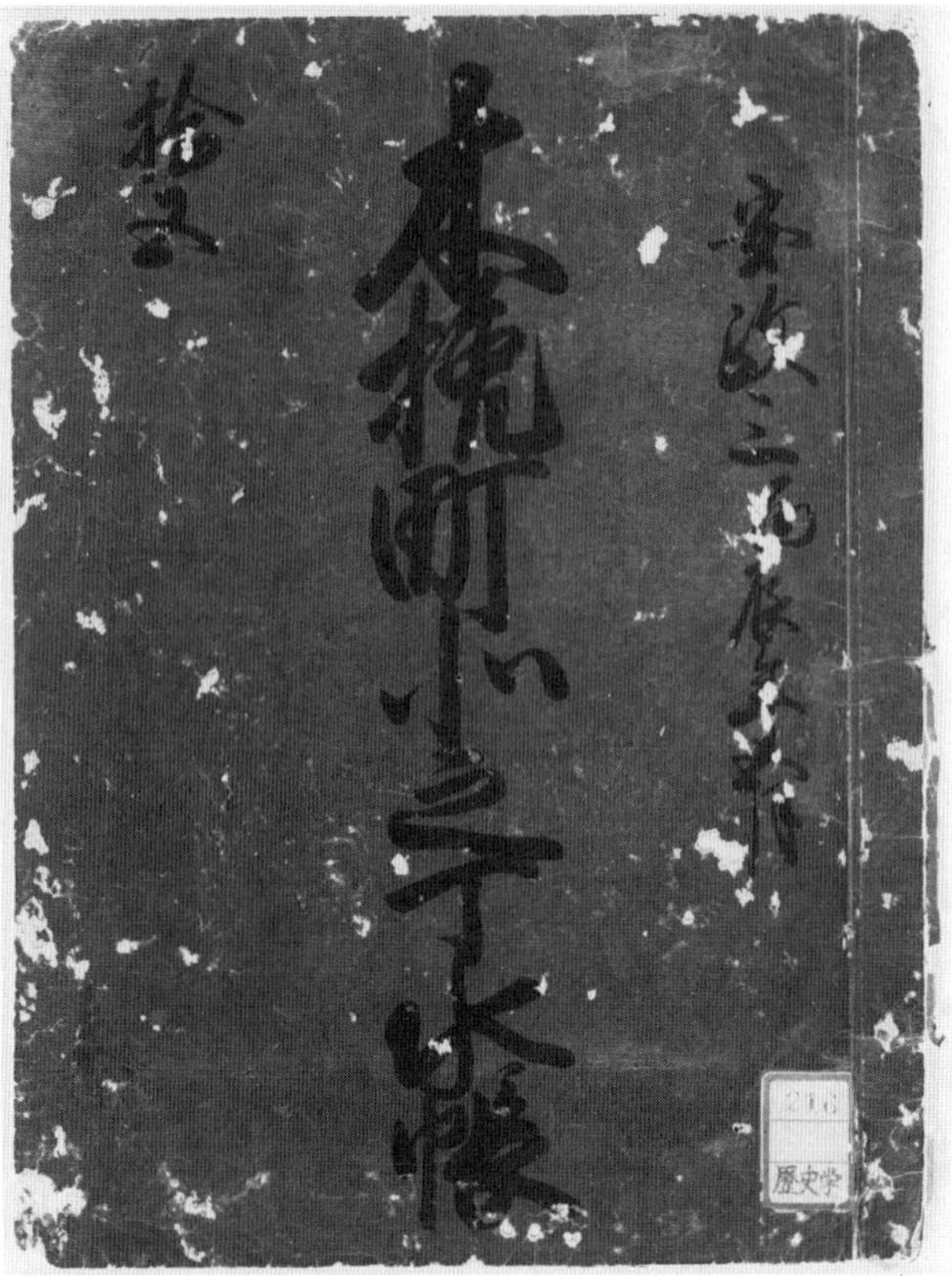

（表紙）

安政三丙辰年五月 木挽町北之丁水帳 拾五

【釈文】

（前略）

壱役七歩
一、表口八間裏行拾五間
他国持京都烏丸通夷川
上ル丁ニ住宅
大文字屋
義三郎

吉兵衛印判彫替向後此印判用ル
他国持ニ付代判丁内
大文字屋吉兵衛㊞
文久二戌年九月四日

治助丁内大文字屋正太郎借家へ変宅
借屋家守丁内大文字屋正太郎借屋
大坂屋治助㊞
明治二巳年八月十四日

杢右衛門少年寄役被為　仰付苗字相称候
他町持柳町ニ住宅
田中杢右衛門㊞
明治四未年五月十九日

壱役三歩
一、表口三間半裏行拾五間

治助丁内大文字屋正太郎借屋へ変宅
借屋家守丁内大文字屋正太郎借屋
大坂屋治助㊞
明治二巳年八月十四日

壱役七歩
一、表口六間裏行拾五間

印判彫替向後此印判用ル
大文字屋
吉兵衛㊞
文久二戌年九月四日

壱役三歩
一、表口四間半裏行拾五間
他国持京都烏丸通丸太町
上ル丁ニ住宅
大文字屋
正太郎
他国持ニ付代判丁内大文字屋
杢右衛門借屋
大文字屋徳右衛門㊞

利三郎丁内大文字屋義三郎借屋へ変宅
借屋家守丁内大文字屋義三郎借屋
山田屋利三郎㊞
明治二巳年八月十四日

（囲みは貼紙、なお貼紙の下に書かれた文字は翻刻できず）

（中略）

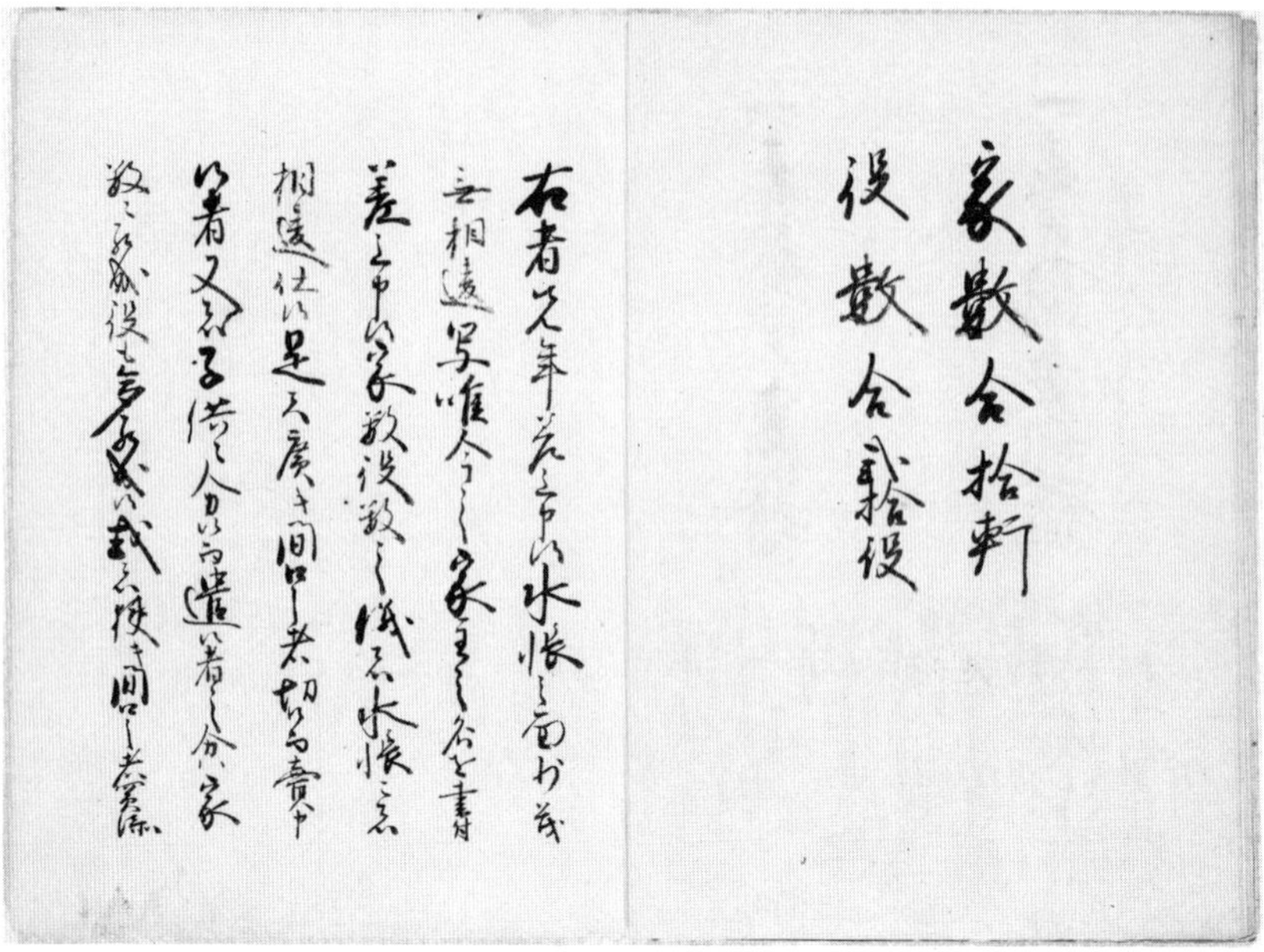

家数合拾軒
役数合弐拾役
右は先年差上申候水帳之面、少も／無相違写、唯今之家主之名を書付／
差上申候、家数・役数之儀は水帳ニは／相違仕候、是は広キ間口之者切

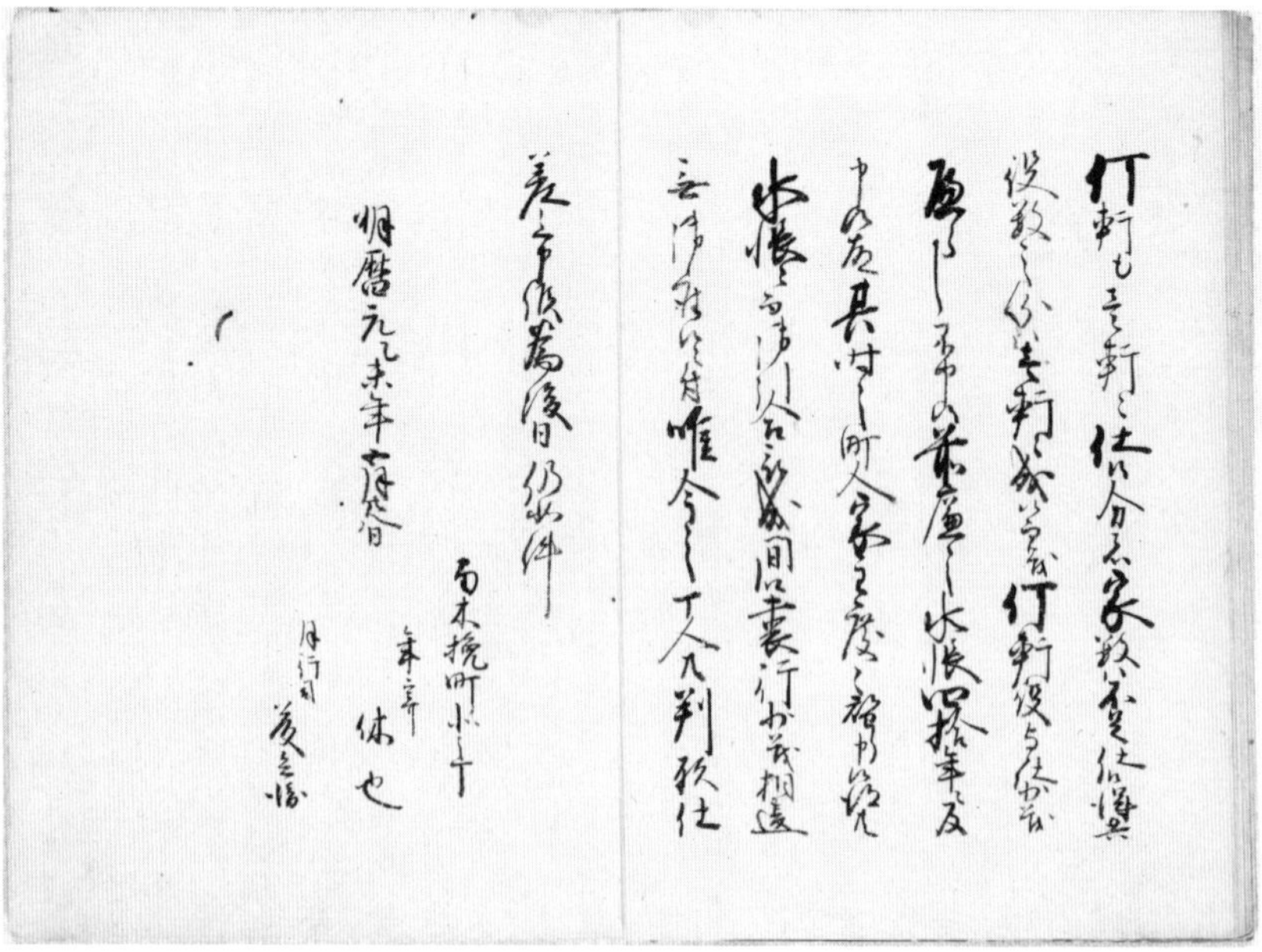

候而売申／候者、又は子供ニ分候而遣候者之分ハ、家／数ニ罷成、役も
多罷成候、或は狭キ間口之者買添、／何軒も壱軒ニ仕候分は家数ハ不足
仕候得共、／役数之分ハ壱軒ニ成候而も何軒役と仕、少も／へらし不申
候、前廉之水帳四拾年ニ及／申候故、其時之町人家主度々替り申候得共、
／水帳ニ而御引合被成、間口・裏行少も相違／無御座候ニ付、唯今之丁

人共判形仕／差上申候、為後日仍如件

明暦元乙未年五月廿八日

南木挽町北之丁

年寄　休　也

月行司　藤兵衛

（加部金右衛門殿以下西田伊兵衛殿・山本与右衛門殿・大須賀得右衛門殿…宛先の写真は省略）

（元禄七年一〇月／享保一一年四月／宝暦三年一〇月／安永七年一二月／寛政一〇年五月／文化一二年五月／文政八年一一月の作り直しの時の書留文言・差出人・宛先とも中略）

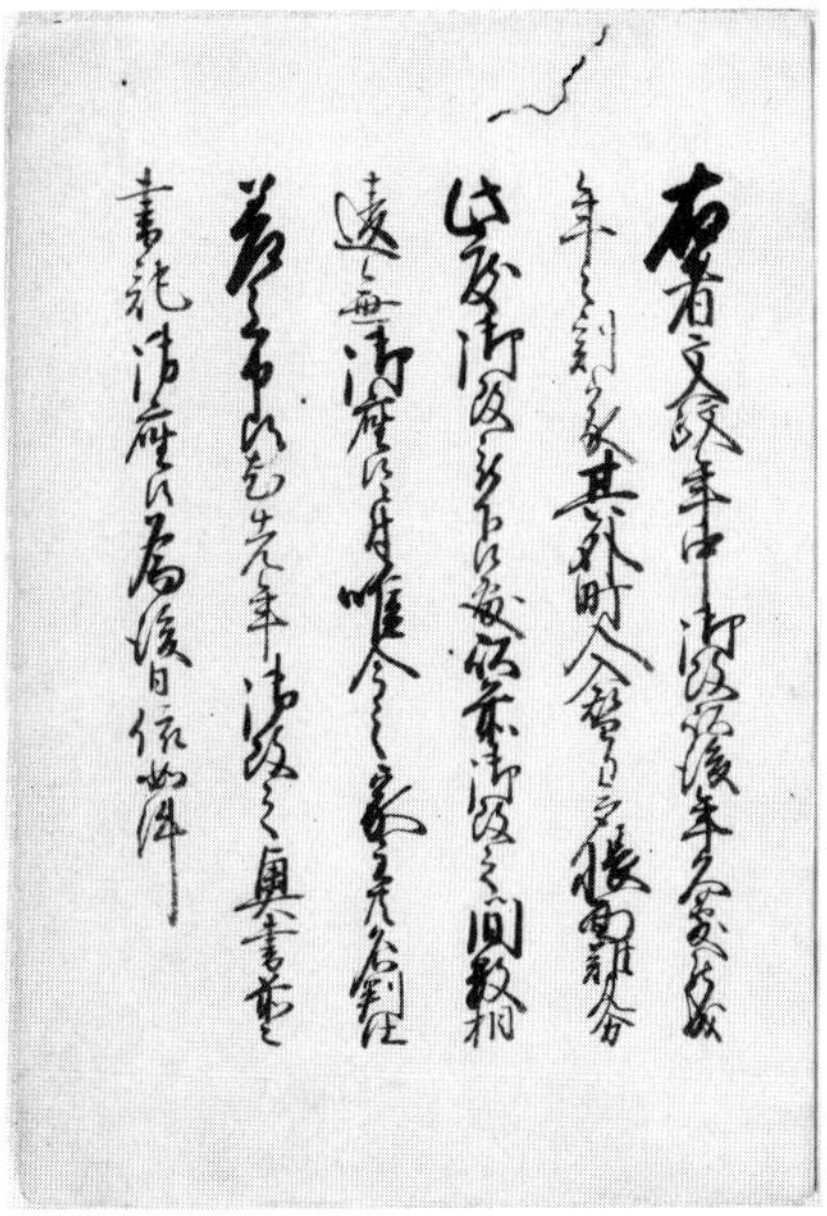

右は文政年中御改以後、年久敷罷成、／年々割家其外町人入替り多、帳面難見分、／此度御改被下候処、以前御改之間数相／違無御座候ニ付、唯今之家主共名判仕／差上申候、尤先年御改之奥書前々／書記御座候、為後日依如件

木挽町北之丁年寄

大文字屋

杢右衛門　㊞

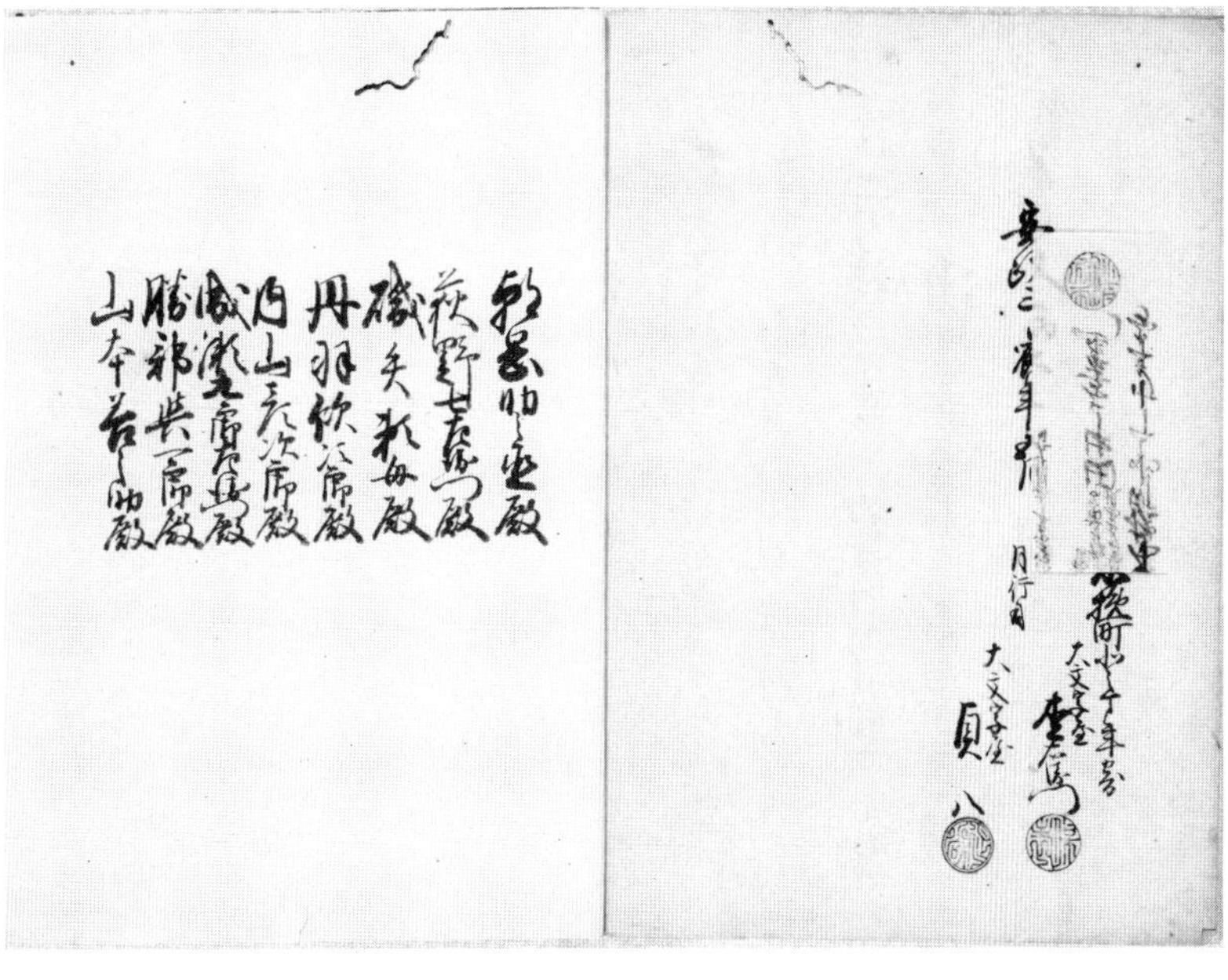

安政三丙辰年五月

月行司

大文字屋

貞八　㊞

朝岡助之丞殿

荻野七左衛門殿

磯矢頼母殿

丹羽欣次郎殿

内山彦次郎殿
成瀬九郎左衛門殿
勝部与一郎殿
山本善之助殿

【読み下し】

右は、先年差し上げ申し候水帳《みずちょう》の面《おもて》、少しも相違無く写し、唯今の家主《いえぬし》の名を書き付け差し上げ申し候、家数・役数の儀は水帳には相違仕《つかまつ》り候、これは広き間口の者切り候て売り申し候者、又は子供に分け候て遣し候者の分は、家数《いえかず》に罷り成り、役も多く罷り成り候、或《あるい》は狭き間口の者買い添え、何軒も壱軒に仕り候分は家数は不足仕り候えども、役数《やくすう》の分は壱軒に成り候ても何軒役と仕り、少しもへらし申さず候、前廉《まえかど》の水帳四拾《じゅう》年に及び申し候故、その時の町人家主度々替わり申し候えども、水帳にて御引き合い成され、間口・裏行少しも相違御座《ござ》無く候に付き、唯今の丁人共判形《はんぎょう》仕り差し上げ申し候、後日の為、よって件《くだん》のごとし、

（中略）

右は、文政年中御改め以後、年久しく罷り成り、年々割り家、その外町人入れ替わり多く、帳面見分け難《がた》く、この度御改め下され候処、以前御改めの間数相違御座無く候に付き、唯今の家主共名判《なはん》仕り、差し上げ申し候、尤も、先年御改めの奥書《おくがき》前々書き記し御座候、後日の為《ため》、よって件のごとし、（以下、省略）

【現代語訳】

右（の帳面）は、先年に提出しました水帳の内容と少しも違うことなく写して、現在の家主の名前を記して提出いたします。家数と役数は（元の）水帳と違いがあります。これは、広い間口の者でその土地を切り分けて売る者や、または子どもに分割して与えた者の分は、家数として数えられるようになり、役数も多くなります。一方、狭い間口の者が買い添えて、何軒かを一軒にした分は、家数は少なくなりますが、役数は一軒になっても何軒役というふうにして少しも減らさないようにしています。以前の水帳は（作ってから）四〇年にもなったので、その時の町人＝家主も何度も替わりましたが、今回の水帳と照合して、間口・奥行きとも少しも間違いありません。そこで現在の町人たちが押印して提出します。後日のため、以上の通りです。

（中略）

右（の帳面）は、文政年中の確認から年月が経ち、その間家屋敷の分割や町人（家持）の交代も多く、帳面が見にくくなりました。それで今回、（帳面を新しくして）確認いただいたところ、以前に確認いただいた間数と間違いないので、現在の家主たちが署名・押印して提出します。但し、以前の確認の際（帳面の新調の際）の奥書を書き記しています。後日のため、以上の通りです。

【語句】

面…「おもて」と読み、表面の意味から、文面（文書の内容）の意味を持つ。／**家数**…家屋敷の数。／**役数**…家屋敷ごとに設定された役負担の基準数。／**水帳**…町毎に作成される土地台帳。／**家主**…家屋敷の所持者。家持。／**間口**…家屋敷の表通りに面した側の長さ。／**四拾年ニ及申候故**…（以前に作られた水帳から）四〇年が経って。明暦元（一六五五）年から四

〇年前は元和二（一六一六）年になる。現代の数え方と違うので注意。／**裏行**…家屋敷の奥行き。／**南木挽町北之丁**…明暦段階では町名の頭に「南」がついている。／**年寄**…各町に置かれた町年寄。町人たちの代表で町運営の中心。／**月行司**…町年寄を補佐して町の仕事を分担する月毎の当番。多くの町では毎月二人が普通だが、小さな町である当町では一人であった。／**奥書**…文書の末尾に書かれる内容を保証する文言。／**木挽町北之丁**…町名から「南」の文字が消えていることに注意。／**大文字屋杢右衛門**…当町の町年寄。明暦段階では、年寄・月行司とも屋号が付いていなかったが、安政段階では屋号がある。大坂では、一八世紀以降借屋も含めてすべて屋号を持つようになる。差出人として印が押されているのも注意。／**朝岡助之丞殿**（他七名）…安政段階での東西両町奉行所の地方役与力。地方役は大坂の土地に関わる行政を担当。

【解説】

これは、心斎橋筋の通りに面し、島之内に所在した小さな町、木挽町北之丁の安政三（一八五六）年の水帳（および絵図）である。

水帳とは、各町の家屋敷の間口と裏行（奥行）の長さ、所持者を登録した台帳のことで、あわせてそれを図にした水帳絵図も作成された。同じものが三冊作られ、その町の町会所・惣会所・町奉行所にそれぞれ設置された。

売買や相続などによって家屋敷の所持者に変更があると、町会所に届け出られ、町会所にある水帳の記載が修正される。この時、所持者名の上に紙を貼って修正した。ついで、惣会所・町奉行所に届け出られ、それぞれの帳面が修正された。この手続きを「帳切」という。家守（家持不在の場合の家屋敷の管理者）や代判（名前人が女性や幼少などの場合に、代わりに押印する者）の変更などの場合も、貼り紙によって修正された。

修正は紙を貼って行うので、年月を経ると帳面は見づらくなってくる。そこで、三〜四〇年に一度ずつ大坂市中の町で一斉に作り替えられた。その際、過去の帳面の奥書が順次書き連ねられていく。この木挽町北之丁の水帳にも作り替えについて記載されており、それによると、明暦元（一六五五）年五月、元禄七（一六九四）年一〇月、享保一一（一七二六）年四月、宝暦三（一七五三）年一〇月、安永七（一七七八）年一二月、寛政一〇（一七九八）年五月、文化一二（一八一五）年五月、文政八（一八二五）年一一月、安政三（一八五六）年五月に作り替えられている。

明暦元年の前の帳面は作成されてから四〇年が経つというので、元和二（一六一六）年に作成されたものと考えられる。大坂の陣で大坂の町は焦土と化したが、その復興を機に水帳が作成されたと考えられる。

では、明暦元年の奥書を見よう。家数と役数についての記述がある。もともと家役は、一軒に一役が原則であった。しかし、広い間口の家屋敷は売買や相続によって分割されることがあった。その場合、家数は増やし、それに応じて役数も増やしているという。逆に狭い間口の家屋敷で隣の屋敷を買得して一つにした場合は、家数は減らすが、役数は減らさずに家屋敷は一つであっても二軒役とか三軒役になるというのである。つまり、隣の屋敷と合筆しても役数はそのまま維持されて負担の軽減にならないのである。

なお、この奥書を見ると、水帳は町年寄と月行司から東西町奉行所の地方役の与力に宛てられている。

さて、安政三年の水帳絵図を見ると、通りの東側に六軒、西側に四軒の家屋敷がある。これが、家数一〇軒という数字になる。各家屋敷の通り沿いに三役（東側北端）、二役（同二軒目）などと見える数字が役数である。木挽町北之丁では、合わせると二〇役であった。

安政三年に差出人として見える「大文字屋杢右衛門」は明治四（一八七一）年五月に少年寄になり、苗字を称することを認められたため、「田中杢右衛門」と訂正する貼紙がなされた。つまり、江戸時代末につくられた水帳は、明治になっても、明治一〇年代（地租改正が行われる）まで土地台帳として機能し続けたのである。これ以外の貼紙は年月日が記されていないので、いつの時点かは不明だが（少なくとも明治四年以降）、すべての貼紙がなされた段階での当町の家持は、大丸屋正右衛門、大文字屋儀三郎、田中杢右衛門（少年寄）、大文字屋吉兵衛、大文字屋正太郎、福田屋吉兵衛、大文字屋源蔵の七人である。うち四人に代判が付いている。なお、大丸屋正右衛門の代判は、同町内の家持田中杢右衛門であり、大文字屋儀三郎の代判は同じく町内の家持大文字屋吉兵衛である。田中杢右衛門は安政三年には大文字屋を屋号としていたことがわかるが、この街区一つ分の小さな町＝木挽町北之丁は大丸屋・大文字屋の一統によってほぼ押さえられていることがわかる。

木挽町北之丁の西側、南から二つの家屋敷（間口計二〇間半、この水帳では二一間だが、後年の別史料による）が大丸大坂南店（大文字屋・下村家）である。南から三つ目の家屋敷は、表は「掛屋敷」（借家）となっていたが、裏には大文字屋の住居があった（橋爪伸也監『心斎橋筋の文化史』心斎橋筋商店街振興組合、一九九七年）。大文字屋は享保一一（一七二六）年に、この木挽町北之丁に八文字屋甚右衛門とともに借家を借り松屋呉服店を始めた。これが、大丸大坂店の始まりで、享保一三年正月には家屋敷を取得した。その後すぐに八文字屋は呉服店の経営から離れ、大文字屋の単独経営となった。以来、松屋呉服店は成長を続け、「大丸」と呼ばれるようになり、幕末には前述のような状況になったのである（大丸二百五十年史編集委員会編『大丸二百五拾年史』大丸、一九六七年）。

表2　木挽町北之丁水帳（絵図）の記載内容

役数	間口（間）	奥行（間）	名前人（一番上の貼紙）
3.0	12.0	15	大丸屋正右衛門　代判杢右衛門
2.0	6.0	15	大文字屋儀三郎　代判吉兵衛
1.7	8.0	15	大文字屋儀三郎　代判吉兵衛　☆
1.3	3.5	15	田中杢右衛門　☆
1.7	6.0	15	大文字屋吉兵衛　☆
1.3	4.5	15	大文字屋正太郎　代判徳右衛門　☆
3.3	10.5	20	大文字屋源蔵　代判清兵衛
1.7	10.5	20	大文字屋源蔵　代判清兵衛
2.0	14.5	20	大文字屋正太郎　代判徳右衛門
2.0	5.0	20	福田屋吉兵衛

*「名前人」は水帳絵図の貼紙最前面の者。☆は、水帳の写真版を掲げ、釈文をいれた四筆分に相当する。ただし、水帳本体と絵図では記載される情報に差異がある。

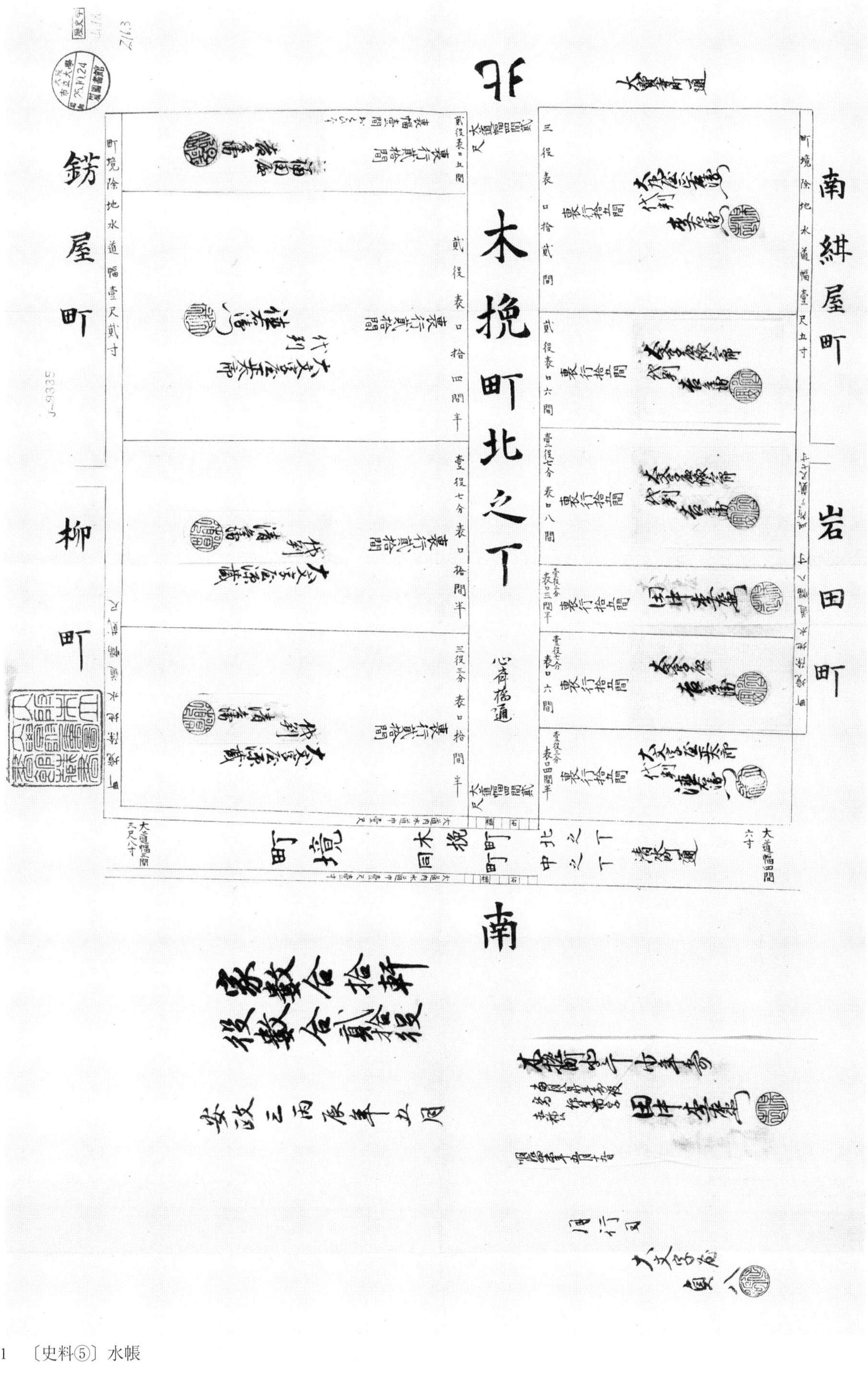
北
木挽町北之丁
南紺屋町
岩田町
柳町
南

〔史料⑥〕

家屋敷の売券（大阪公立大学杉本図書館蔵）

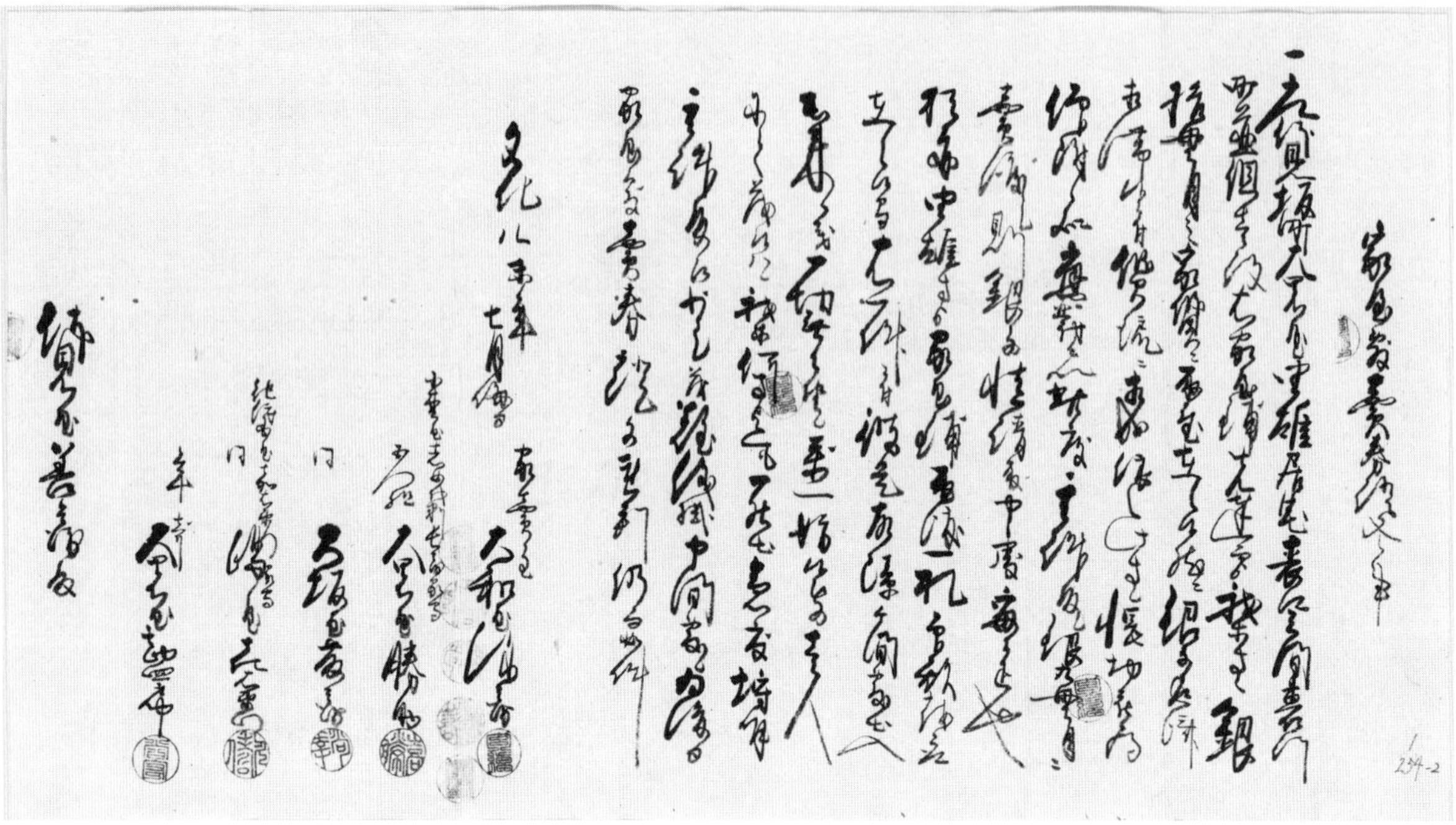

【釈文】

家屋敷売券証文之事

一、元伏見坂町大黒屋由雄居宅、表口三間・裏行
町並、但壱役、右家屋鋪、先達而ゟ我等方へ銀
拾貫目之家質ニ取置在之候、然ニ銀子返済
相滞候ニ付、質流ニ相成、依之此方へ帳切被為
仰附候処、応対ヲ以、此度其許殿へ銀九貫目ニ
売渡シ、則銀子慥請取申処実正也、
猶亦由雄方ゟ家屋鋪取渡一札、印形を取
在之候間、右一件ニ付、彼是故障ヶ間敷出入
出来候義、一切無御座候、万一妨候もの壱人
にても候ハヽ、我等何方迄も罷出、急度埒明、
其許殿江少しも難儀掛申間敷候、為後日
家屋敷売券証文連判、仍而如件

文化八未年
七月晦日

家売主 大和屋弥兵衛 ㊞
小松屋しめ代判長兵衛家守 五人組 大黒屋勝助 ㊞
同 大坂屋藤兵衛 ㊞
紀伊国屋嘉右衛門家守 同 嶋屋喜右衛門 ㊞
年寄 大黒屋勘四郎 ㊞

伏見屋善兵衛殿

【読み下し】

家屋敷売券《ばいけん》証文の事

一、元伏見坂町大黒屋由雄居宅、表口三間・裏行町並《まちなみ》、但し、壱役、右家屋《いえや》鋪《しき》、先達《せんだつ》てより我等方へ銀拾貫目の家質《かじち》に取り置きこれ在り候、然《しか》るに銀子返済相　滞《とどこお》り候に付き、質流《しちなが》れに相成り、これによりこの方へ帳切《ちょうぎり》仰せ附けさせられ候処、応対《おうたい》を以て、この度そこ許《もと》殿へ銀九貫目に売り渡し、則ち銀子慥《たし》かに請け取り申す処実正《じつしょう》なり、猶亦由雄方より家屋鋪取り渡し一札、印形を取りこれ在り候間、右一件に付き、かれこれ故障《こしょう》がましき出入《でい》り出来《しゅったい》候義、一切御座無く候、万一妨げ候もの壱人《いちにん》にても候はば、我等何方迄も罷《まか》り出、急度《きっと》埒明《らちあ》け、そこ許殿へ少しも難儀掛け申すまじく候、後日の為家屋敷売券証文連判、よって件のごとし

【現代語訳】

元伏見坂町の大黒屋由雄の居宅は、表口三間で裏行は町並み、但し、壱役である。この家屋鋪は以前から私方へ銀一〇貫目の（担保として）家質に取っていました。ところが銀子の返済が滞ったため、質流れになりました。これを受けて私方へ帳切（名義切替え）するよう判決が出されました。しかし相談が成り立ち、今回あなた様に銀九貫目で売り渡し、確かに代銀を請け取りましたこと、間違いございません。なお由雄からも家屋鋪取り渡しの一札に印を取ってありますので、右の一件に関して、あれこれと異議を差し挟み、紛争が起こるようなことは一切ございません。万一妨害する者が一人でもいれば、私がどこにでも出向き、必ず解決し、あなた様に少しもご迷惑をおかけいたしません。後日のため家屋敷売券証文に連判しますことは、以上の通りです。

【語句】

元伏見坂町…道頓堀の南側の町。／**居宅**…家屋敷のこと。／**裏行町並**…家屋敷の奥行きは周辺のそれと同じ。／**我等**…等がついても単数で、私と同意。／**銀拾貫目**…金一両は銀六〇目なので、金一七〇両程。／**家質**…家屋敷を担保とした借銀。／**質流れ**…期限までに返済できず、担保物件の所有権が移ること。／**帳切仰せ附けさせられ**…「町奉行所から水帳の切替えを命じられ」という意味。借銀滞りで出訴したものと思われる。／**応対**…交渉・相談。／**其許**…あなた様。／**実正**…間違いない。／**家屋鋪取渡一札**…家屋敷の引き渡しを約束した証文。／**彼是**…あれこれと。／**故障ヶ間敷**…妨げるような。／**出入**…紛争。／**出来**…物事が起きること。／**急度**…必ず。／**埒明**…問題を解決すること。／**難儀**…迷惑。

【解説】

文化八（一八一一）年七月晦日に、大和屋弥兵衛が元伏見坂町の大黒屋由雄の居宅を同町の伏見屋善兵衛に売った時の家屋敷売買証文である。本来の家屋敷所持者は大黒屋由雄であり、「居宅」とあるから現在も居住していることがわかる。大黒屋由雄は大和屋弥兵衛から銀を借りた際、家屋敷を質に入れた。しかし、その返済が滞ったので、質流れとなってしまい、所有権は大和屋に移ってしまった。大和屋は家を質には取ったが、家屋敷そのものは不要だったのか、現金が欲しかったのか、すぐに伏見屋に売ってしまったのである。大黒屋へ貸した銀が一〇貫目で、伏見屋へ売った家屋敷の売価が銀九貫目なので、大黒屋がまったく返済してい

なかったとしたら、銀一貫目の損をしたことになる。

いずれにしても、大和屋は多少損をしても、現金が欲しかったのであろう。家質が質流れとなってしまったときの事例としても興味深い。

さて、当該の家屋敷は元伏見坂町にあり、買主の伏見屋善兵衛*も元伏見坂町に居住している。元伏見坂町は、道頓堀の南にあり、茶屋営業を認められた町である。

*伏見屋善兵衛は、一九世紀に元伏見坂町に家屋敷を獲得して移り住み、茶屋を経営した。芝居の銀主となったことも知られ、質屋も営業していた。（元伏見坂町と伏見屋善兵衛家の詳細については、四五～七頁の【コラム】を参照）

この証文には、売主とともに町年寄と五人組が連署している。当時、家屋敷の売買証文には町年寄と五人組の署判が必要であった。この経緯を見てみよう。

豊臣期から家屋敷の売買に際しては、「帳切銀」として売買値段の四〇分の一を領主方に支払うことになっていた。これに伴って、町奉行が発給した「帳切銀」の請取状が残っている（『大阪市史』第五巻）。また、天正期の天満寺内町では「地奉行」や「町奉行」が家屋敷の売買の際には見分にやってきたようである。したがって、この町奉行からの文書は、「年寄中」の決定に基づいて（「年寄中以宰判」の文言あり）売買の事実を確認し、「帳切銀」を領収したことを示すものであると考えられる。この段階では、帳切銀の請取が売買の効力を保証したのである。

この後、寛永一一（一六三四）年の三代将軍徳川家光の来坂の際に、大坂市中の地子は免除される。この時、「帳切銀」が四〇分の一から二〇分の一に増額されるとともに、その銀はその町に下しおかれることとなり、町人たちに配分されるようになった。それにより、売買証文の形式も変更されていった。

寛永一七年五月二三日の町触には、「家之売買、其町之年寄・五人組ニ相理り売買仕へし、縦売券有之共、町中へ於無断は裁許有間敷事」（家屋敷の売買については、その町の年寄と五人組に断ってから売買しなさい。たとえ売券があったとしても町中へ無断で売買していたならば、裁判で取り上げない）とある（『御津八幡宮・三津家文書（上）』〔大阪市史史料集第一七輯〕、四四）。家屋敷の売買については、その町の年寄・五人組の承認が必要だというのである。さらに、慶安元（一六四八）年四月五日の町触には、「家屋鋪売買事、右其町之年寄五人組ニ相談之上可相定也、縦売券状在之というとも、年寄五人組於無加判は不可立証文也」（家屋敷の売買のことについては、その町の年寄と五人組に相談のうえで決めなさい。たとえ売券があったとしても、その売券に年寄と五人組の判が無ければ、売買の証文とは認めない）とあり、売買証文への年寄・五人組の加判を義務付けている（『大阪市史』第三巻、補触三）。そもそもはこの規定に基づいて、売買証文には年寄・五人組の署判が必須とされたのであり、それによって家屋敷の売買証文の形式ができあがったのである。そして、そのような形式を備えた証文だけが、何かトラブルがあって町奉行所での裁判沙汰になっても有効な正式な証文とされたのである。

【コラム】

元伏見坂町と伏見屋善兵衛家

道頓堀の南側に位置する立慶《りゅうけい》町・吉左衛門町は芝居小屋の集中する芝居地であったが、元伏見坂町はその立慶町の南に接する形で所在していた。もともと伏見坂町は、大坂の都市建設のため伏見から移転させられた町々のうちの一つで、玉造に所在していたが、条件が悪く替地を願って認められ、元禄一五（一七〇二）年に道頓堀南に移転してきた。それ以後、元伏見坂町という町名となった。

元伏見坂町は、移転当初から茶屋営業の赦免を願っており、初めから茶屋営業の許可をにらんだ移転願いだったと思われる（吉元加奈美「近世大坂の都市域の拡大に関する一考察」『市大日本史』二五、二〇二二年）。茶屋営業赦免の具体的経緯は不明だが（ある史料では、もともと茶屋赦免だった長町九丁目との振替とある）、程無く茶屋営業が赦免され、「坂町」と略称される大坂でも繁華な遊所となっていく。* 一八世紀の元伏見坂町の実態はよく分からないが、一九世紀の史料はかなり残されており、実態を窺うことができる。

*例えば、「諸国遊所見立角力幷ニ直段附」（林英夫・芳賀登編『番付集成』上、柏書房）は東西の大関に新町（大坂）、吉原（江戸）を配する全国の遊里番付であるが、曽根崎新地が小結に、「坂町」は前頭に位置付けられている。

表3は、文政七（一八二四）年の元伏見坂町の宗旨人別改帳から、家屋敷単位に、家持の性格、家内構成、借屋数を一覧にしたものである。図2は、同町の水帳絵図（「佐古文書」大阪商業大学商業史博物館蔵）をもとに町内の家屋敷を復元したものであるが、表3との対応を数字で示している。水帳は安政三（一八五六）年のものであるが、⑦⑧は文政七年段階では、小松屋長兵衛の所持する一つの家屋敷だったのが分筆されたものと思われる。同じく⑨⑩は大坂屋藤兵衛の所持する一つの家屋敷だったと思われる。

文政七年段階では、家屋敷三二軒（会所屋敷一軒を含む）であり、居付き家持一七軒、彼らが町内に所持する町内持三軒、他町持一一軒である。会所屋敷の家守嶋屋宗右衛門（彼は居付き家持でもある）を含む五人（七ヶ所）の家守がいたが、他町持の家屋敷五つには家守不在であった。それらの家屋敷に一四五軒の借屋人が居住していた（借屋居住の家守四人を含む）。会所屋敷にも四軒の借屋人がいた。

遊女商売を黙認されていた茶屋には茶立女二人を置くことが認められていたが、その茶立女を抱えていることを指標に茶屋の数を見ると、四三軒以上（茶立女を人別に含まない場合もあると思われ、最低の数字である）の存在は確実であり、その分布は町内のほぼ全域にわたっている。四三軒の内訳をみると、居付き家持も一七人のうち伏見屋善兵衛をはじめとする八軒が茶屋を営んでおり、借屋の茶屋が三五軒（うち一軒は家守）であった。

元伏見坂町の家持の一人であった伏見屋善兵衛家に残された史料が大阪公立大学杉本図書館に所蔵されている。伏見屋善兵衛は享和元（一八〇一）年に家屋敷④を買得し、初めて元伏見坂町に掛屋敷を手に入れた。さらに、文化八（一八一一）年に家屋敷⑪・⑫を買得し（この時の一方の売買証文が（史料⑥））、⑪を居宅として居付き地主となる。文政七年時点で伏見屋善兵衛は町内に三ヶ所の家屋敷を所持し、家内人数五人の他、茶

表 3　文政 7 年・元伏見坂町の住民構成

町屋敷No.	役数	家持		家守	家内（人）	茶立（人）	下人（人）	下女（人）	同家（人）	借屋(茶屋)（軒）
⑥	1	大和屋弥兵衛	年寄·住宅		2		1	3		
①	1	伊勢屋らひ	住宅		5		4	2	1	3
③	1	伊丹屋庄五郎	他町持							5 (3)
④	1.4	伏見屋善兵衛	町内持							7 (3)
⑤	0.6	備前屋重右衛門	住宅		1					2
⑦⑧	2	小松屋長兵衛	他町持							3 (1)
⑨⑩	2	大坂屋藤兵衛	住宅		3	2	1	2		5 (1)
⑪	1	伏見屋善兵衛	住宅		5	2	1	14		
⑫	1	〃	町内持							
⑬	1	伊丹屋伊兵衛	住宅		4	2	3	4		1
⑭	2	紀伊国屋可右衛門	他町持	嶋屋宗右衛門						8 (4)
⑮	1	大和屋弥兵衛	町内持							4 (3)
⑯	1	堺屋平七	他町持							3
⑰	1	天王寺屋辰次郎	住宅		5	2	1	1		2 (1)
⑱	2	肥前屋又兵衛	他町持	［井筒屋長蔵⑱借屋	4	1		4	1］	14 (3)
⑲	1	雑喉屋三良右衛門	他町持	銭屋十九兵衛						14 (1)
⑳	1	大和屋吉兵衛	住宅		6	2	1	2	1	3 (1)
㉑	0.5	関東屋五兵衛	住宅		3		5	2		1
㉒	1	播磨屋可兵衛	他町持	［土佐屋久右衛門㉑借屋	3		1	1	］	3 (2)
㉓	1	備前屋重助	住宅		3	2	2	3	1	3 (1)
㉔	1	額田屋清左衛門	他町持	［松葉屋伊兵衛㉔借屋	5		1	1	］	9 (2)
㉕	2	三笠屋夘兵衛	住宅		6		7	5		6
㉖	1	三笠屋新兵衛	住宅		2		1			1
㉗	1	新屋新三郎	住宅		2	2	1	3		
㉘	1	菊屋亀吉	住宅		7		1	2		2 (1)
㉙	1	和泉屋多三郎	住宅		3	2	1	5		1
㉚	1	河内屋太吉	他町持							}10 (2)
㉛	1	〃	他町持							
㉜	1	嶋屋宗右衛門	住宅		3			1		9 (1)
㉝	2	平野屋善右衛門	他町持	［銭屋十九兵衛㉝借屋	5		1	2	］	10 (3)
㉞	2	伏見屋弥三兵衛	住宅		5		9	2		8
②	1	町中持会所屋鋪		嶋屋宗右衛門						4 (1)

出典：〔元伏見坂町家持借屋宗旨人別改帳〕（文政 7 年10月）（大阪公立大学杉本図書館蔵）
　［ ］で表示したのは、家守の家内構成。なお、この表は塚田孝『近世の都市社会史』表21を一部修正。

図 2　元伏見坂町内絵図

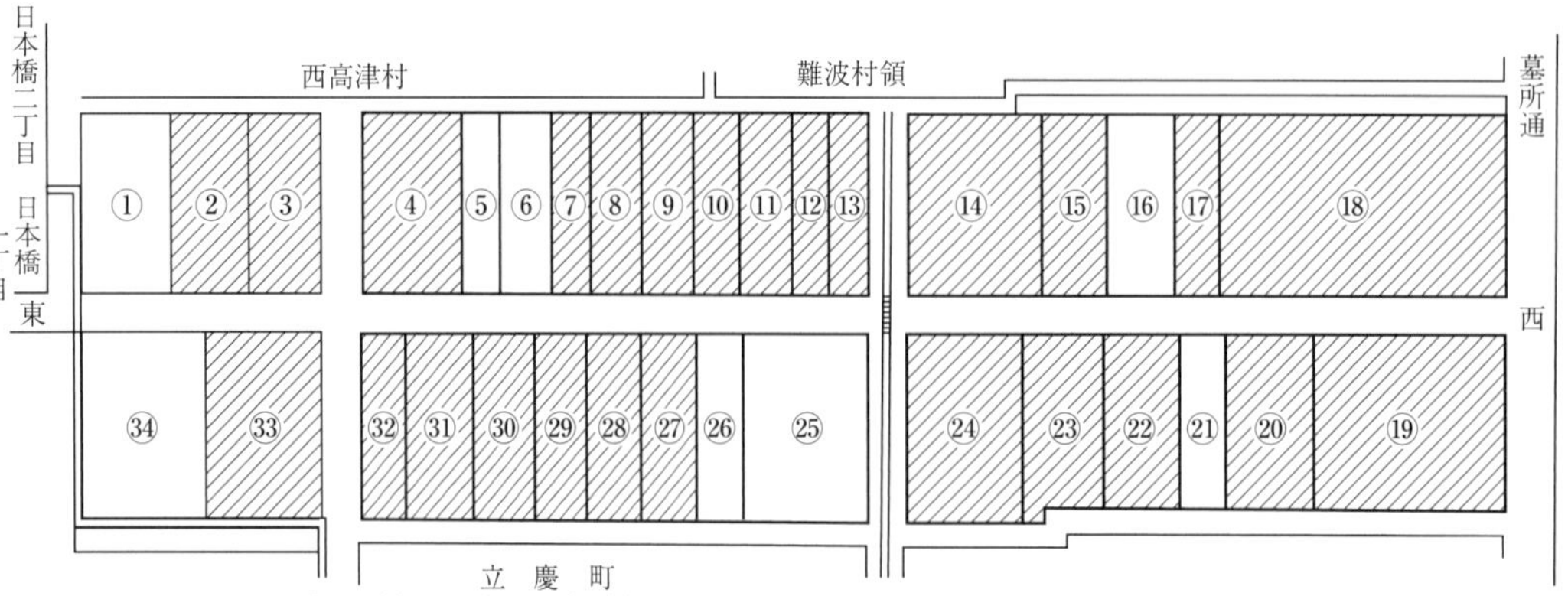

出典：元伏見坂町絵図（安政 3 年 5 月）（大阪商業大学商業史博物館蔵「佐古文書」）をもとに作成、斜線は文政 7 年段階で茶屋の所在する家屋敷。なお、この図は塚田孝『近世の都市社会史』図12を一部修正。

立奉公人二人、下人一人、下女一四人という最大の奉公人を抱える有力経営であった。なお、万延元（一八六〇）年六月から明治四（一八七一）年五月までの間、同家の当主善蔵が二代にわたって町年寄を勤めている。

伏見屋善兵衛家は、元伏見坂町で茶屋を営むだけでなく、質屋を営み、また家屋敷を担保とする金融活動（家質）も盛んに行っていた。その結果、伏見屋善兵衛家では、元伏見坂町や他の町で家屋敷の集積が見られた（塚田孝『近世の都市社会史』（青木書店、一九九六年）の図13参照）。これらは、家質の質流れの結果であり、長期にわたって所持し続けるのは元伏見坂町の三ヶ所だけであった。しかし、これらの家屋敷の所在地は、道頓堀の周辺の茶屋赦免の町々（御前町・布袋町・吉左衛門町・西高津町）や新地の茶屋赦免地（難波新地一丁目・御池通三丁目・橘通一丁目と元伏見坂町と同様の替地である本相生町）、新町遊廓内の佐渡島町、それから茶屋赦免地ではないものの道頓堀の周辺町々（木綿町・南問屋町・炭屋町・白銀町・周防町）であり、伏見屋善兵衛家の集積した家屋敷は茶屋や遊女屋の営業と関わる地域に偏在していたのである。こうした集積家屋敷の偏在性は、その集積をもたらした金融活動（家質）の特徴を示していると言えよう。

また、芝居の銀主となったことも知られており、中座や角座の興行にも関わりを持っていた（牧英正「浪速の芝居銀主の動き―元伏見坂町伏見屋善兵衛文書―」『大阪の歴史』二二、一九八四年）。「伏見屋善兵衛文書」には、歌舞伎役者手附証文（享和二（一八〇二）年の中村歌右衛門から嘉永元（一八四八）年の坂東寿太郎までの二三通）、役者の借金証文・給金請取などが含まれている。

すなわち、伏見屋善兵衛家の社会的・経済的存在形態は、元伏見坂町の遊里としての性格や芝居地の近接地という特徴と照応するものであったと言えよう。

（2）町の人別

前節では、家屋敷（＝土地）に関する史料を読んできたが、本節では、「人」に関する史料を読んでいきたい。

まず、「町」の住民であるが、家屋敷の所持者である〈家持〉と〈借屋人〉が区別される。家持は大坂の他町の者が所持する他町持や大坂以外の者が所持する他所持・他国持の場合もあるが、〈家持〉本人がそこに居住している場合、居付（住宅）家持と呼ばれる。彼らはそこで商売などを営み、その家族とともに奉公人を抱えていることが多い。また、〈借屋人〉の場合、本人とその家族という構成が一般的であるが、後述の表借屋の中には、奉公人を抱えている場合もある。

町は、家屋敷に区画されていたが、そこでの彼らの居住形態を見ておこう。家屋敷は道路（通り）に面して間口を開いているので、道路に面している方を表、奥の方を裏と呼んでいる。一つの家屋敷に一軒の家が建っている場合は、表に細長い母屋があり、奥に庭や土蔵がある。これが典型的な町屋の建築である。これらは大店と呼ばれる。そのような大店では、多数の奉公人が住み込みで働いている。人別帳にも、「下人」「下女」として記載される。しかし、奉公人の中にも、店の営業に従事し、子どもから手代・番頭などへと出世する可能性のある店方の奉公人もいれば、家の衣食住などの用事をこなす台所方の奉公人もいた。

一つの家屋敷に複数の家がある場合は、表の通りにさほど奥行きのない表店があり、裏に長屋がある場合が多い。表店は狭い間口の店に分かれている場合も多く、その場合、長屋形式の建築になっている。家持自身が表店に住んでいる場合もあるが、その場合も、それ以外の表店は借屋人が居住している。通りに面する表店は商売が可能であり、奉公人を抱えることも見られる。裏にある長屋は、狭い居住空間の裏長屋である。時代劇に出てくるような庶民が住んでいる長屋がこれである。表店の間にある路地から出入りする。一口に借屋人といっても、表借屋から裏借屋まで、さまざまな階層の者たちから構成されているのである。

「町」の住民把握に利用されているのが、「宗旨人別帳」（「宗旨改帳」）である。もともとは、キリスト教禁圧のために、全住民がどこかの仏教寺院の檀家（旦那）になることを義務付けられ、それを証明するために行われたのが年に一度の宗旨改めの制度で、その時作成されるのが「宗旨人別帳」である。町や村ごとに作成された。一般的には、家持・借屋を問わず全住民が家ごとに記載され、その家族が檀家となっている旦那寺の印が押される。年齢などが記載される場合が多い。

大坂の町の場合は、全住民が家ごとに記載されるのは同じだが、旦那寺の印はない。また、「宗旨巻」のところでも触れるが、「宗旨人別帳」に（町と時期によっても異なるが）毎月家持・借屋人が押印していることも見られる。さらに、年齢の記載があまり見られない。村の人別帳では、家族全員の年齢が記載されていることが多く、当時の年齢構成を知る上で貴重な史料となっている。大坂では、当主の年齢が記載されている場合はあるが、家族の年齢まで記載されているものはほとんどない。

本書では、「宗旨人別帳」〔史料⑧〕とともに、大坂の特徴を知るのに欠かせない「宗旨巻」〔史料⑦〕を取り上げる。「宗旨巻」は大坂に特有の文書形式である。

図3　安政３年　道修町三丁目水帳絵図（大阪市立中央図書館蔵の史料をもとに作成）

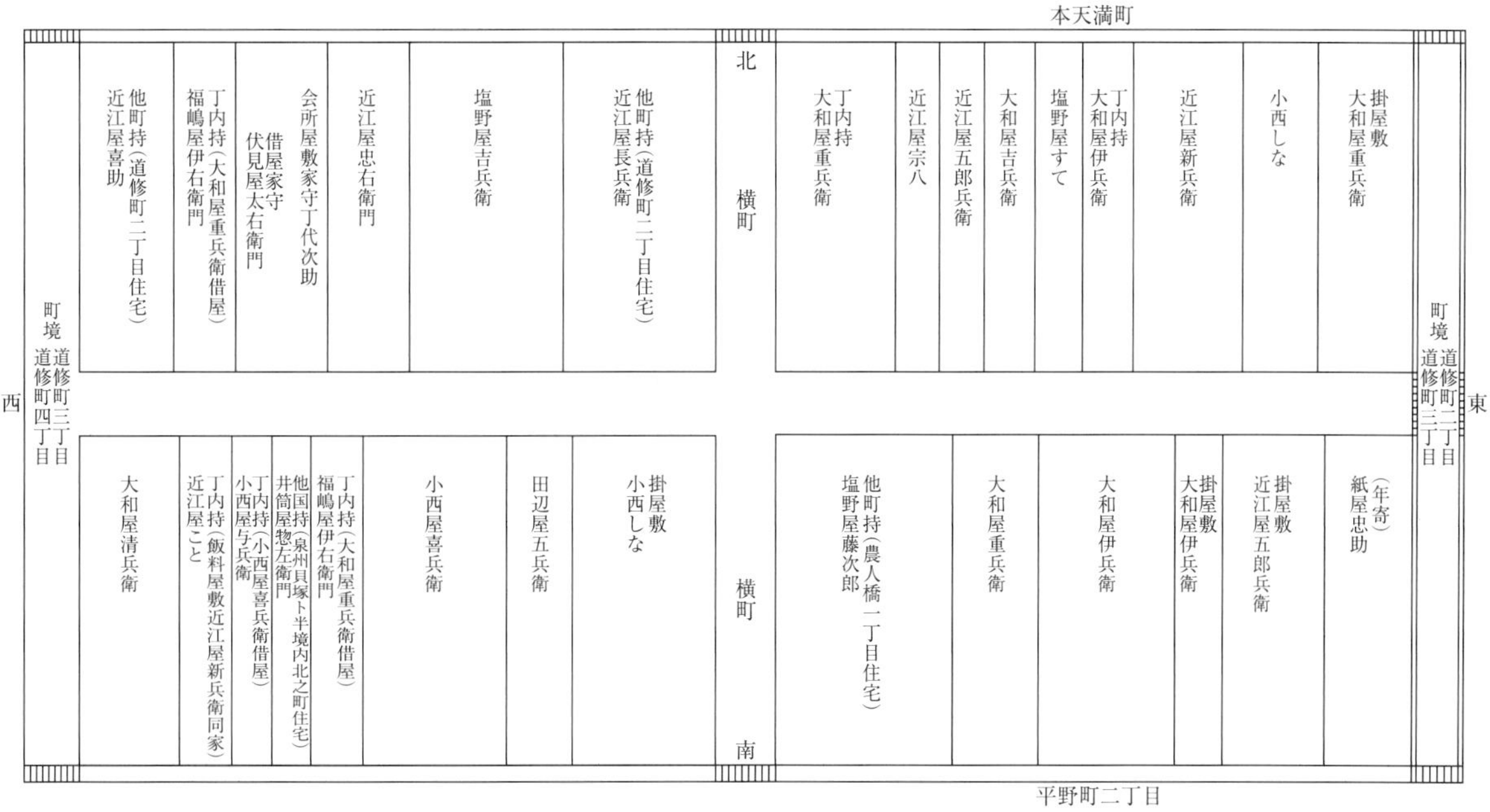

図4　道修町三丁目建家図（『図集日本都市史』東京大学出版会、1993年をもとに加筆）

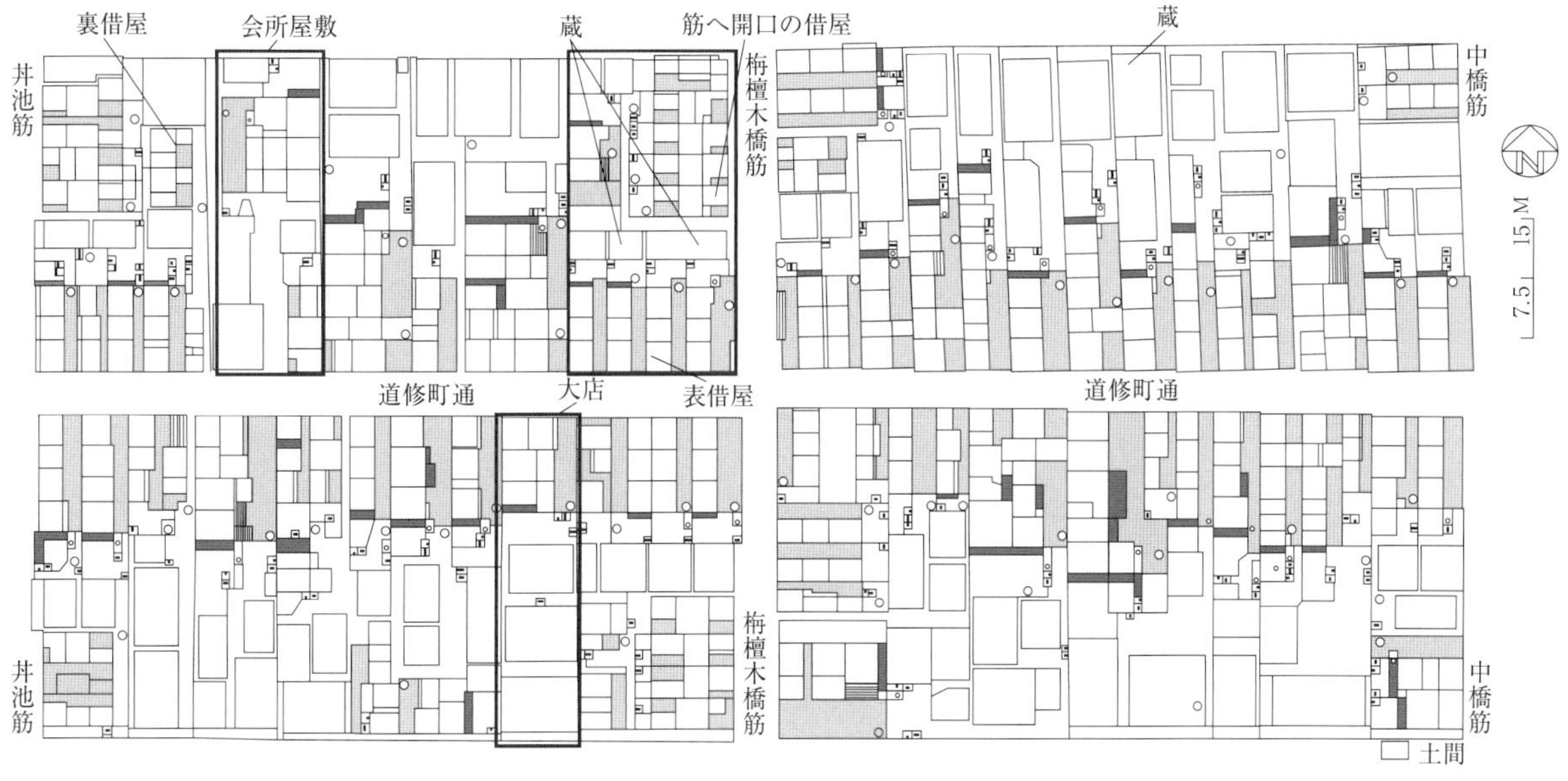

〔史料⑦〕

宗旨巻（「綿袋町宗旨巻」大阪公立大学大学院文学研究科日本史学教室蔵）

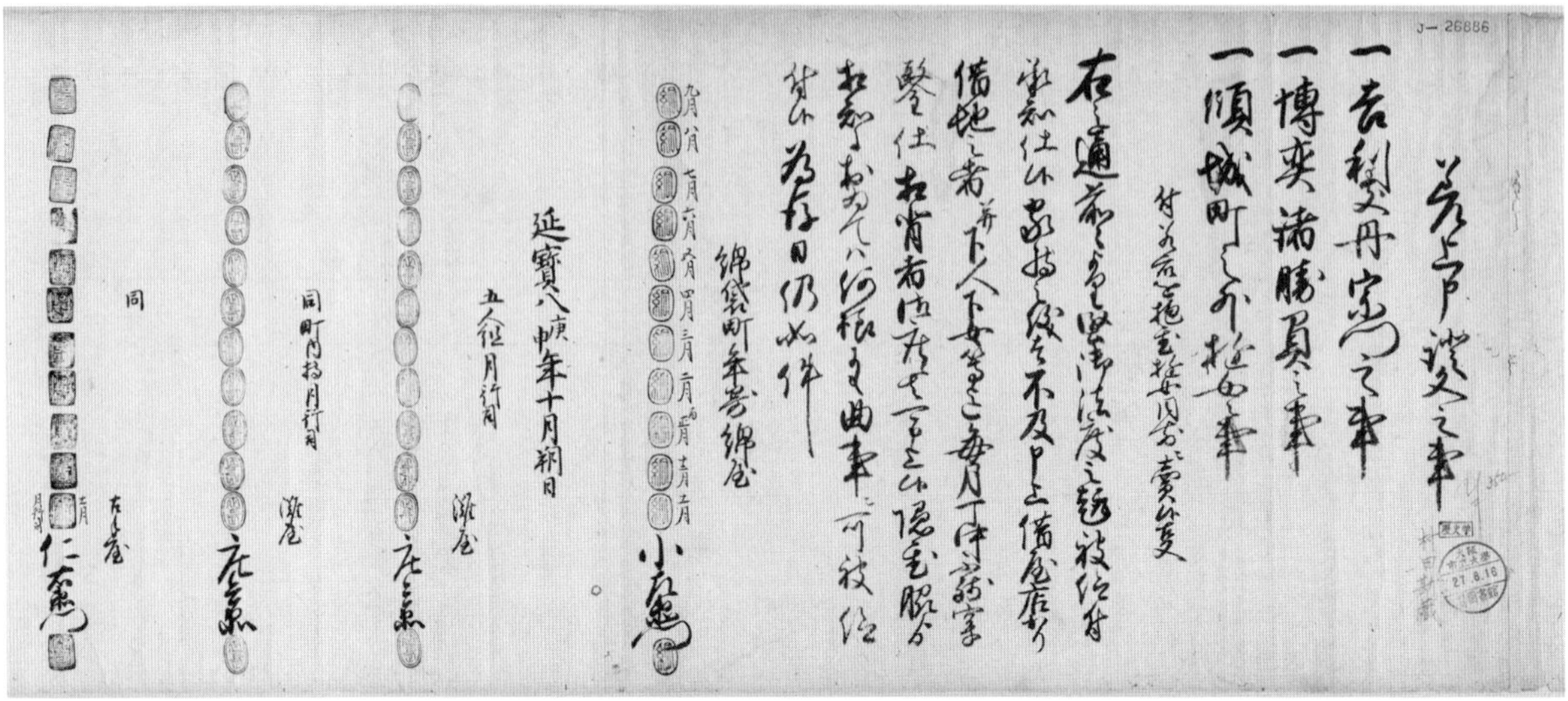

【釈文】

差上申証文之事

一、吉利支丹宗門之事、

一、博奕諸勝負之事、

一、傾城町之外遊女之事、

付、若衆を抱置、遊女同前ニ売候事、

右之通前々より堅御法度之趣被仰付、承知仕候、家持之儀は不及申上、借屋店かり・借地之者幷下人・下女等迄、毎月丁中不残穿鑿仕、相背者御座候は可申上候、隠置、脇ゟ相知におゐてハ、何様にも曲事ニ可被仰付候、為後日仍如件

綿袋町年寄

九月㊞ 八月㊞ 七月㊞ 六月㊞ 五月㊞ 四月㊞ 三月㊞ 二月㊞ 酉正月㊞ 十二月㊞ 十一月㊞ 綿屋 小左衛門㊞

延宝八庚申年十月朔日

五人組月行司

㊞㊞㊞㊞㊞㊞㊞㊞㊞㊞㊞ 灘屋 庄兵衛㊞

同町内持月行司

㊞㊞㊞㊞㊞㊞㊞㊞㊞㊞㊞ 灘屋 庄兵衛㊞

同

㊞㊞㊞㊞㊞㊞㊞㊞㊞㊞ 十一月 月行司㊞ 古手屋 仁右衛門㊞

同 ＊1

㊞㊞㊞ 六月 ＊3 ㊞㊞㊞㊞㊞㊞㊞ 十一月 月行司㊞ 綿屋 ＊2 喜左衛門㊞

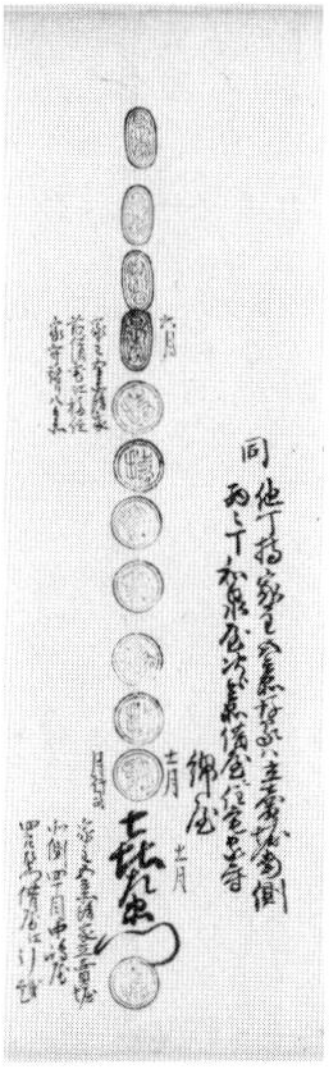

（中略）

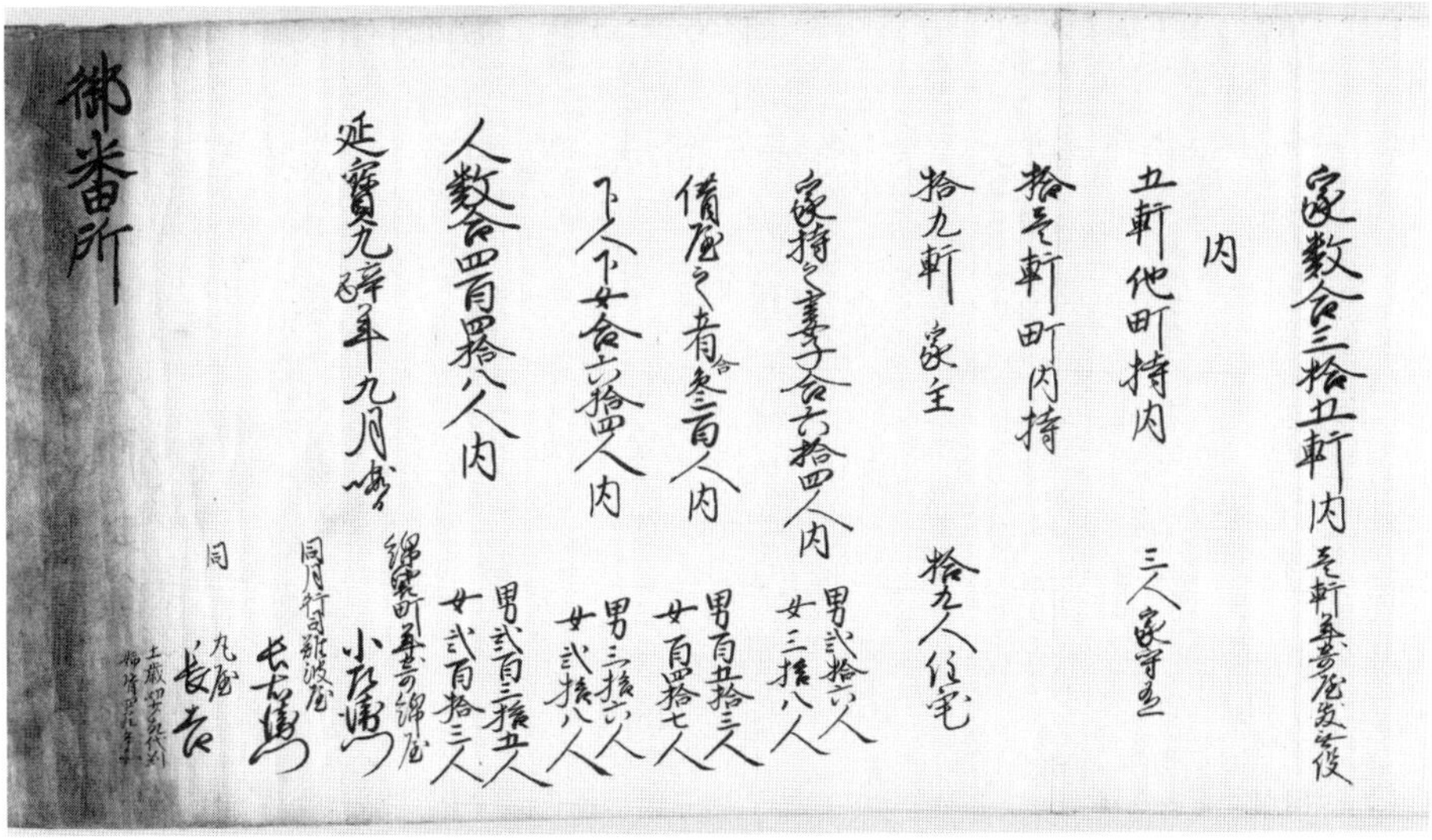

＊1「他丁持家主五兵衛後家ハ、立売堀南側西之丁和泉屋次郎兵衛借屋ニ住宅、家守」

＊2「（十一月）家主五兵衛後家、立売堀北側四丁目中嶋屋四郎左衛門借屋江引越」

＊3「（六月）家主五兵衛後家、前借宅江移住、家守替り八兵衛」

（以下三〇人省略、表4参照、五三頁上段）

家数合三拾五軒　内壱軒年寄屋敷無役

内

五軒　他町持　内　三人家守有

拾壱軒　町内持

拾九軒　家主　拾九人住宅

家持之妻子合六拾四人　内　男弐拾六人　女三拾八人

借屋之者合参百人　内　男百五拾三人　女百四拾七人

下人・下女合六拾四人　内　男三拾六人　女弐拾八人

人数合四百四拾八人　内　男弐百三拾五人　女弐百拾三人

延宝九辛酉年九月晦日

綿袋町年寄綿屋　小左衛門

同　月行司難波屋　長右衛門

同　丸屋　長吉　十一歳幼少故代判　姉婿四郎兵衛

御番所

【読み下し】

差し上げ申す証文の事

一、吉利支丹宗門の事、
一、博奕《ばくち》諸勝負の事、
一、傾城《けいせい》町の外遊女の事、
付けたり、若衆《わかしゅう》を抱え置き、遊女同前に売り候事、

右の通り前々より堅く御法度《ごはっと》の趣仰せ付けられ、承知仕り候、家持の儀は申し上ぐるに及ばず、借屋店がり・借地の者、幷に下人・下女等迄、毎月丁中残らず穿鑿《せんさく》仕り、相背く者御座候は申上ぐべく候、隠し置き、脇より相知るるにおいては、何様にも曲事《くせごと》に仰せ付けらるべく候、後日の為よって件《くだん》のごとし

【現代語訳】

（キリシタンのこと／博奕などの勝負事／傾城町外での遊女のこと、加えて、若衆を抱えて遊女同様の商売を行うこと）

右のことは前々から堅く禁止を命じられており、承知しております。家持は言うまでもなく、借屋店借・借地の者、さらに下人・下女等迄、毎月町内の者を残らず取り調べ、違反する者がいましたら申し上げます。隠し置いて、外から発覚するようなことになりましたら、どのようにも処罰してください。後日のため、以上の通りです。

【語句】

証文…契約・取り決め・誓約などのために書かれる文書。／**吉利支丹宗門**…キリシタン。／**傾城町**…遊廓のこと。大坂で公認されたのは新町遊廓だけ。／**遊女**…遊廓で遊芸と売春を業とする女性。／**若衆**…元服前の若者。遊女歌舞伎が禁じられた後、若衆歌舞伎が流行。／**御法度**…禁止。／**家持、借屋店かり・借地之者、下人・下女**…江戸では貸地が見られたが、大坂ではほとんどなかった。また大坂では店借《たながり》という言い方も見られない。これらの文言は江戸で行われた三ヶ条証文の影響か。／**曲事**…間違ったこと。転じて「曲事に仰せ付ける」で、処罰するの意。／**五人組**…町や村で、近隣の五軒前後をひとまとまりとして、治安維持の連帯責任などを負わせた単位。／**年寄屋敷無役**…町年寄の所持する家屋敷は一役分が無役とされた。／**他町持**…他町に居住する者が所持する家屋敷。／**家守**…家持に代わって、町に対する義務の履行と権利の行使を行い、また借屋経営を代行する。／**町内持**…町内に居住する者が、居住しているところとは別に所持する家屋敷。／**家主**（拾九人住宅）…ここでは町内居住の家持。／**代判**…家持が幼少・女性の場合に置かれる後見人。／**御番所**…町奉行所。

【解説】

「宗旨巻《しゅうしまき》」は大坂に特有の形式の文書であるが、これは、その一例、南組綿袋町《めんたいちょう》の宗旨巻である。内容の概要は、キリスト教、博奕その他の勝負事、傾城町以外での遊女（若衆も含む）商売の三つの禁止事項の厳守について、町内の家持全員が延宝八（一六八〇）年の一〇月から翌九年の九月までの毎月押印して確認している文書である。宛先は「御番所」となっており、町奉行所であることがわかるが、「様」などの敬称がないことから町に残されたものと考えられる。

表４　綿袋町宗旨巻の記載内容

名　前	五人組	町内持・他丁持	年寄・月行司
綿屋小左衛門			年寄
灘屋庄兵衛			10月
灘屋庄兵衛		町内持	10月
古手屋仁右衛門			11月
綿屋喜左衛門（家守）＊1	五人組	他丁持	11月
綿屋喜左衛門（家守）＊1		他丁持	12月
綿屋小左衛門		町内持	12月
医師元真			1月
灘屋庄兵衛		（町内持）	1月
山家屋新右衛門			2月
綿屋小左衛門	五人組	町内持	2月
木屋念清			3月
綿屋与次兵衛			3月
今宮屋四郎兵衛			4月
綿屋小左衛門（家守）＊2		町内持	4月
丸屋四郎兵衛		町内持	5月
丸屋四郎兵衛	五人組	町内持	5月
古手屋久右衛門			6月
古手屋久右衛門		町内持	6月
難波屋次郎左右衛門			7月
伊勢村屋六兵衛＊3		他丁持	7月
綿屋徳左右衛門			8月
難波屋長右衛門			8月
難波屋長右衛門	五人組	町内持	9月
丸屋長吉＊4			9月
佐渡屋次郎兵衛			
綿屋吉兵衛			
丹波屋吉右衛門			8月
難波屋長左右衛門	五人組		
綿屋亀松＊5			12月
榎並屋仁兵衛			
綿屋七右衛門			
綿屋七右衛門	五人組	町内持	
難波屋武兵衛			
佐渡屋次郎兵衛		町内持	

＊1　持主は五兵衛後家
＊2　持主いぬは養父小左衛門方に同居
＊3　伊勢村屋は中津町に居住（家守は置かず）
＊4　姉聟四郎兵衛が代判
＊5　亀松母が代判
なお、この他に２ヶ所の他町持があったはずであるが、それについては不明。

このような三ヶ条の厳守を誓約する証文は、大坂では寛文九（一六六九）年八月二九日に出された触（『大阪市史』第三巻、触一二九）に基づいて作成されている。その一条目で「切支丹宗門、博奕諸勝負、傾城町之外遊女幷若衆を抱置、遊女同前ニ売候儀、御法度之旨度々雖触知、弥無油断、毎月年寄・月行司町中可相改、勿論家持・借家五人組互ニ常々可遂吟味事」（キリシタン宗門などは御法度であるとこれまでたびたび命じているが、これまで以上に油断なく毎月年寄・月行司が町中を調べること、もちろん家持と借家の五人組は互いに日頃から調べること）とし、四条目では「毎年九月十日之日付ニ而如案文手形認、家持之判形ハ年寄見届、番所へ令持参、年寄・月行事判形可仕事」（毎年九月一〇日の日付で文案のように手形を作成して、（手形に押した）家持の判は年寄が確認して、その手形を町奉行所に持参して、年寄・月行司が（差出人として）判を押すこと）とある。その文案には証文の文面だけでなく、文末の家持などの人数の集計の方法も記されている（同前、触一三〇）。すなわち、最初の宗旨巻は、寛文九年一〇月から毎月の判形が始まり、翌一〇年九月に提出されたものと考えられる。実際、同年の北久太郎町二丁目の宗旨巻が残っている（大阪歴史博物館蔵）。道修町三丁目には、寛文一一年からほぼ連年で幕末までの宗旨巻が残されているが、市中のどの町でも幕末までこの宗旨巻が作成されたのである。そして、町奉行所への宗旨巻提出は年中行事化していった。北組は北御堂（西本願寺派津村別院）、南組は南御堂（東本願寺派難波別院）、天満組は興正寺別院において、それぞれ一〇月初めの定められた日にそろって町奉行所の与力に提出することになっていた。これを「巻納め」といった。また、宗旨巻は当初は巻物状であったが、途中から折本の形式に変更された。

寛文九年の大坂での触は、寛文元（一六六一）年から始まった江戸での三ヶ条証文（『江戸町触集成』三七五）の提出の影響を受けている。この三ヶ条証文は、宗旨巻とほぼ同内容（文面もほぼ同じ）で、寛文元年六月から毎月各町から町奉行所に提出された。しかし、寛文三年二月からは毎年二月と八月の二回に改められ、さらに寛文一三年からは三月と八月の提出となり、程なく行われなくなるようである。宗旨巻は江戸で実施されていた三ヶ条証文の提出を大坂でも実施したものととらえることができる。しかし、江戸の影響で始まった三ヶ条証文であるが、大坂では「宗旨巻」として運用され独自に展開したのである。

〔史料⑧〕

宗旨人別帳（「菊屋町宗旨人別帳」大阪府立中之島図書館蔵）

①寛文元（一六六一）年八月二三日　菊屋町「宗旨御改帳」

A

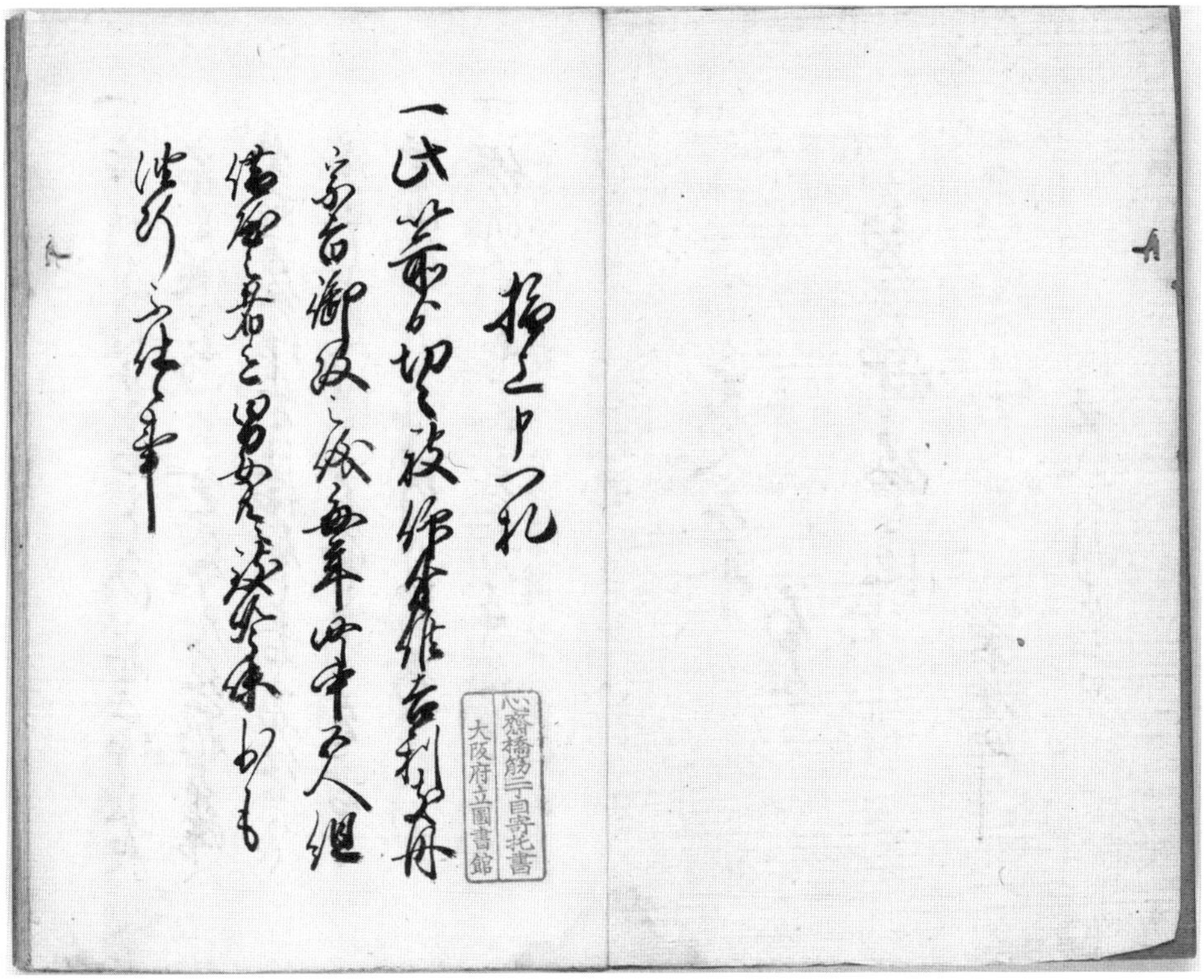

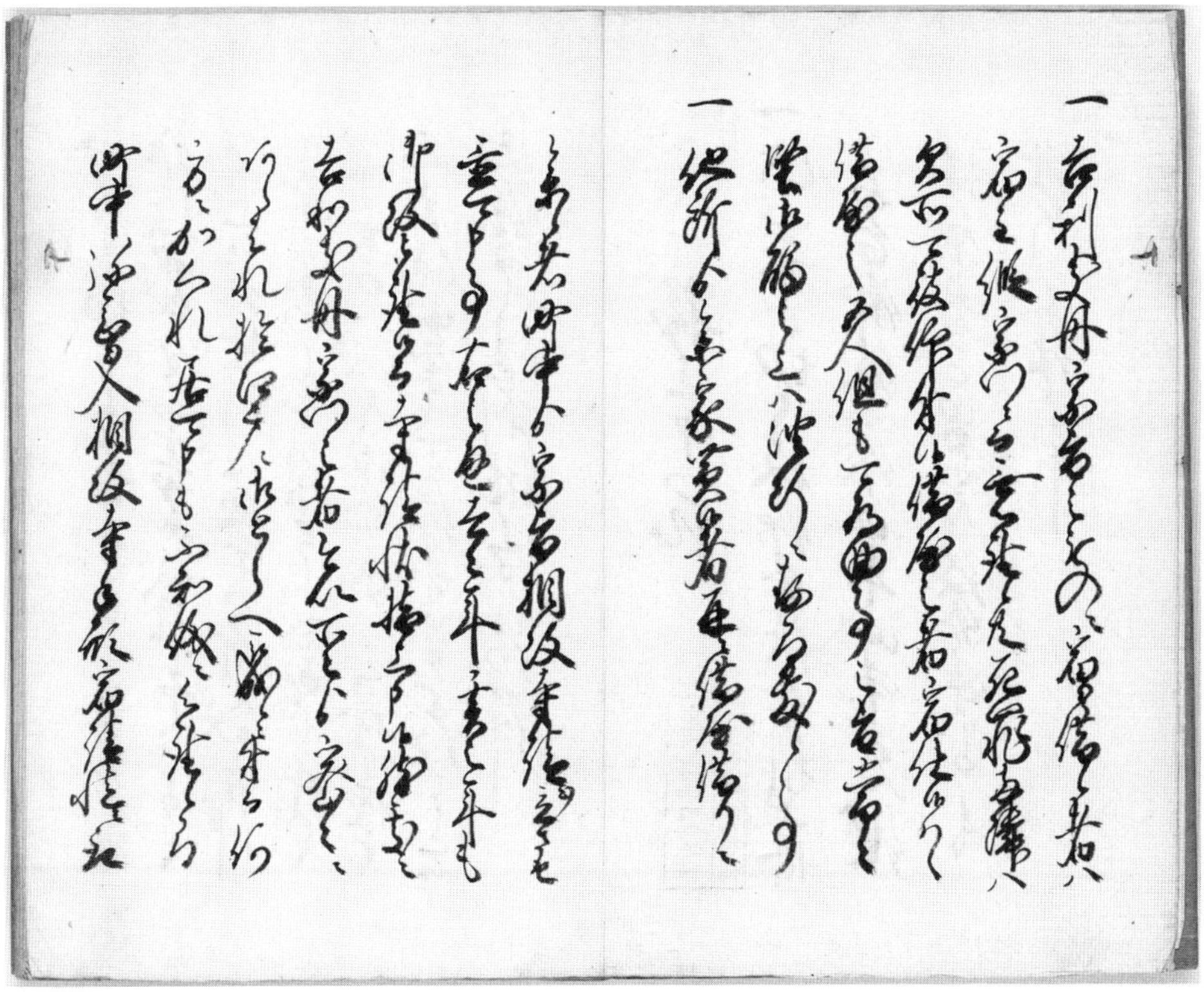

B

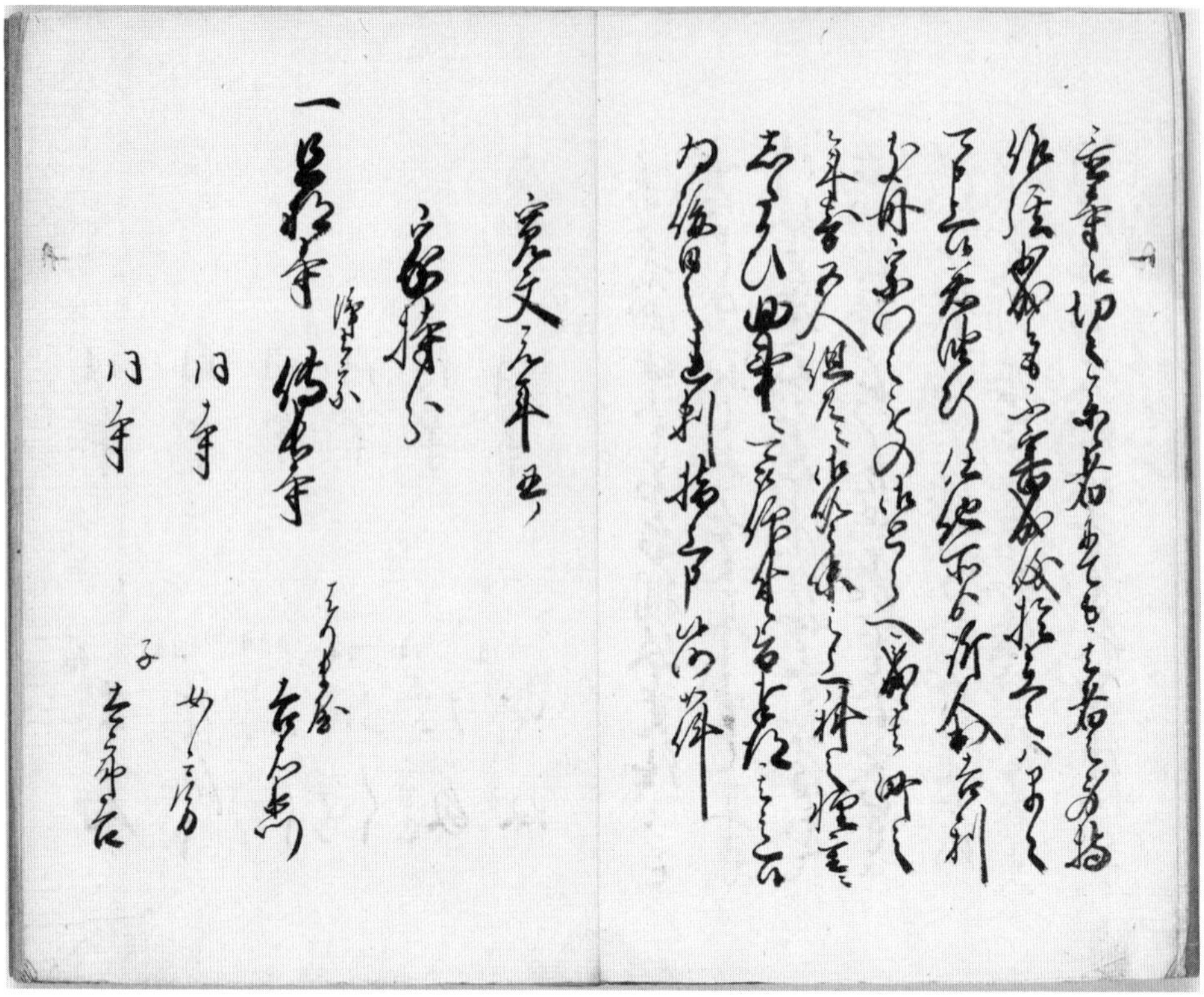

C

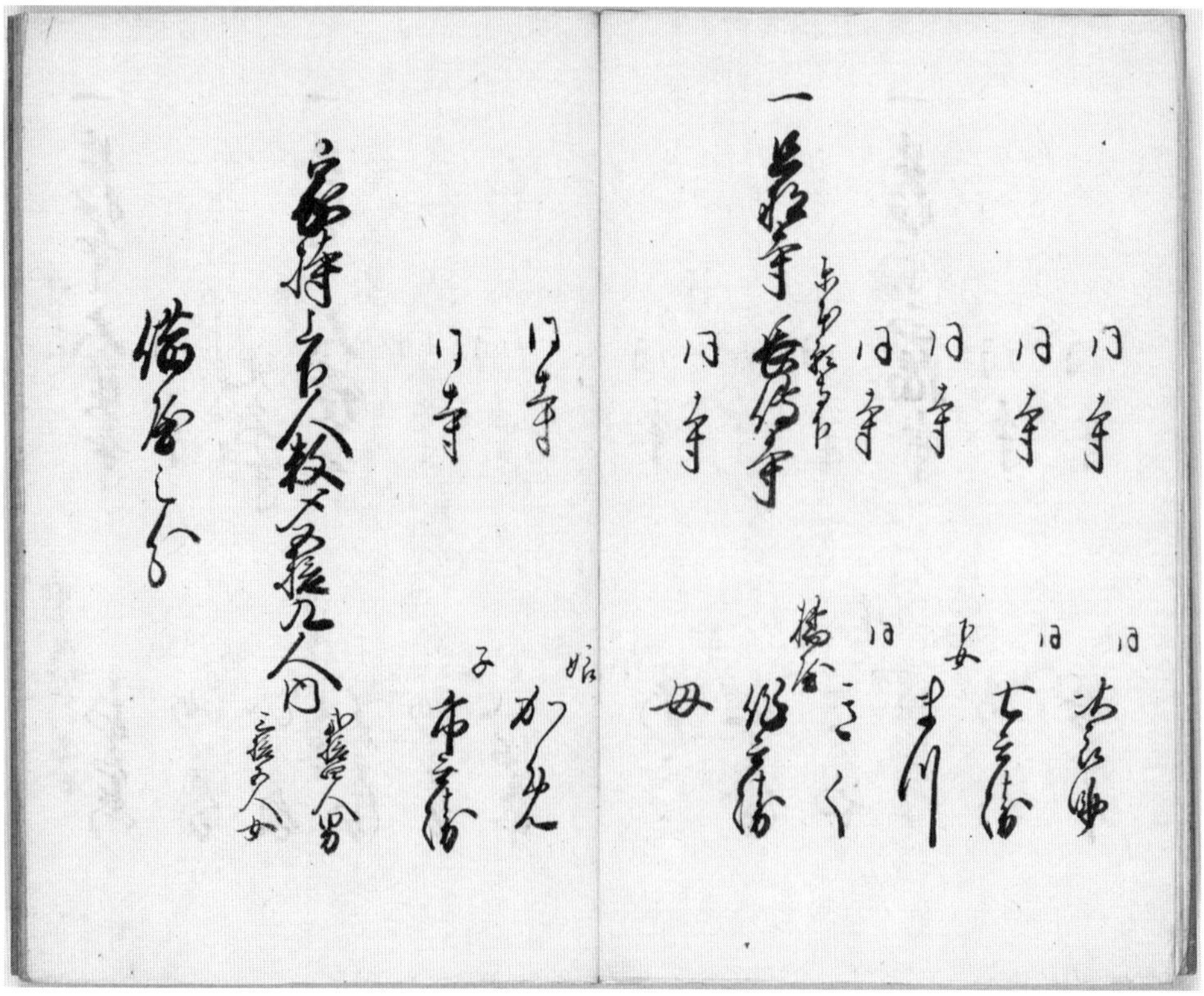

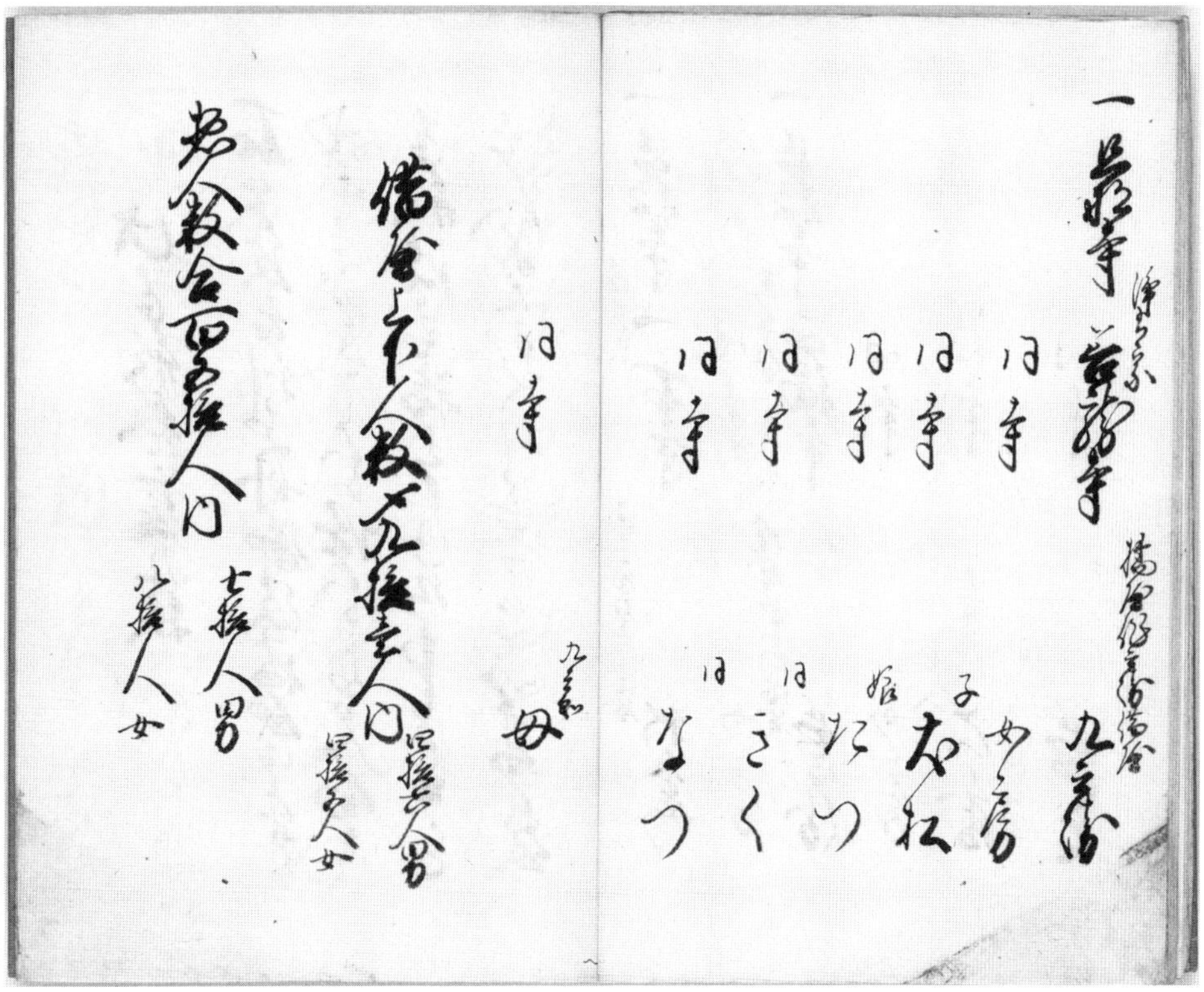

D

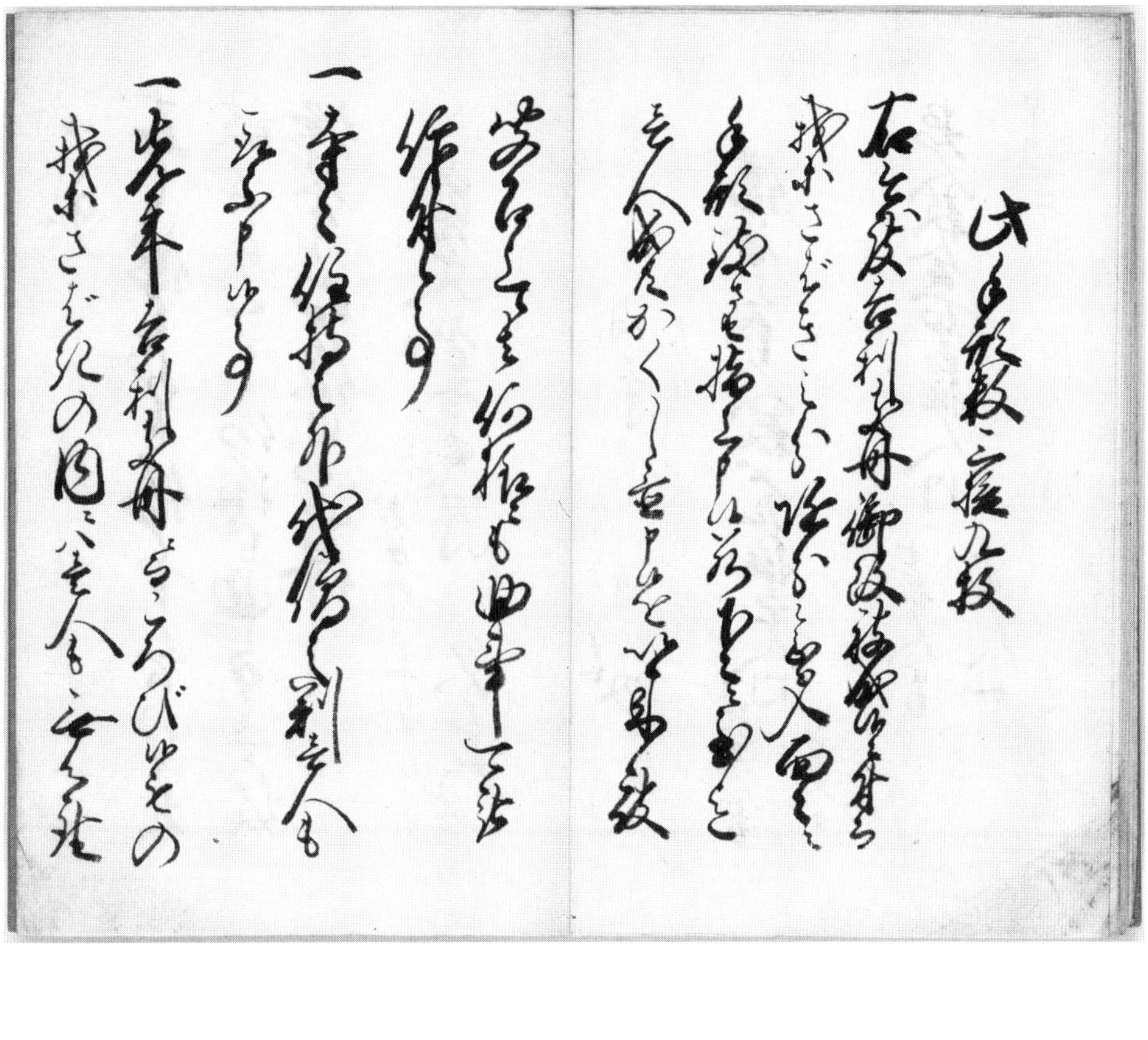

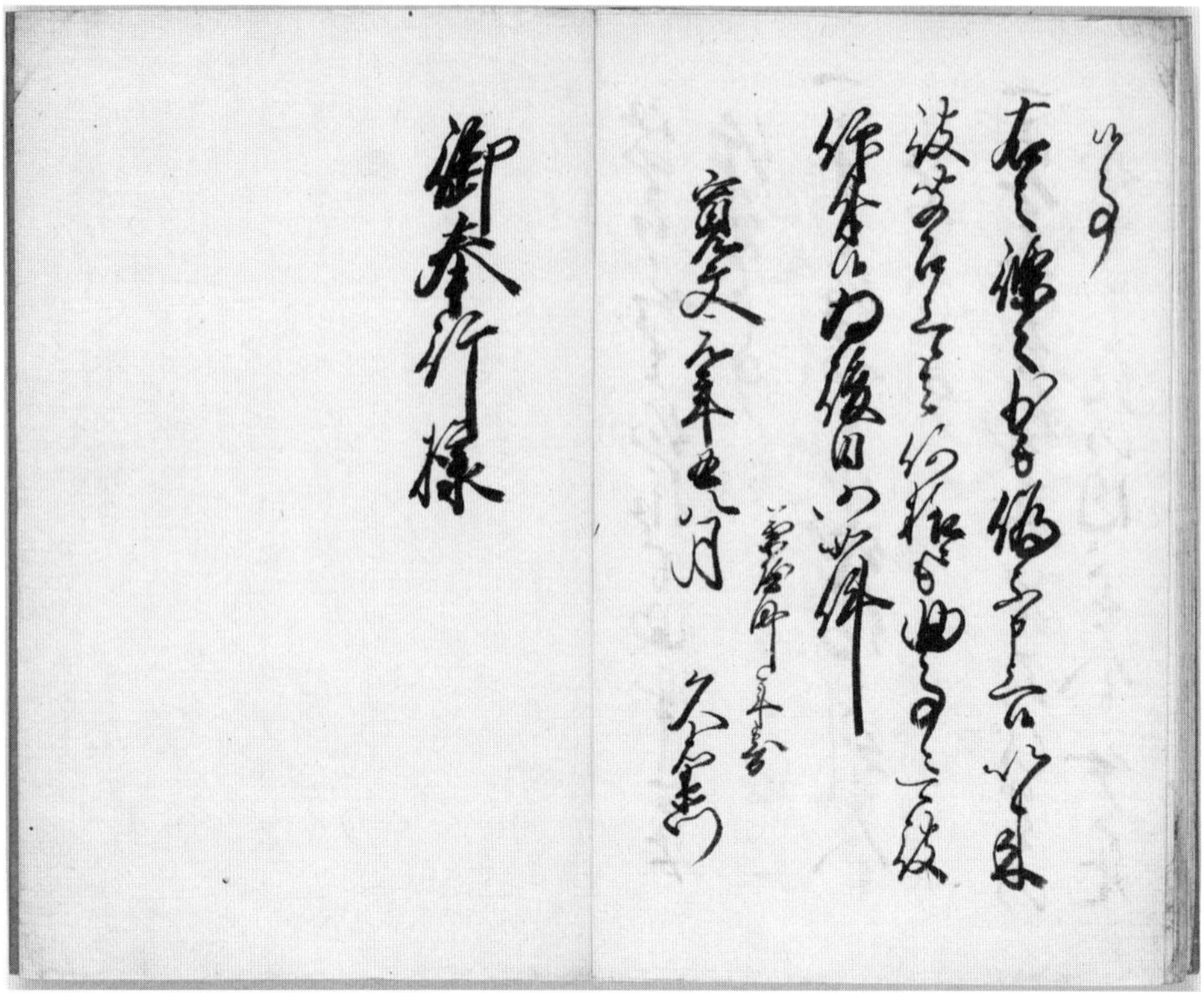

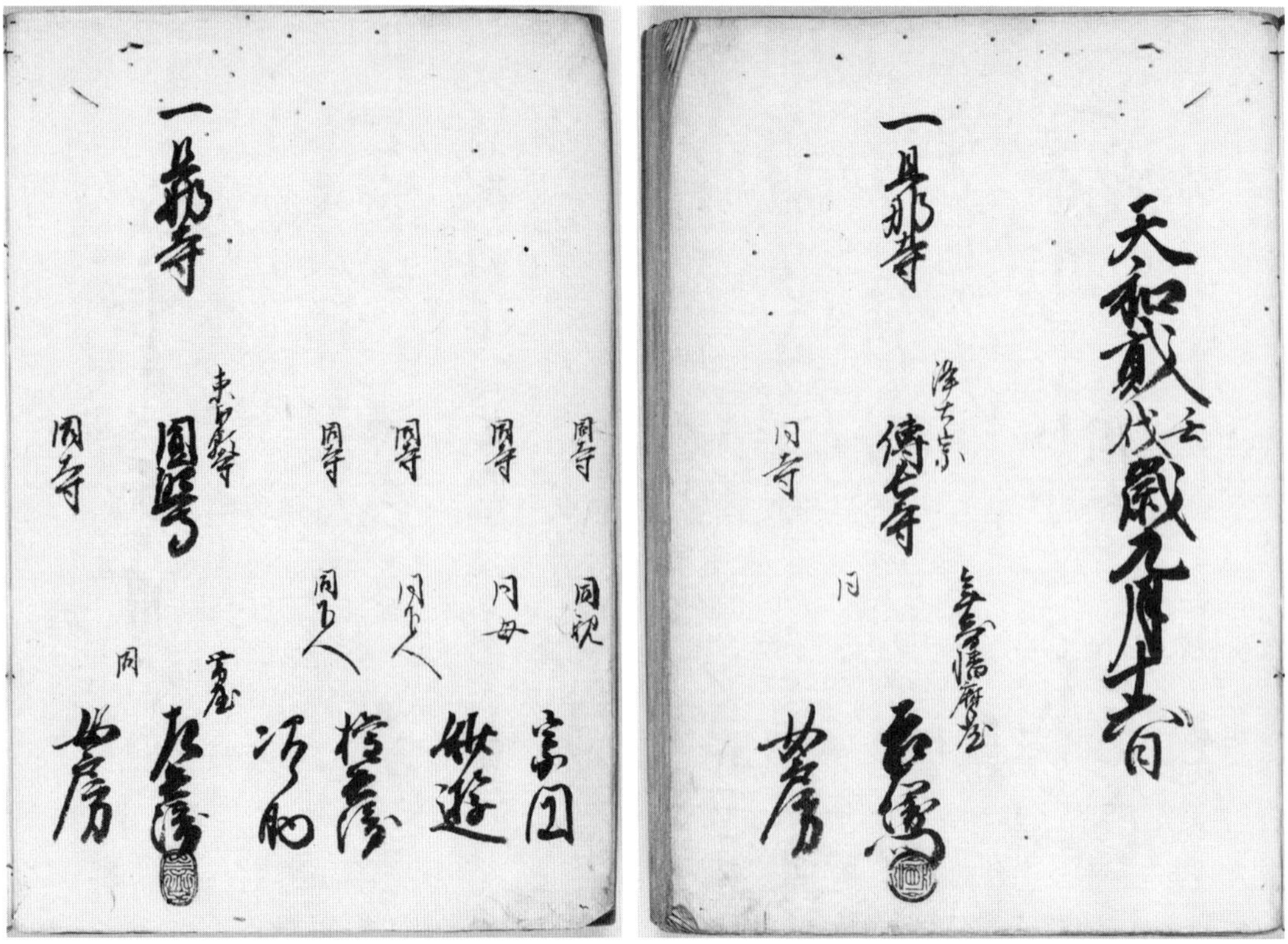

②天和二（一六八二）年九月一六日　菊屋町「宗旨御改之扣帳」

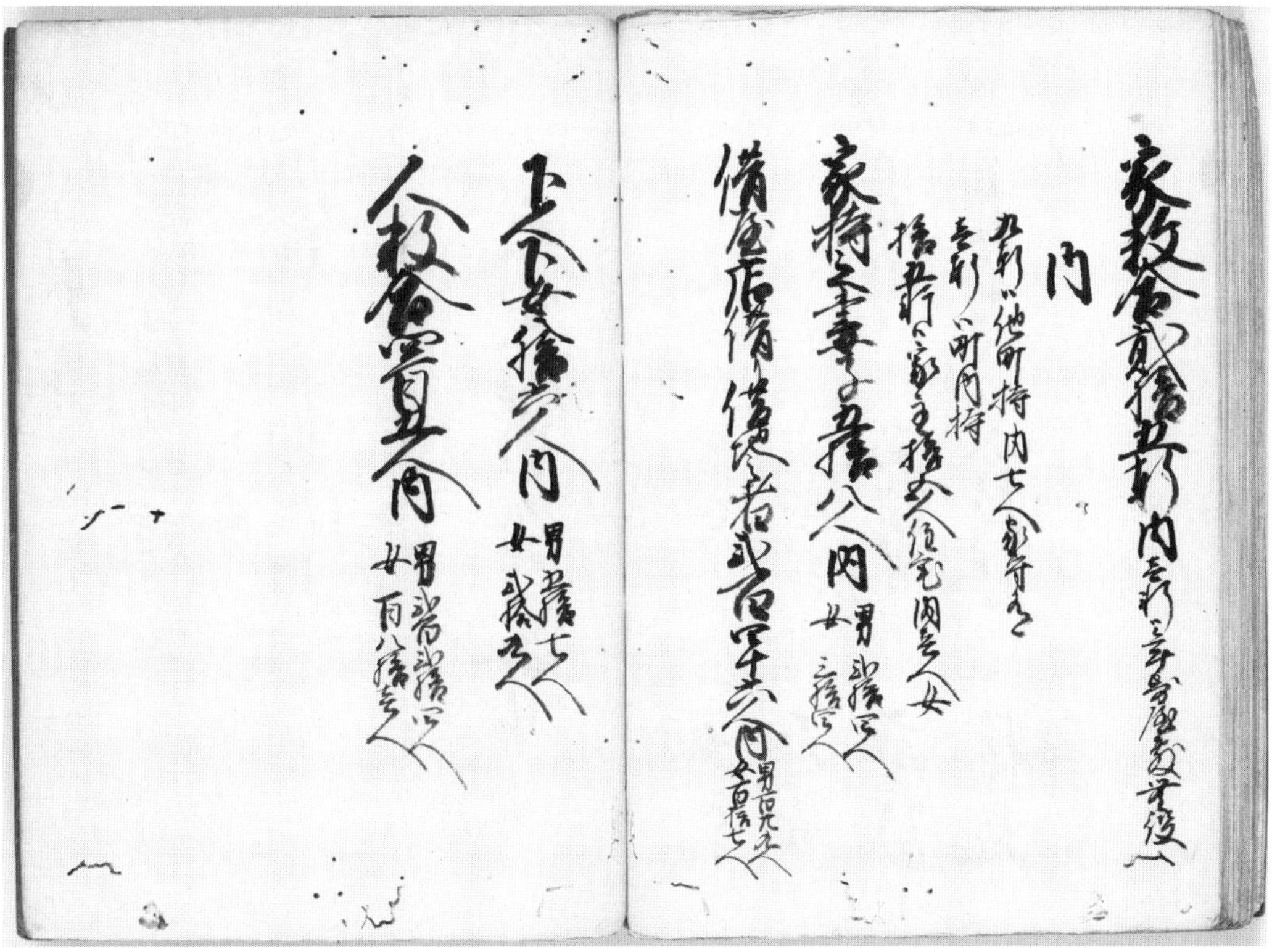

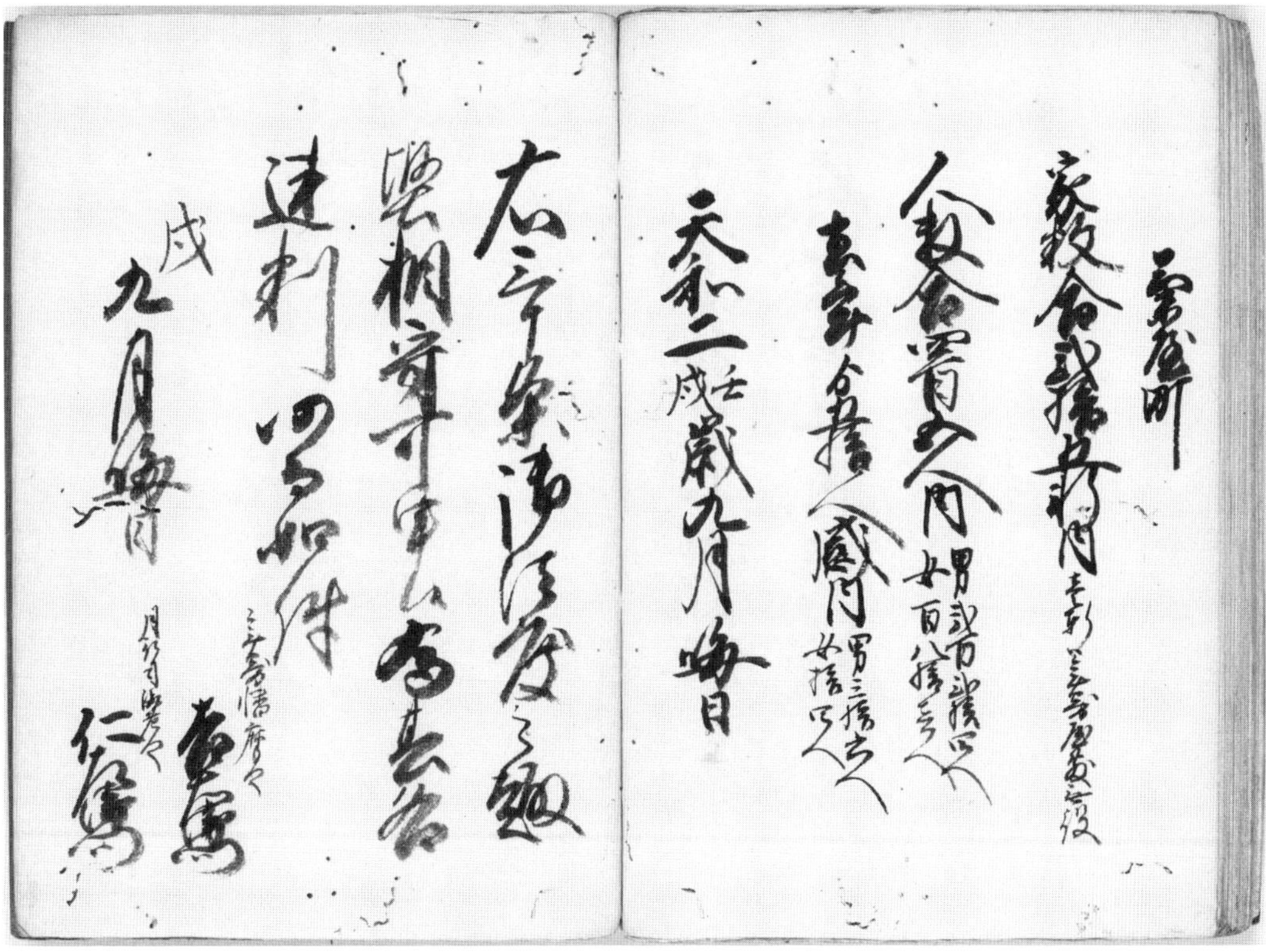
天和二壬戌歳九月晦日
戌九月晦日

【釈文】

①寛文元（一六六一）年八月二三日　菊屋町「宗旨御改帳」

A
　指上申一札
一、此以前ゟ切々被仰付候吉利支丹／宗旨御改之儀、毎年町中五人組／借屋之者迄男女共ニ致吟味、少も／油断不仕候事、
一、吉利支丹宗旨之ものニ宿ヲ借候者ハ、／宿主縦宗門ニ而無御座候共死罪、両隣ハ／欠所可被仰付候、借屋之者宿仕候ハヽ、／借屋之五人組も可為曲事之旨、常々／堅御触之上ハ油断ニ存間敷候事、
一、他所ゟ参、家買候者幷ニ借屋借りニ／参候者、町中ゟ宗旨相改、寺請ヲ立させ／置可申事、右之通去々年亥之年も／御改御座候而、寺請状指上申候、然処ニ／吉利支丹宗門之者今以所々ゟ密々ニ／あらはれ、於江戸ニ御とらへ被成候ニ付而、何／方ニかくれ居可申も不知儀ニ御座候間、／町中弥念ヲ入相改、寺手形・宿請慥ニ取／置、寺江切々参候者にても、其者之身持／作法少成とも不審成儀於在之ハ、早々／可申上候、若油断仕、他所ゟ訴人出、吉利／支丹宗門之もの御とらへ被成候は、町々／年寄・五人組共ニ御吟味之上、科之軽重ニ／したかひ曲事ニ可被仰付候旨、奉得其意候、／為後日之連判指上申候、仍如件
　　寛文元年丑ノ

B
　家持分
一、旦那寺　浄土宗 伝長寺　　はりま屋 吉右衛門
　　同寺　　女房
　　同寺　　子 太郎吉
（娘まん・なつ・よし・ふく・たま・いぬ…省略）
（家持：いせ屋久右衛門／寺口屋甚兵衛／柳屋次兵衛／和泉屋勘右衛門／橋本屋半兵衛家守丸屋市左衛門／菊屋友知後家／有馬屋勘右衛門／新屋佐兵衛家守伝兵衛／鍵屋長右衛門…省略）
一、旦那寺　東本願寺下 長伝寺　　橋屋 作兵衛
　　同寺　　母
　　同寺　　娘 かめ
　　同寺　　子 市兵衛
　家持上下人数〆五拾九人　内　弐拾四人男　三拾五人女

C
　借屋之分
（海老屋仁左衛門借屋甚右衛門／油屋治郎兵衛借屋嘉兵衛／寺口屋甚兵衛借屋次郎兵衛／柳屋次兵衛借屋伊右衛門／和泉屋勘右衛門借屋九郎兵衛後家／橋本屋半兵衛家守丸屋市左衛門借屋太郎兵衛／同借屋七兵衛／同借屋八兵衛／同借屋善兵衛／菊屋友知借屋清右衛門／同借屋仁左衛門／同借屋仁兵衛／同借屋孫右衛門／同借屋吉右衛門後家／同借屋久次郎／同借屋庄右衛門／同借屋勘十郎／同借屋久兵衛／同借屋長兵衛／在馬屋勘右衛門借屋新右衛門／鍵屋長右衛門借屋長兵衛…省略）
一、旦那寺　浄土宗 善龍寺　　橋屋作兵衛借屋 九兵衛
　　同寺　　女房
　　同寺　　子 犬松
　　同寺　　娘 たつ
　　同寺　　同 きく
　　同寺　　同 なつ
　　同寺　　九兵衛 母
　借屋上下人数〆九拾壱人　内　四拾六人男　四拾五人女
　惣人数合百五拾人　内　七拾人男　八拾人女

D　此手形数三拾九枚

右今度吉利支丹御改被成候ニ付而、／我等さばき之分、随分念ヲ入、面々ニ／手形致させ指上申候、若下々ニ至迄、／壱人成共かくし置申候を、以来被／聞召上候は、何様ニも曲事可被／仰付候事、

一、寺々住持之外、代僧之判壱人も／取不申候事、

一、先年吉利支丹ニ而、ころび候もの、／我等さばきの内ニハ壱人も無御座／候事、

右之条々少も偽不申上候、以来／被聞召上候は、何様ニも曲事ニ可被／仰付候、為後日仍如件

寛文元年丑八月　菊屋町年寄 久右衛門

御奉行様

②天和二（一六八二）年九月一六日　菊屋町「宗旨御改之扣《ひかえ》帳」＊

（三ヶ条証文…省略）

一、旦那寺　浄土宗 伝長寺　年寄播磨屋 吉右衛門 ㊞

同寺　同 女房

同寺　同親 宗因

同寺　同母 妙遊

同寺　同下人 権兵衛

同寺　同下人 次郎助

（家持分とその家内／借屋分とその家族…省略〔名前人のみ一回の押印〕）

家数合弐拾五軒　内 壱軒年寄屋敷無役

内

九軒ハ他町持　内　七人家守有

壱軒ハ町内持

拾五軒ハ家主拾五人住宅　内壱人女

家持之妻子五拾八人　内 男弐拾四人 女三拾四人

借屋店借り・借地之者弐百四十六人　内 男百廿九人 女百拾七人

下人・下女八拾六人　内 男五拾七人 女弐拾九人

人数合四百五人　内 男弐百弐拾四人 女百八拾壱人

菊屋町

家数合弐拾五軒　内 壱軒年寄屋敷無役

人数合四百五人　内 男弐百弐拾四人 女百八拾壱人

去年ゟ五拾人減　内 男三拾六人 女拾四人

天和二壬戌歳九月晦日

右三ヶ条御法度之趣、／堅相守可申候、為其各／連判、仍而如件

戌九月晦日　年寄 播磨や 吉右衛門

月行司海老や 仁左衛門

＊この帳面の表紙には九月一六日の日付が記されている。末尾の集計・差出の日付は九月晦日となっているが、表紙の日付による。

【読み下し】

①寛文元（一六六一）年八月二三日　菊屋町「宗旨御改帳」

A　指し上げ申す一札

一、この以前より切々《せつせつ》仰せ付けられ候吉利支丹《キリシタン》宗旨御改めの儀、毎年町中五人組借屋の者迄男女共に吟味《ぎんみ》致し、少しも油断仕《つかまつ》らず候事、

一、吉利支丹宗旨のものに宿を借し候者は、宿主たとい宗門にて御座無

く候とも死罪、両隣は欠所《けっしょ》仰せ付けらるべく候、借屋《かしや》の者宿仕り候はば、借屋の五人組も曲事《くせごと》たるべきの旨、常々堅く御触の上は油断に存ずまじく候事、

一、他所より参り、家買い候者幷に借屋借りに参り候者、町中より宗旨相改め、寺請《てらうけ》を立てさせ置き申すべき事、右の通り去々年亥の年も御改め御座候て、寺請状指し上げ申し候、然《しか》る処に吉利支丹宗門の者今以て所々より密々にあらわれ、江戸に於《お》いて御とらへ成され候に付きて、何方《いずかた》にかくれ居り申すべきも知れざる儀に御座候間、町中いよいよ念を入れ相改め、寺手形・宿請慥《たし》かに取り置き、寺へ切々参り候者にても、その者の身持作法《みもちさほう》少しなりとも不審《ふしん》なる儀これ在るに於いては、早々申し上ぐべく候、もし油断仕り、他所より訴人《そにんい》出で、吉利支丹宗門のもの御とらへ成され候は、町々年寄・五人組共に御吟味の上、科《とが》の軽重にしたがい曲事に仰せ付けらるべく候旨、その意《い》を得《え》奉《たてまつ》り候、後日のため連判指し上げ申し候、よって件《くだん》のごとし、

（中略）

D右の条々、少しも偽《いつわ》り申し上げず候、以来聞《きこ》し召《め》し上げられ候は、何様にも曲事に仰せ付けらるべく候、後日のため、よって件のごとし、

②天和二（一六八二）年九月一六日　菊屋町「宗旨御改之扣帳」差出書きの部分

右三ヶ条御法度の趣、堅く相守り申すべく候、その為、各《おのおの》連判、よって件のごとし、

【現代語訳】

①寛文元（一六六一）年八月二三日　菊屋町「宗旨御改帳」

A　指上げ申す一札

一、これ以前からたびたび命じられましたキリシタン宗旨御改めについて、毎年、町中の五人組や借屋の者に至るまで、男女共に取り調べて、少しもゆるがせにしないこと。

一、キリシタン宗旨の者に宿を貸した者は、たとえその宿主自身が（キリシタン）宗門でなかったとしても死罪に処し、両隣の者は財産没収を命ずる。借屋の者が宿を貸したならば、その借屋人の五人組の者も処罰するということを、日頃から厳しく命じられているのでゆるがせにしないこと。

一、他所からやってきて、家を買おうとする者または借屋を借りようとする者については、町中として（その者の）宗旨を確かめ、寺請（の保証人）を立てさせた上で（町内に）居住させること。

以上の通りに、一昨年の亥年（万治二年）にもお調べがあり、寺請状を差し上げたところです。ところがキリシタン宗門の者が今以てあちこちから「密々に」（内々の訴えによって）明らかになり、江戸において捕らえられたが、どこに隠れているかもわからないことなので、町中でさらに念を入れて取り調べ、寺手形や宿請（状）を確実に取るようにし、しばしば寺へ参っている者であっても、その者の身持や行動が少しでも不審なことがあれば、すぐに（御奉行所に）申し上げます。もし油断して、他所から告発する者がいて、キリシタン宗門の者が（御奉行所から）捕らえられたならば、その町の年寄や五人組の者も取り調べの上で、科の軽重にしたがい処罰されるということを、了解いたし

ました。後日のため連判して指し上げますことは、以上の通りです。

（中略）

D右の条々は少しも間違いありません。今後、偽りであるとお聞きになれば、どのような処罰も受けます。後日のため、以上の通りです。

②天和二（一六八二）年九月一六日　菊屋町「宗旨御改之扣帳」差出書きの部分

右の三ヶ条の御法度の趣は、堅く守ります。その為、それぞれが連判することは、以上の通りです。

【語句】

吉利支丹宗旨…キリシタン。幕府から厳しい取締りが行われた。／**御改**…調査し、取り調べること。／**町中五人組借屋の者迄**…ここでの意味は、ある家持にとって（家持相互の）五人組や（自分の家屋敷内の）借屋の者を（きちんと取り調べる）ということ。／**吟味**…取り調べ。／**宿主**…ここでは宿を貸した本人のこと。／**欠所**…財産没収の刑罰。／**借屋の五人組**…借屋人にも借屋人相互の五人組が作られた。／**曲事**…道理に背いたことから転じて違法なこと。また曲事に仰せ付けるというと、違法なことなので処罰するという意味になる。／**寺請（状）**…その寺の旦家であることを証明する文書。／**去々年**…一昨年。／**密々に**…意味がとりにくいが、密かに隠れていたものが、もしくは内々の訴えにより、というような意味か。／**寺手形・宿請**…寺が宗旨を保証する寺請状と（俗人が）身元を保証する家請状。／**身持作法**…生活態度や行動。／**不審なる儀**…怪しげなこと。／**訴人**…告発する人。／**科の軽重**…罪の軽い、重いによって。／**其意を得る**…了解する。了承する。

【解説】

一七世紀半ばの宗旨人別帳　宗門人別改めは、近世初期にキリシタン取締りのために創始され、近世を通して個別人身掌握のための制度として継続した。一七世紀半ばの大坂の宗旨人別帳としては、菊屋町に寛永一六（一六三九）年・万治二（一六五九）年・寛文元（一六六一）年のものが、三津寺町に寛永一六年・寛文元年・寛文五（一六六五）年のものが、道修町三丁目に万治二年・寛文元年・寛文五年・寛文一〇（一六七〇）年のものが残されている。これらから、大坂においては、寛永一六年、万治二年、寛文元年、寛文五年、寛文一〇年に宗旨改めが断続的に行われたことが確認できる。特に万治二年以降、寛文年間に繰り返し行われ、その後、連年で作成されるようになる。

ここで引用した寛文元年の菊屋町の宗旨人別帳の前書は、①町内居住者にキリシタンがいないことの吟味、②キリシタンに宿を貸した者は死罪、両隣は欠所、③他所から家を買いたいという者、借屋を借りたいという者は宗旨を改め、寺請をとること、の三ヶ条を確認する内容である。そして、今回の改めは、万治二年に同じ三ヶ条の改めがあった後も、江戸でキリシタンが発覚したことを受けて、今回の改めを行うのであり、たとえ寺に詣でていても、不審な点があればすぐに上申することを求めている。今回の改めが、万治二年のものを受けたものであることがわかるが、一方で、この段階では取締りのうえで必要と思われるときに随時行われたものであることもわかる。

さて、ここでの前書の三点（①町内居住者の吟味／②キリシタンに宿を貸した者の処罰／③家屋敷売買と借屋を貸す際の手続き）は、基本的に寛永一*六年、万治二年、寛文元年、寛文五年を通して共通するものであった。ところが菊屋町の寛文元年の次に残されている天和二（一六八二）年の宗旨人別帳では、前書が全く異なり、人数集計の仕方も大きく変わっている。

＊寛永一六年のものは、三条目の付則事項に、牢人に宿を貸すときには、惣年寄の請書が必要との規定が入っていることが注目される。この点については、〔史料④〕の解説を参照。

天和二年の菊屋町の宗旨人別帳の前書は、①「吉利支丹宗門之事」、②「博奕諸勝負之事」、③「傾城町之外遊女之事、附若衆を抱置、遊女同前ニ売候事」の三ヶ条について、町中の改めを誓約するものである。これはまさに、前項で見た宗旨巻の前書の三ヶ条証文の内容と同じである。また、町内の人数の集計の方式も、寛文元年の場合は、家持と借屋に分け、各家の奉公人（下人・下女）も含めて、男女別に集計した後、総人数を記しているのに対し、天和二年の場合には、大きく変わっている。まず、家数として、家屋敷数が他町持（そのうち家守の数）、町内持、住宅家主（そのうち女の数）に分けて記され、その後、家持の妻子（すなわち家族）、借屋店借・借地の者（これは名前人と家族の合計）、下人・下女の順に男女毎の人数が記され、総人数がまとめられている。この集計方法も、宗旨巻で示された方式である。

菊屋町では、宗旨巻が制度化された寛文九年以降で最初に残っているのが天和二年のものであるが、先述したように道修町三丁目では、寛文一〇年のものが残されている。これは、菊屋町の天和二年のものと同じ形式、つまり三ヶ条証文の前書があり、宗旨巻と同じ集計方法がとられているのである。宗旨巻は寛文九年八月に出された町触を踏まえて、寛文一〇年九月までの一年間毎月の押印の後、最初のものが提出された。道修町三丁目の寛文一〇年の宗旨人別帳は、九月一〇日の段階の集計で、一〇月一日付で提出されている。まさに宗旨巻制度の影響下で新たな宗旨人別帳の形式が生み出されたのである。

宗旨人別帳は、言うまでもなく、各町の住民構成を把握するための最良の史料である。この点については、近世大坂で最も系統的に宗旨人別帳が残されている菊屋町と道修町三丁目＊について、六八〜七一頁の【コラム】「菊屋町と道修町三丁目」において、簡略に概観しているので、ここでは触れないことにする。ここでは、宗旨人別帳の形式＝前書について、若干の補足をしておきたい。

＊菊屋町と道修町三丁目の史料群は、ともに大阪府立中之島図書館所蔵。

宗旨人別帳の前書：道修町三丁目　本来、宗旨人別帳は、キリシタン取締りのためのものであった。寛永一六年のものには牢人への宿貸しの規定が補足事項で盛り込まれ、当時の大坂の都市社会において牢人問題の重要性が窺えるが、同時に万治・寛文年間のものはキリシタン問題だけに一元化されていたように、キリシタン問題が最大の問題だったことは言うまでもない。その意味で、寛文一〇年から三ヶ条証文の前書が置かれるようになるのは、一面では、宗旨巻の制度化の影響なのであるが、同時に、キリシタン問題に加えて、市中での博奕や遊女商売の統制が秩序維持にとって、重要になっていることが示されている。逆に言えば、キリシタン問題の現実的な脅威が減少しつつあることの反映とも言える。

宗旨人別帳の前書には、大坂町奉行所が都市社会の秩序統制のうえで重要だと考えている問題が反映していると考えられよう。そうした視点から、まず一七世紀半ばからの宗旨人別帳が幕末まで断続的に残っている道修町三丁目の宗旨人別帳を見ていこう。先述したように寛文一〇（一六七〇）年から、その冒頭にキリシタン・博奕・遊女に関わる者がいないことを請け合う三ヶ条証文の文言が記されるようになるが、さらに天和二（一六八二）年から別の三ヶ条が付け加わる。その内容は、火事の際の拾いもの禁止、中間《ちゅうげん》・小者《こもの》への宿貸し禁止、人宿・人請の禁止であるが、元禄二年から婿入・嫁入の際の礫《つぶて》打ち禁止が加わる。但し、天和二年の分は、帳面に挟み込まれた紙面に、その三ヶ条ともう一ヶ条、人に頼まれた質物取次の禁止が記されており、次の年からは四条目は見えなくなる。それ故、翌天和三年のものから、その三ヶ条を引用しよう。

一、火事之節、金銀銭ハ不及申、着類諸道具ニ至迄、何によらすひろひ隠し置候ハヽ、盗人同前たるへき事、

一、御城中ゟ御暇出さるゝ中間・小者ニよらす、宿かし申間敷候事、

一、人宿・人請・預り物仕間敷候、其外商売何とも不知もの、五人組として吟味仕可申候事、若不吟味にて悪敷者有之候ハヽ、相借屋五人組可為越度事、

（一、火事の際に、金・銀・銭は言うまでもなく、衣類や道具類などまで何であろうと、拾って隠し置いたら、盗人と同じである（すなわち処罰する）。

一、大坂城内の奉公から暇を出された中間や小者に宿を貸してはならない。

一、（奉公の口入をする）人宿・人請や（人からの）預り物をしてはいけない。その他、どういう商売をしているか不明の者は、五人組として確認すること。もしいい加減にして、悪事に加わる者がいれば、同じ借屋の者や五人組も処罰する。）

追加されたこの三ヶ条には、町奉行所が当時の市中の秩序維持に重要だと考えたことが反映している。このうち、特に二・三条目が注目される。第一には、問題になるのが大坂城（の番衆）から暇を出された武家奉公人（中間・小者）であり、例触②の第一条と見合っていることである。例触とは、大坂で毎年同日に同じ内容で出された一〇の町触であり、毎年正月一一日に出された例触①②はもっとも古くから出されたもので、承応二（一六五三）年には確認できる。この例触②の一条目は、「御城中御番衆之下々、暇出シ被申候者、侍小者ニ不寄、町中宿借申間敷事」（城内の番役に当っている主家から暇を出された奉公人は、侍（＝若党）*であろうと小者であろうと、町内で宿を貸してはならない）というものであり、先の前書二条目の内容と全く同じであることは明瞭である。なお、ここでの暇を出される「下々」とは、一年期で抱えられる奉公人であり、一季《いっき》居《おり》と呼ばれる存在である。

＊ここでの侍は、中間・小者と同じく一年期で抱えられる武家奉公人であり、階層的には足軽に近い。これについては、高木昭作『日本近世国家史の研究』（岩波書店、一九九〇年、特に第九章）参照。

第二には、それが人宿・人請という商売と結びつけられていることである。ここには、一季居の武家奉公人に宿を貸す者が、口入＝人請を行う存在であることが端的に示されている。それが人宿と呼ばれていることもきわめて重要である。これにより、例触②における当初の段階から番衆の奉公人を口入する人宿が想定されていたことが確認できるからである。

なお、人宿・人請禁止の箇条は、元禄二年より最初に「みたりに」という文言が加わり、箇条の後半がはぶかれる。これにより、人請・人宿の禁止のニュアンスがやや弱められている。また、中間・小者への宿貸し禁止の箇条は、元禄一一年の分には、「其外家々寺請状ニ書のせ申候人数之外壱夜ニても宿かし候ハヽ、家主五人組へ相断可申候」（そのほか、各

家の宗旨人別帳に記載された者以外に一晩でも宿を貸す際は家主と五人組に届けること）との文言が加わり、同一三年からは、「一夜ニ而も宿借シ申間敷事」（一晩でも宿を貸してはならない）に変えられている。これにより、大坂城（の番衆）から暇を出された中間・小者以外の者についても宗旨人別帳に載せられていない者（「寺請状ニ書のせ申候人数之外」）への宿貸しを禁止する内容が含まれることになった。しかし、二つの箇条の大枠は変化していないといえよう。

　例触②は、この後ほとんど内容を変えることなく、幕末まで出され続ける。しかし、この道修町三丁目の宗旨人別帳の前書の箇条には、一八世紀後半になって変化が見られる。安永五（一七七六）年までは先の内容であったが、次に史料の残る安永九年のものには、先の箇条に相当する部分は一括して以下のように変更されている。

一、寺請状ニ書乗申人数之外、人別出入有之節、早速相断り、人別帳江相記、不念之儀仕間敷候、別て宿所不相知者、一夜ニても差置申間敷候、猥ニ人宿・人請仕間敷候、其之外商売何とも不相知者、五人組として急度相糺可申事、

（一、寺請状に記載されている者以外に、人別の出入りがあった時には、すぐに届け出て、人別帳へ記載し、いい加減なことをしてはいけない。特に居所の不明な者を一晩でも泊めてはいけない。みだりに人宿・人請をしてはいけない。その他、どういう商売か不明の者は、五人組として厳しく糺すこと。）

　ここでは、宿貸しの規制対象として、城内の番衆の奉公人が明示されなくなっている。寺請状（すなわちこの帳面）に名前のない者を泊めてはいけないということは連続しているが、一季居の武家奉公人が前面に出ていたのが、きわめて一般的な規定に解消しているのである。但し、みだりに人宿・人請をしてはいけないということも連続している。前半とあわせて考えると、人宿・人請も武家奉公人を当然主要な部分として含むであろうが、人宿＝口入渡世にも幾分の変容が見られ、武家奉公人以外の口入をも含む内容になっているのではなかろうか。

　この後、道修町三丁目の宗旨人別帳の前書は、一九世紀に至るまでこのような文言で固定する。もちろん、宗旨巻と共通するキリシタン・博奕・遊女商売の三ヶ条は連続しているが、町内居住者に対する取締りの方向性の微妙な変化が反映していると言えよう。

宗旨人別帳の前書：菊屋町　菊屋町の宗旨人別帳は、前記の天和二（一六八二）年の後は元禄九（一六九六）年のものになるが、ここには、道修町三丁目で見られた中間・小者への宿貸し禁止や人宿・人請の禁止の規定はおろか、キリシタン・博奕・遊女に関する三ヶ条も見られず、そうしたあり方は一八世紀半ばまで継続する（阪本平一郎・宮本又次編『大坂菊屋町宗旨人別帳』第一～七巻）。しかし、宝暦四（一七五四）年から、①在家《ざいけ》を借り仏壇を構え利用を求めることの禁止、②座敷談儀《だんぎ》・辻談儀の禁止、③町中への清僧《せいそう》の逗留は二〇日以内という三ヶ条が前書に書かれるようになる。おそらく、宝暦二年七月二四日の町触（「町中ニ清僧置間敷事、尤逗留日数廿日を可限事」—町内に出家の僧侶を居住させてはならない。但し、一時逗留の場合は二〇日を限度とすること）を受けて記されるようになったものであろう。

　さらに宝暦一一（一七六一）年からは、それに加えて、キリシタン・博奕・遊女商売に関わる者がいないことを請け合う三ヶ条証文も書かれるようになる。また、三ヶ条証文が記載されるようになる宝暦一一年から

は、家持・借屋を問わず、名前人が毎月押印する形になる。

安永六（一七七七）年二月二七日には、「当表町々宗門改帳之儀、当年ゟ一町一宗限り一冊宛ニいたし」（大坂の町々の宗門改め帳は、今年から各町内の宗派ごとに一冊づつに仕立てて）、九月に惣年寄へ提出するようにという町触が出された（『大阪市史』第三巻、触二九六二）。同日、寛文元（一六六一）年から安永五年までの宗旨人別帳で各町に保管されている分を、三月九日・一〇日に惣会所に持参するようにという指示があった。この時、残っている人別帳のリストと帳面の写しを持参するようにも言われている。寛文元年からの宗旨人別帳の保管状況調査は同年正月一三日に指示されているが、これは、町奉行所で宗旨人別帳の来歴が分からなくなっていることを示している。

菊屋町に残されたこの時提出したリストの写しでは、寛文元年と寛文五年の間の三年分は「紛失」と書き上げ、寛文五年以後、天和二年までの各年についても「紛失」とされている。天和三年から再び「紛失」が続き、元禄九年からは連年で残っていることが記されている。すなわち、先に一七世紀半ばの菊屋町の宗旨人別帳として紹介したものに加えて寛文五年分が残されていたことがわかるが、それ以外は、すでに一八世紀後半の段階で残されていなかったことがわかる。一方で、寛文一〇年以前は、寛文元年・寛文五年以外は宗門改めが行われていないので、無くて当然だが、それを「紛失」と表現しているのである。それは寛文元年以降の保管状況を町奉行所から聞かれているからであるが、町奉行所は寛文元年から毎年宗旨人別帳を提出させていたと誤認していること（逆に寛永一六年や万治二年は忘却）が窺える。

なお、この触によって、宗旨人別帳の形式が宗派毎のものだけに改変されたと考えることは適切ではない。天明六（一七八六）年四月八日に、安永六年から天明五年までの「宗旨分帳」を惣会所へ持参するようにという指示が出されたが、それに対応して菊屋町の作成したメモには、「安永八亥年ゟ天明四辰年迄、此分一宗帳ニ名前人斗認有之候故、相納り不申ニ付、右人別帳御預ケ被成候、尚又安永六酉年・同七戌年、此弐ヶ年分之一宗限り帳ハ人別帳之通、人別認有之故、随分宜候、依之已来は一宗帳ニも人別帳之通、人別相認可然事ニ候」（安永八年から天明四年までについては、宗派ごとの帳面には名前人しか記されていないので受理されず、人別帳を（町内に）預けられた。なお、安永六・七年分の宗派ごとの帳面は、人別帳と同じように（全員の）人別が記されているので、とてもよい。今後は宗派ごとの帳面にも人別帳と同じように人別を記載すべきである。）とある。これによると、宗派ごとの帳面と並んで町内全体の人別帳が併存していることが明らかであり、先の指示における「宗旨分帳」は前者を指しているのである。安永六年以降、各町はそれまでの宗旨人別帳の作成を継続するとともに、宗派ごとの帳面も作成したのである。

以上に見たように、宗旨人別帳の始まりから、宗旨巻の影響、あるいは宗旨分帳の作成まで、町奉行所の指示によって規定される側面はもちろんある。しかし、道修町三丁目と菊屋町の宗旨人別帳の前書を見ると大きく異なっている。これは、北組（道修町三丁目）と南組（菊屋町）という違いなのか、それとも町毎の差異なのか、今後、他町の事例も含めて検討していくことが必要であろう。同時に、各町で差異はあっても、宗旨人別帳の前書には、都市大坂の社会状況が反映しており、それを読み解く可能性が秘められていると言えよう。

【コラム】

菊屋町と道修町三丁目

「宗旨人別帳」で取り上げた菊屋町と道修町三丁目について紹介しよう。

菊屋町も道修町三丁目も、大阪府立中之島図書館に町の文書が所蔵され、古くから研究に利用されてきた。菊屋町文書は、「宗旨人別帳」が一七世紀終わりから幕末までほぼ連続して残されていることで知られる。道修町三丁目も同じく「宗旨巻」がほぼ連続して残されている。「丁代日誌」も翻刻、刊行されている（『道修町三丁目丁代日誌』大阪市史史料第六二輯）。

菊屋町

菊屋町は、南組に属し、心斎橋筋沿いの両側町である。北は八幡筋から南は戎橋近くの宗右衛門町との町境までである（位置は四頁の地図を参照）。現在は心斎橋筋商店街として大阪有数の繁華街となっている。

但し、この広がりは、延宝七（一六七九）年の町域拡張の結果である。一七世紀初期には、図5のほぼ北側半分の家屋敷からなっていた。そこに、安井九兵衛・平野藤次郎が町立てに当たった道頓堀周辺のうち、北側の裏町の家屋敷八ヶ所、宗右衛門町から一ヶ所が延宝七年に菊屋町に編入されたのである。*これによって、菊屋町はほぼ二倍に拡張されることとなった。

*この菊屋町の拡張は、〔史料②〕の解説で先述した新出安井家文書から明らかになった新事実である。この点については、八木滋「近世前期大坂道頓堀の開発過程と芝居地」（前掲塚田・八木編『道頓堀の社会＝空間構造と芝居〈重点研究報告書〉』を参照）。

菊屋町の成り立ちを吉田伸之氏の研究（「町と町人」同『近世都市社会の身分構造』東京大学出版会、一九九八年）を参照しつつ見ておこう。菊屋町は、元和年間に移転した傾城《けいせい》町（瓢箪《ひょうたん》町）の跡地にできた町で、菊屋友知が開発し、開発後は町年寄をつとめた。

図5　菊屋町の合併

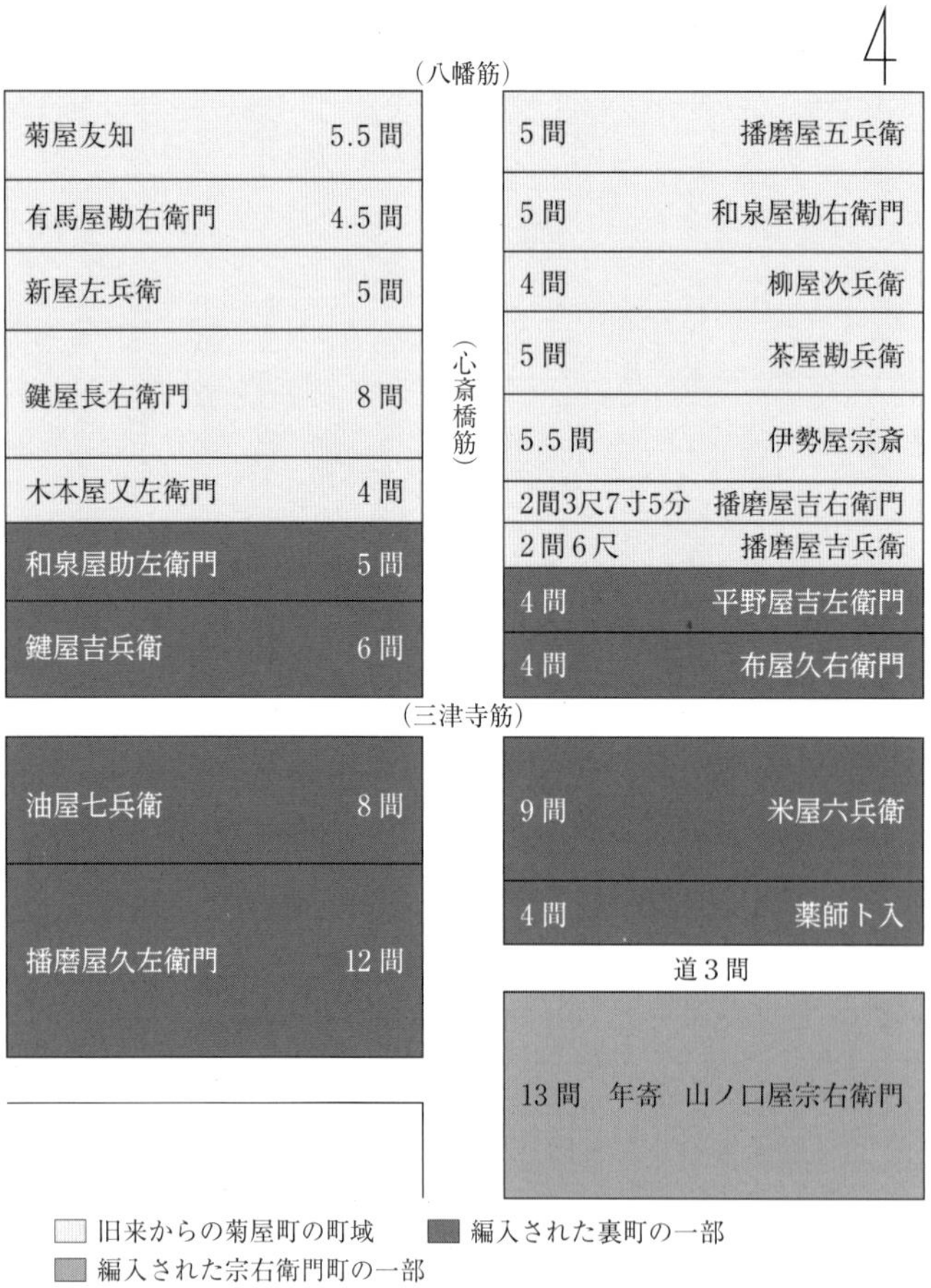

※菊屋町の家持等の情報は「南菊屋町絵図」（1650年代と推定）。
裏町・宗右衛門町の家持等の情報は「道頓堀川大絵図」（明暦元〔1655〕年）。

寛永一六（一六三九）年の「宗旨御改之帳」（表5）によれば、筆数は一九（家屋敷数は一一か）、居住の家持一〇、人口九五人という状況であった。その後、寛文元（一六六一）年には、家持一一軒、その人数五九人、借屋二三軒、その人数九一人、計一五〇人に増え、さらに、町域の拡張した後の天和二（一六八二）年には、家数二五軒となり、居付の家持一五軒（一五人）、その妻子五八人、借屋（八〇軒余）の者二四六人、下人・下女八六人で、計四〇五人であった。*

＊寛文元年と天和二年の宗旨人別帳の家数・人数の集計については、（史料⑧）「宗旨人別帳」において、史料をあげているので、参照。

表5　寛永16（1639）年、菊屋町の住民構成

	家主（地主）	家族	下人	借家	家族	下人
1	**きくや友知**	5	2			
2	聟与兵衛（友知かしや）			①-1	1	1
	〃			-2	2	
3	**有まや勘右衛門**	7				
4	母（勘右衛門かしや）			③	4	
5	（から物町魚屋長次郎）			⑤	2	
6	〃			⑥	7	
7	**森屋茂兵衛**	4				
8	**古金屋長左衛門**	3		⑧	3	
9	**木本屋又右衛門**	4				
10	〃			⑩	3	
11	**はりまや喜右衛門**	7	1			
12	**せきたや勘右衛門**	6	3			
13	**伊勢屋久右衛門**	4	1			
14	〃			⑭	4	
15	〃			⑮	3	
16	**おりてや甚左衛門**	5				
17	（塩町八尾屋仁右衛門）			⑰	4	
18	〃			⑱-1	2	
	〃			-2	1	
19	**おりてや太郎助**	3		⑲	3	
合計		48	7		39	1

注　家主（地主）1～19は筆数の順を、また①③⑤……は借屋がどの筆下にあるかを示す。太字は居住の家持、点線は家屋敷の区切を想定。
出典：吉田伸之「町と町人」表2を基に一部修正。

寛文元年と天和二年の間の増加は、町域の拡大を考慮しなければいけないが、増加傾向は著しい。その後も、一七世紀末から一八世紀にかけて借屋と下人・下女が増加し続け、元文元（一七三六）年には借屋一五〇、人口六五六人となっている。この間、菊屋友知は没落し、一七世紀末には菊屋町から姿を消している。おそらく多様な小経営の商工業者が充満する町になっていたと思われる。

乾宏巳氏が整理されたデータ（『近世都市住民の研究』清文堂出版、二〇〇二年）によれば、人口全体は一八世紀初めに七〇〇人余りをピークに横ばいもしくは漸減傾向になっていき、幕末には四〇〇人代に落ち込んでいる。借家も、一八世紀初めには一七〇軒程度あったが、次第に漸減し最幕末（万延）では六～七〇軒にまで減少している。また、乾宏巳氏による弘化二（一八四五）年の菊屋町推定図では、表店四三戸・二七二人、裏店七九戸・二五五人、計一二二戸・五二七人となっている（乾宏巳『なにわ大坂菊屋町』柳原出版、一九七七年、二八六～七頁所収）。心斎橋筋には二間半～三間（五～六メートル）の間口の表店が軒を連ねていた様子がうかがえる。一七世紀には、多様な商工業者が集まって来たが、一八世紀以降は小経営の商工業者（専門小売商）の町として発展していったと考えられている。

先に見た木挽町北之丁は、菊屋町と近接した地域に所在していたが、大丸呉服店が拠点を置く町であった。これを想起すると、近接した地域に所在した両町はかなり異なる性格をもっていたことに注意しておく必要があろう。

道修町三丁目

道修町三丁目は、北組に属し、北船場の道修町通り沿いにある両側町である。道修町通りは東横堀川から西横堀川までの東西の道路で、東から道修町一丁目から五丁目と古手町が続いている。道修町通りの北には伏見町通り・高麗《こうらい》橋通り・今橋通りがあり、南には平野町通り、淡路町通りが並んでいる。道修町三丁目は中橋筋から栴檀木《せんだんのき》橋筋を挟んで丼池《どぶいけ》筋までの二区画分である。（位置は四頁の地図を参照。また町内の空間構造については、四九頁の図3　道修町三丁目水帳絵図、図4　道修町三丁目建家図を参照）

道修町一丁目から三丁目までは、「Ⅲ仲間」の「薬種中買」で紹介しているように、薬種中買仲間が集住していたことで知られる。薬種中買は、明治以降に洋薬の製造に転換したところが多く、現在は製薬会社が多く

表6　道修町三丁目の人口変化

		戸　数	人　数	内奉公人数	奉公人雇用戸数	奉公人雇用戸率	一戸当り奉公人数
万治2（1659）	家持	27	178	76	19	70	2.8
	借家	205	802	133	54	26	0.6
	計	232	980	209	73	31	0.9
貞享1（1684）	家持	30	174	83	21	70	2.8
	借家	208	845	149	58	28	0.7
	計	238	1019	232	79	33	1.0
元禄13（1700）	家持	25	169	93	18	72	3.7
	借家	213	791	124	51	24	0.6
	計	238	960	217	69	29	0.9
宝永7（1710）	家持	30	177	94	16	53	3.1
	借家	149	596	149	57	38	1.0
	計	179	773	243	73	41	1.4
享保14（1729）	家持	29	225	131	23	79	4.5
	借家	132	520	114	47	36	0.9
	計	161	745	245	70	43	1.5
宝暦2（1752）	家持	28	245	152	24	86	5.4
	借家	108	498	159	59	55	1.5
	計	136	743	311	83	61	2.3
安永9（1780）	家持	16	173	110	15	94	6.9
	借家	90	452	186	63	70	2.1
	計	106	625	296	78	74	2.8
寛政12（1800）	家持	18	164	89	16	89	4.9
	借家	105	433	134	67	64	1.3
	計	123	597	223	83	67	1.8
文政2（1819）	家持	18	166	98	17	94	5.4
	借家	99	515	195	81	82	2.0
	計	117	681	293	98	84	2.5
天保12（1841）	家持	22	190	112	20	91	5.1
	借家	84	402	152	63	75	1.8
	計	106	592	264	83	78	2.5
万延1（1860）	家持	16	199	128	16	100	8.0
	借家	74	349	132	59	80	1.8
	計	90	548	260	75	83	2.9

出典：乾宏巳「大坂町人社会の構造」（津田秀夫編『近世国家の展開』塙書房、1980年）所掲の表1をベースに簡略化したもの。

建ち並んでいる。

　道修町の薬種商が薬種中買仲間として公認されるのは享保七（一七二二）年であるが、それ以前から道修町には一定の薬種商が集まっていた。しかし、一七世紀半ばでは、畳屋・帯屋・下駄《げた》屋・はしり屋・小間物《こまもの》屋・煙草《たばこ》屋などの多様な職種も混在する地域であった。

　表6は、乾宏巳氏の整理を基にして道修町三丁目の人口変化をまとめたものである。家屋敷《いえやしき》の単位性は捨象して、町内居住の戸数とその家族人数だけを示している。戸数・人口とも一七世紀末をピークに減少している。とくに借屋《かしや》の減少が著しい。しかし、奉公人の数は一八世紀半ばのピークにむけて、全体としては微増傾向ののち微減ないし横ばいとなる。しかし借屋人と比べると、さほど著しい変化とは言えない。むしろ一戸当たりの奉公人数の増加や、借屋の奉公人雇用戸数の増加を合わせて考えると、多様な職種の借屋層が町内から出ていき、薬種商が大店あるいは表店として一定の発展を遂げた結果であると考えられている。

　道修町三丁目の文書には、本書でも利用したように、一七世紀以前の多数の宗旨人別帳や宗旨巻が残されている。これらの史料をもとに、その史料の性格と家屋敷の単位性を考慮しつつ、町人・借屋人の動向を丹念にあとづけていくことが、今後の課題であるといえよう。

　なお、道修町を含む北船場の具体的な空間構造と居住形態については、谷直樹「商家集住体としての町」（『年報都市史研究』五、山川出版社、一九九七年）、谷直樹・三浦要一「近世末・近代初頭の大阪北船場における集住構造と職住形態」（塚田孝・吉田伸之編『近世大坂の都市空間と社会構造』山川出版社、二〇〇一年）を参照いただきたい。また、近年、道修町三丁目が勤めた御用宿の実態からも町の構造の解明が進められている。これについては、呉偉華『近世大坂の御用宿と都市社会』（清文堂出版、二〇二三年）が必読である。

（3）町の運営

町を運営するために、それぞれの町は、「町掟」や「町式目」とよばれる町内独自の法をもっていた。この「町掟」は、町内の家持町人たちの「申合《もうしあわせ》」という形で作成されたものである。この内容を見ることで、近世における町という団体のあり方が見えてくる。

町の運営に関わる役職として町年寄や月行司がいた。町年寄は、町人たちの代表で、町自治の中心であった。町年寄は、町人たちによる選挙で候補者（高得票者）数名が選ばれ、惣会所に届けられ、その中から惣年寄が任命した。町年寄を補佐するのが、月行司である。月行司は家持が毎月二人ずつ交代で勤めた。家持は、その町に住んでいなくても、町内での種々の義務や権利を行使する責任があった。そのため、他町持《たちょうもち》（他町に住む家持）や他国持（他国に住む家持）の場合には、代理人である「家《や》守《もり》」が置かれた。家守は、借屋人から店賃を徴収するなど家持に代わって貸家と借屋人の管理を行うとともに、月行司など町に対する義務も代わりに勤めた。

町運営の拠点として、町内に町会所が置かれた。一般には、会所屋敷と呼ばれる町有（町人の共同所有）の家屋敷に置かれることが多かった。

町年寄の職務は多様であった。もちろん、実際の実務は月行司が分担したものもあるが、先にみた触の伝達、水帳や宗旨人別帳・宗旨巻などの作成・管理のほか、町入用（町の会計）の管理に責任を持つのは町年寄であった。また、町年寄は、町の住民が町奉行所などに出頭するときに同行したりすることも重要な仕事であった。

町会所には、手当をもらって町の仕事を行う「町代《ちょうだい》」がいた。町代は町から雇用された存在だったが、近世中期以降は、本来町年寄や月行司が担うべき仕事も町代に任せっきりという状況も広く見られた。しかし、一方でその町代たちが専横な町の運営を行うこともあった。そこで、町人たちは、そのようなことがないよう町代への「申渡《もうしわたし》」という形で、町代の職務に関する規定をつくることもあった。

町内には、町人（家持）のほかに借屋人もいたが、彼らが直接町の運営に関わることはなかった。借屋人が家を借りるときには請人（保証人）が必要であった。

ここでは、町掟〔史料⑨〕、町年寄の選任〔史料⑩〕、町代への申渡〔史料⑪〕、家請人による借屋請状〔史料⑫〕の史料を読んでいき、上記の諸問題を具体的に深めていきたい。また、家請人は、仲間を形成しており、「Ⅲ仲間」の一編として読んでいただくことも可能である。

〔史料⑨〕

町掟（道修町三丁目「町内申合書」大阪府立中之島図書館蔵）

①

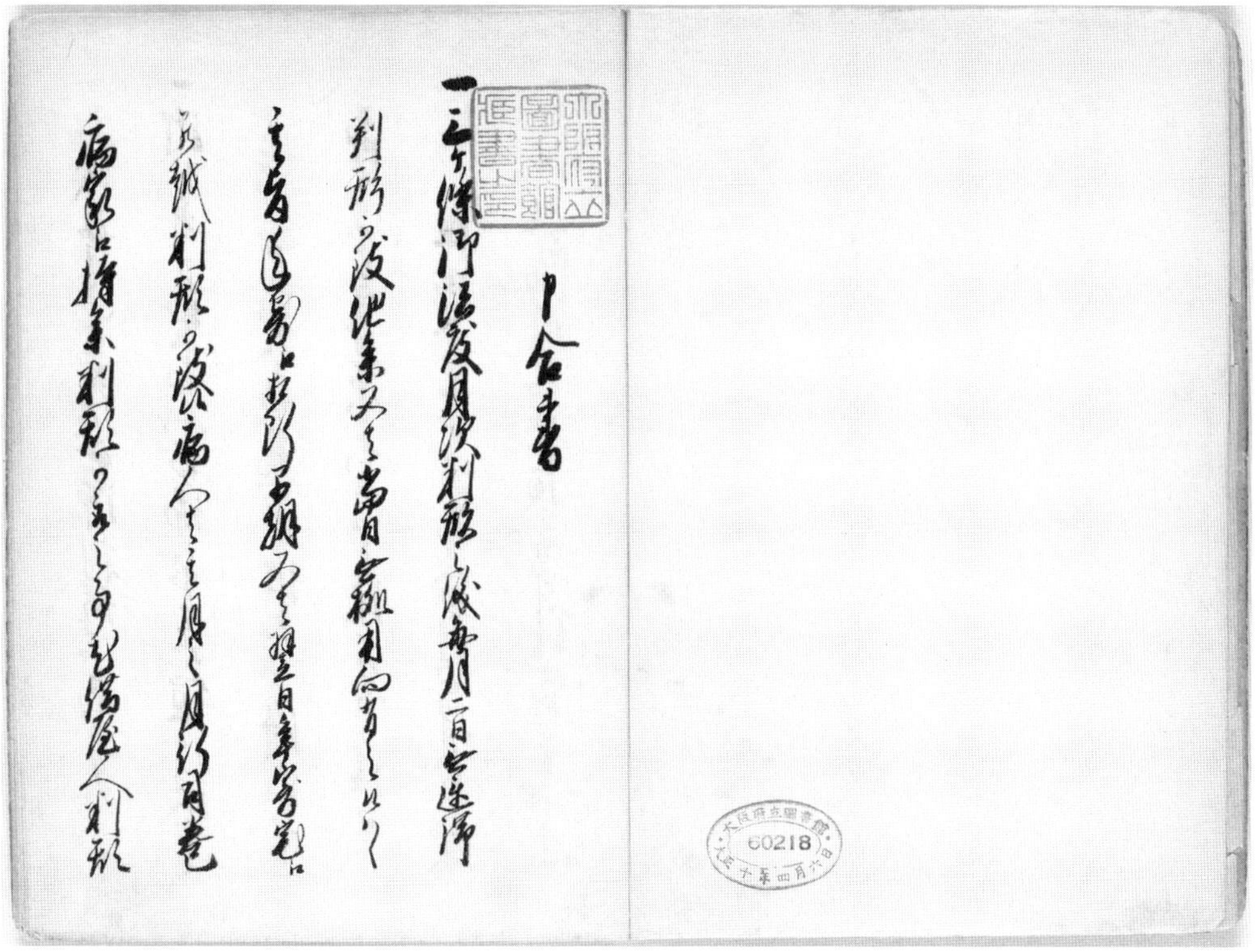

④ ③ ②

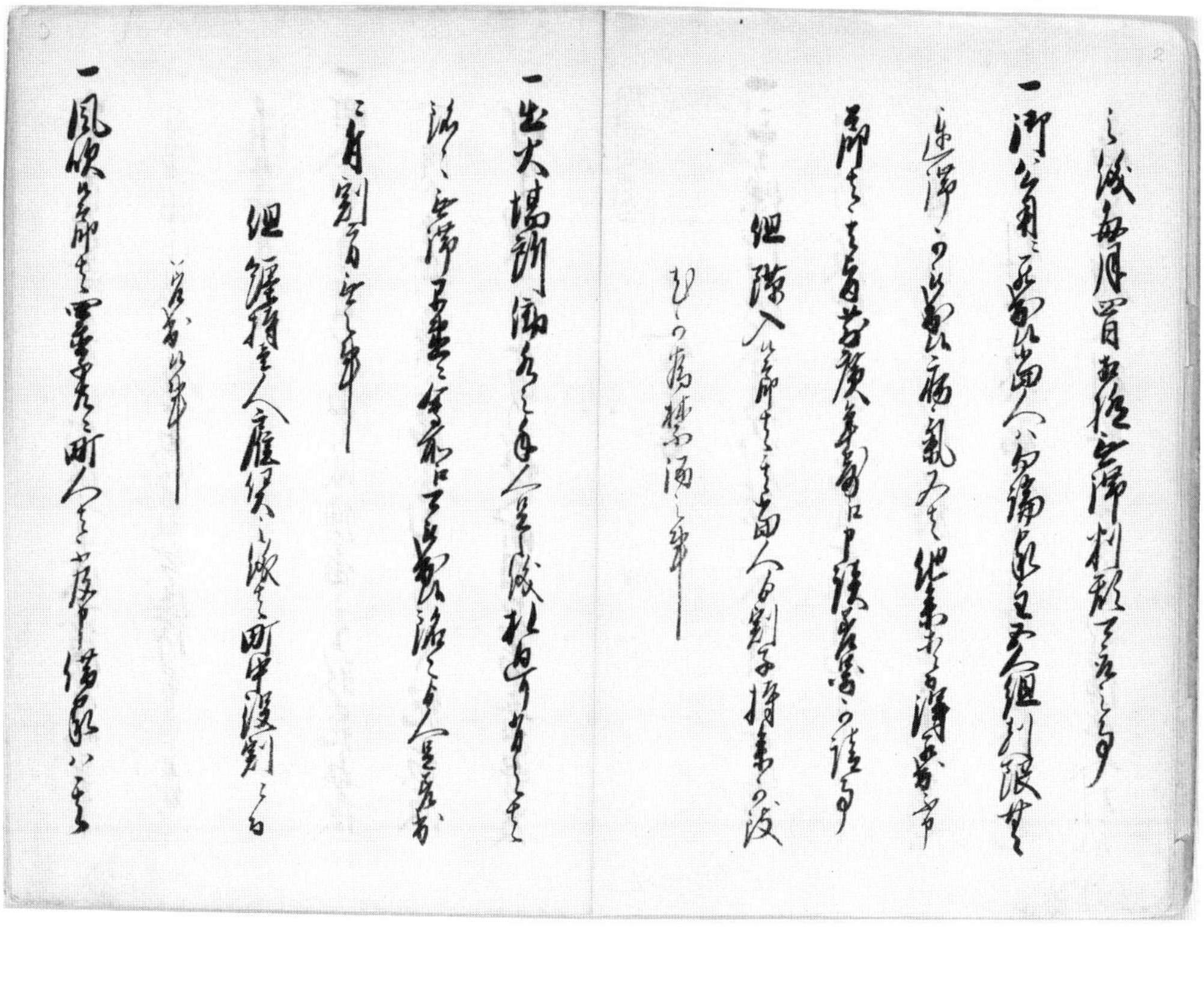

⑦ ⑥ ⑤

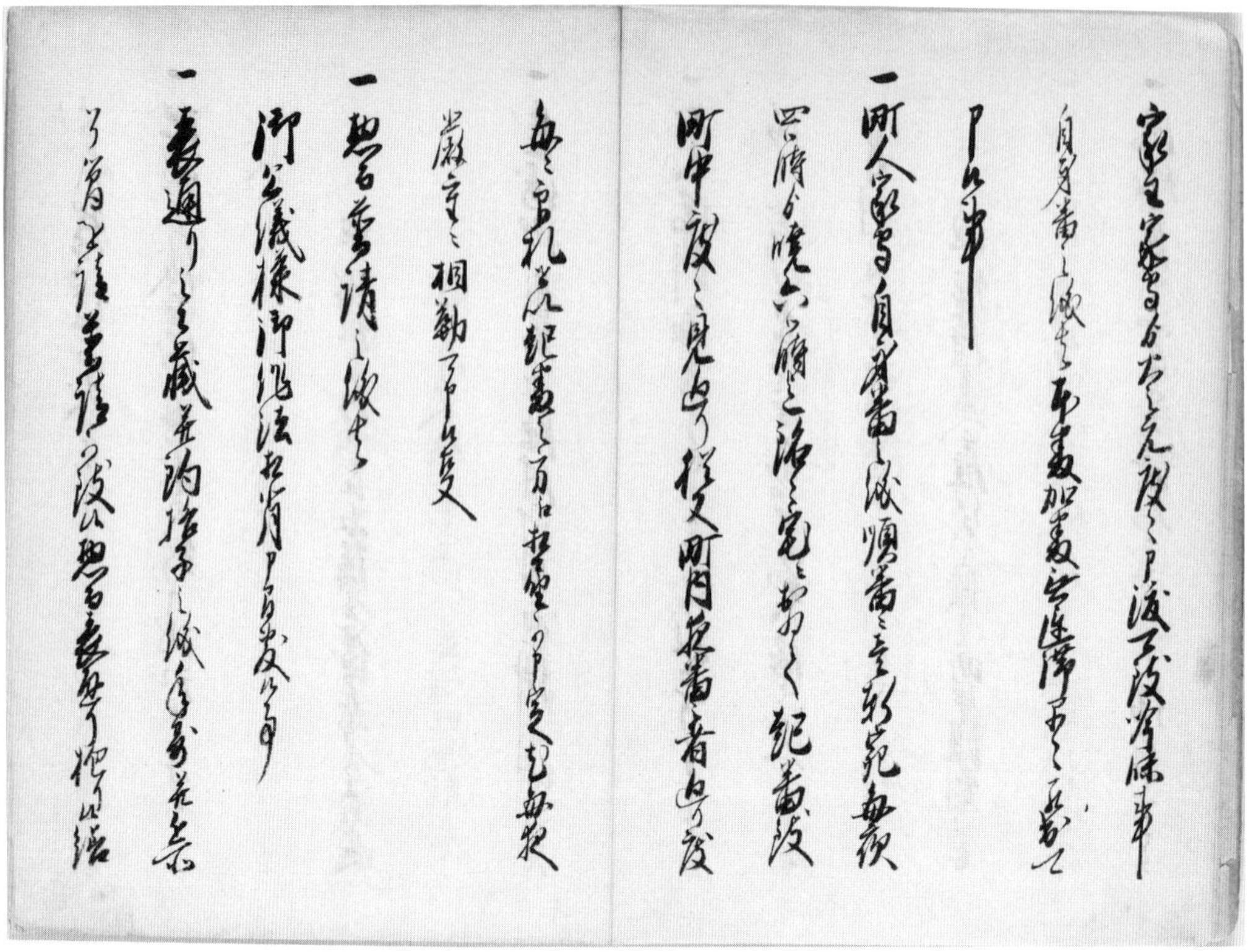

⑩ ⑨ ⑧

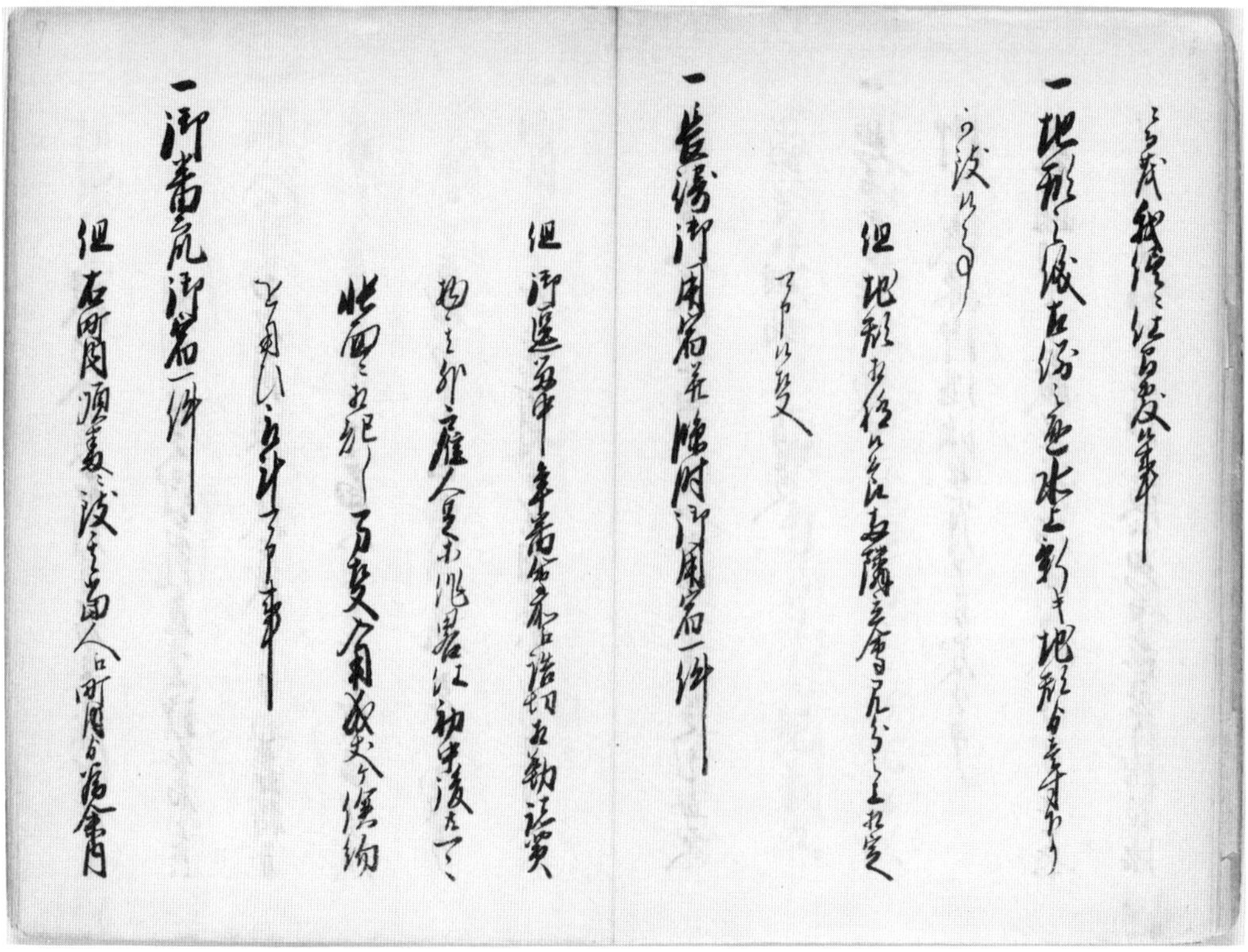

⑪ ⑫

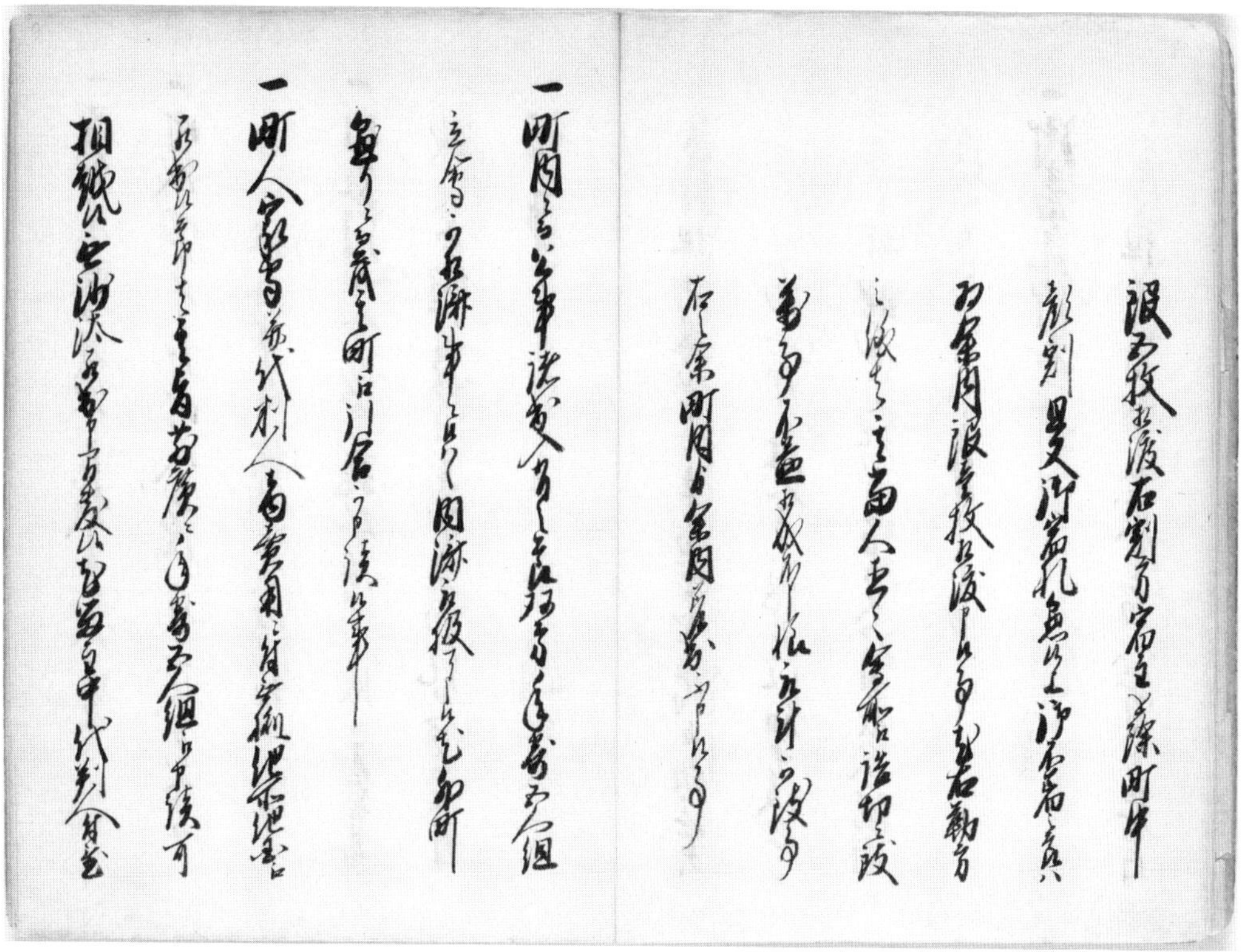

⑬ ⑭ ⑮ ⑯ ⑰

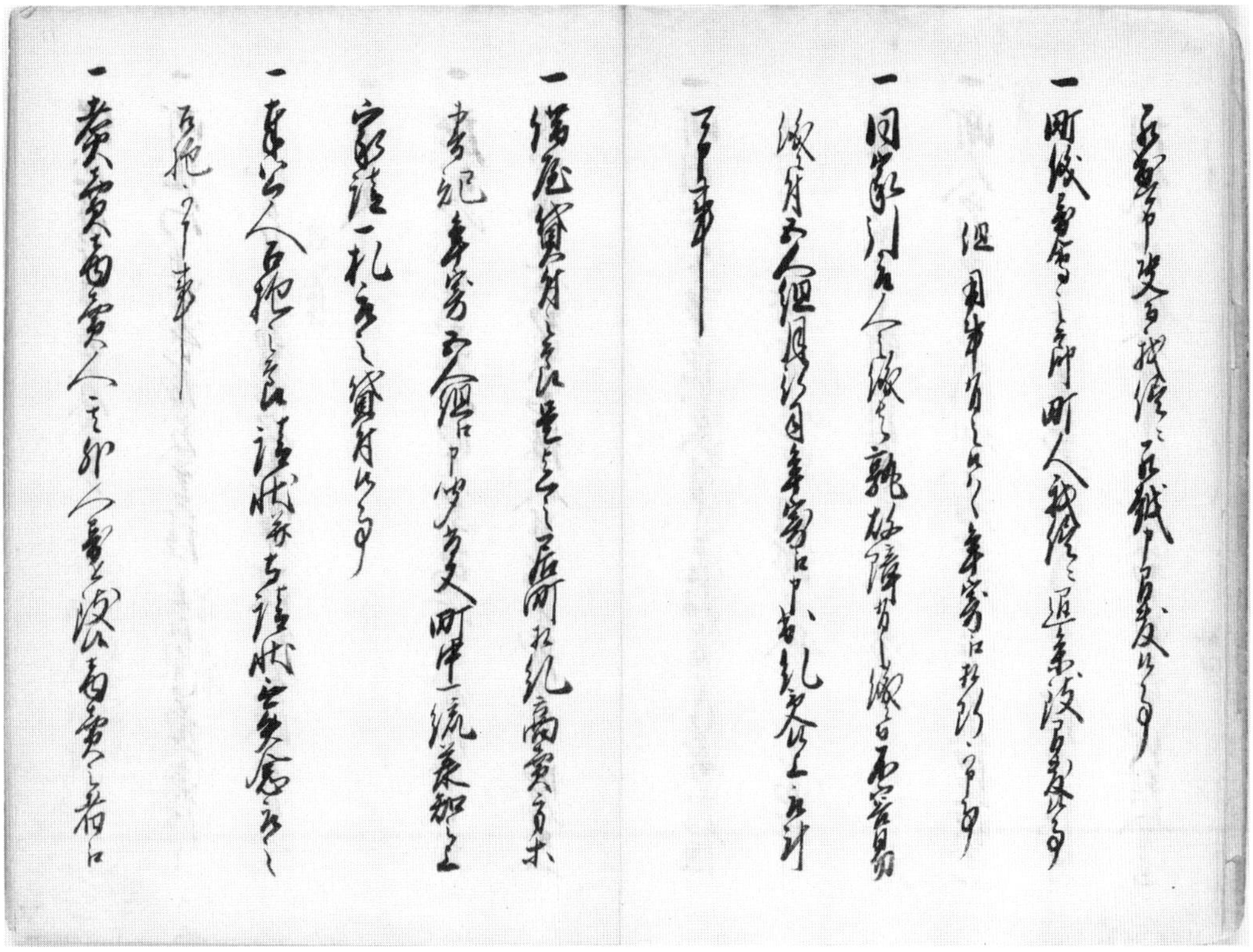

⑲　⑱

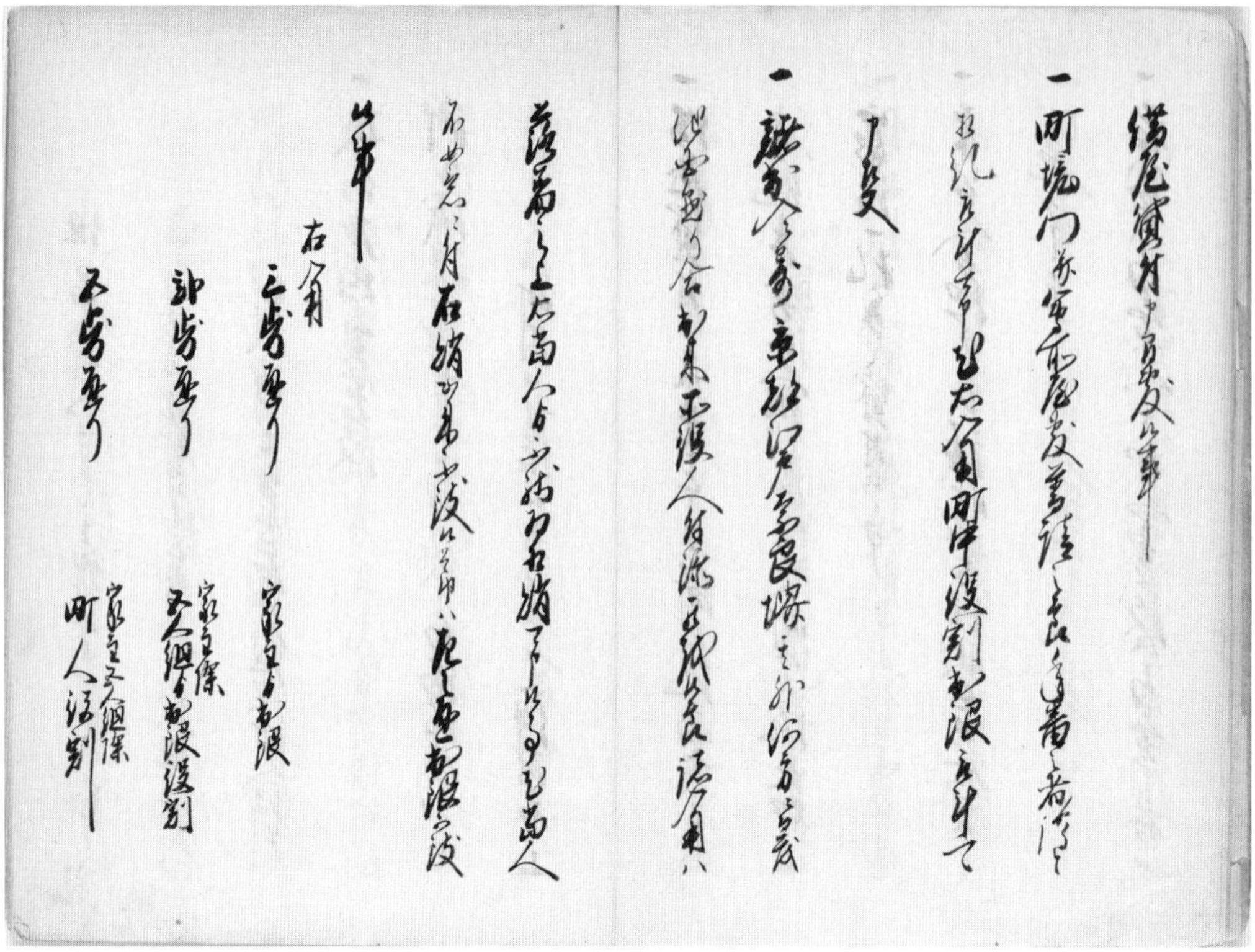

㉑　⑳

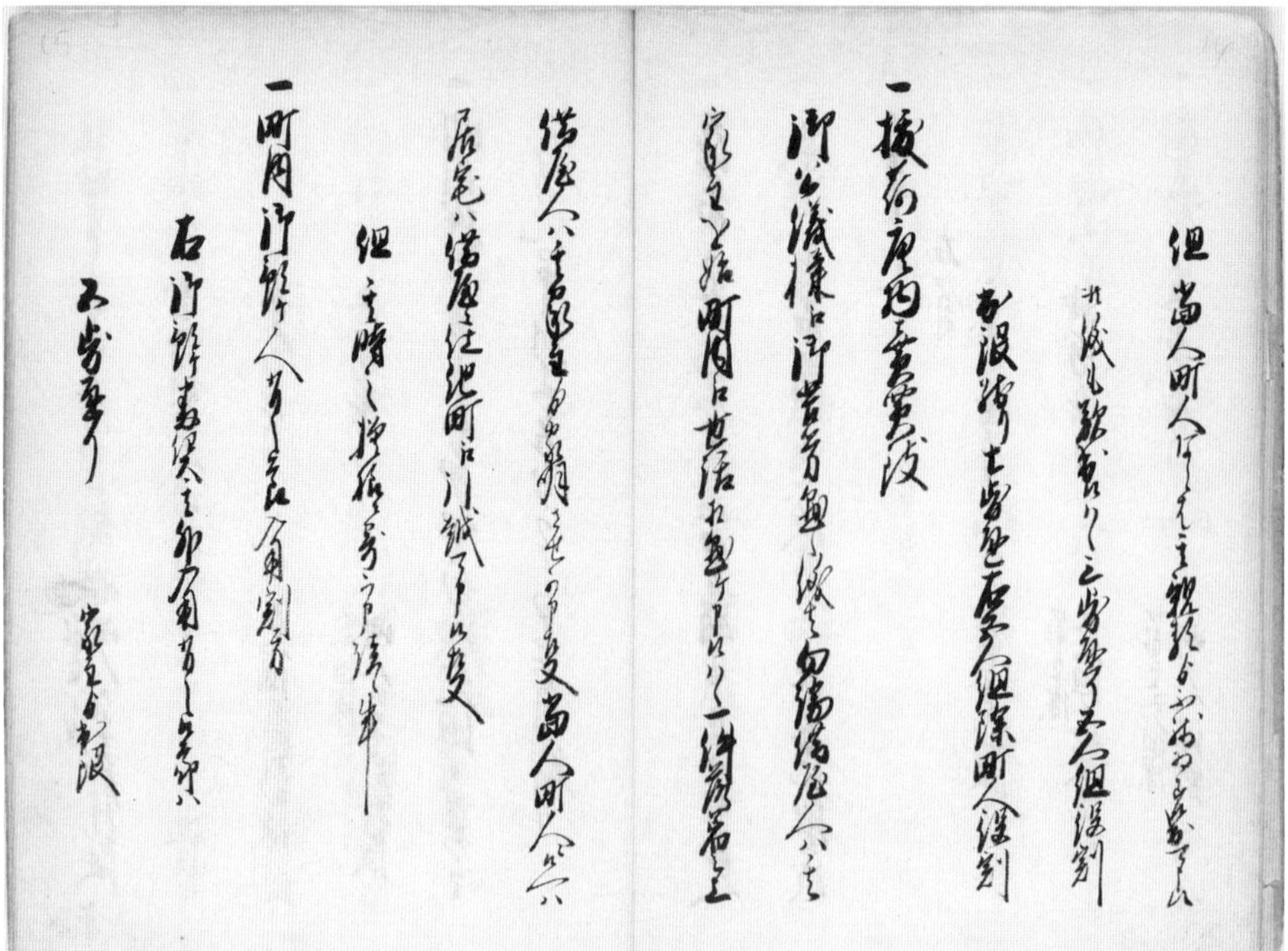

㉒ ㉓

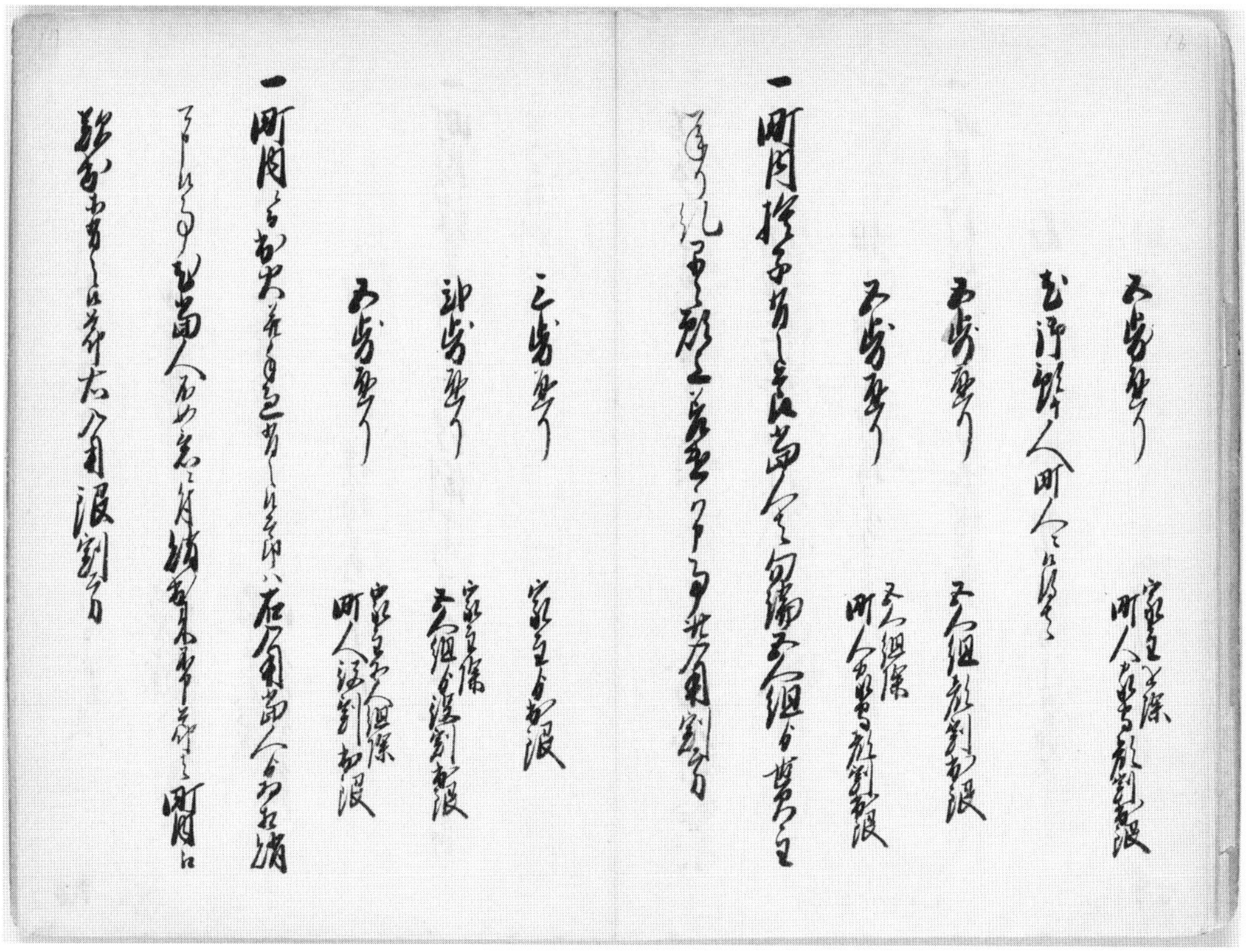

㉔ ㉕

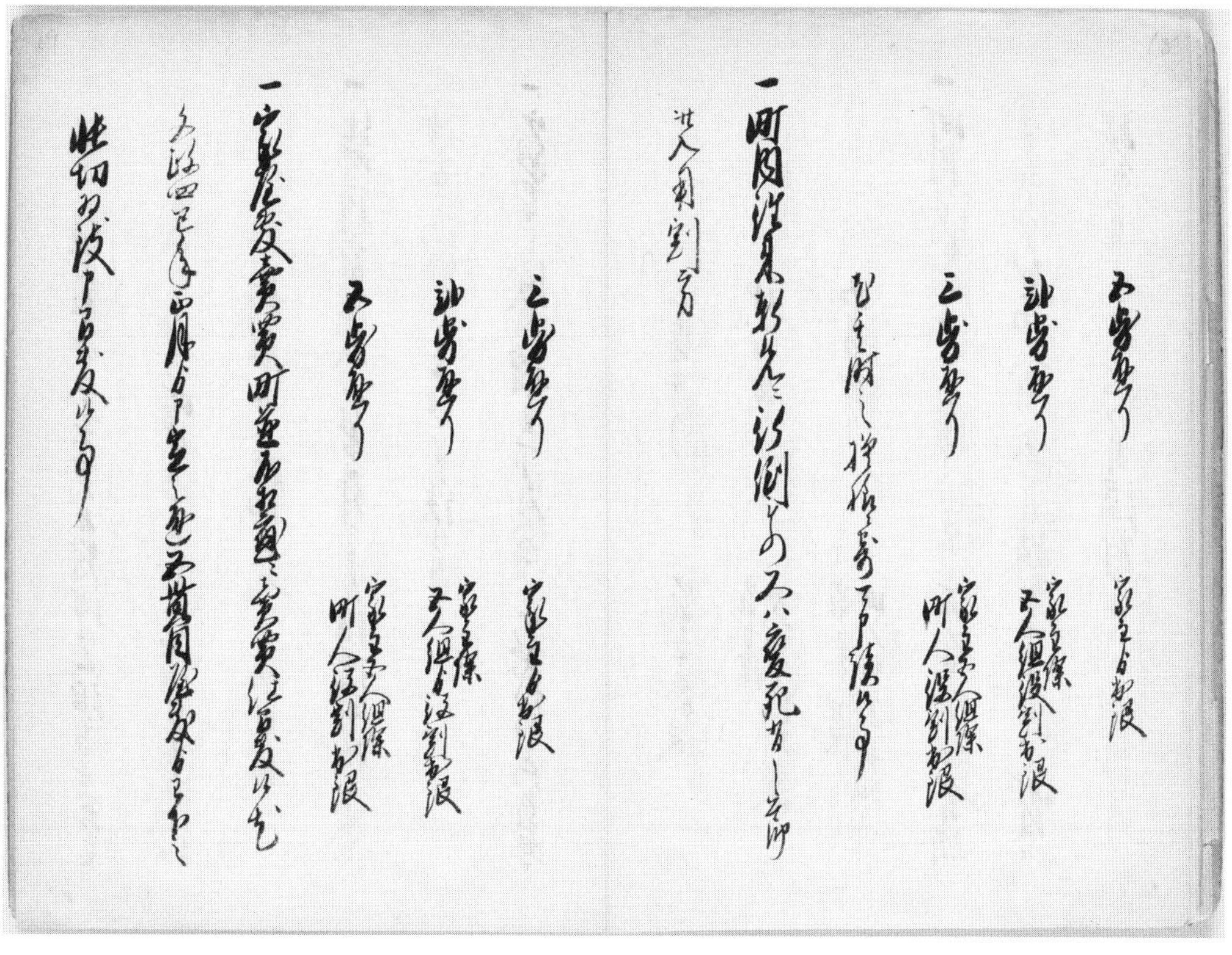

㉙　㉘　㉗　㉖

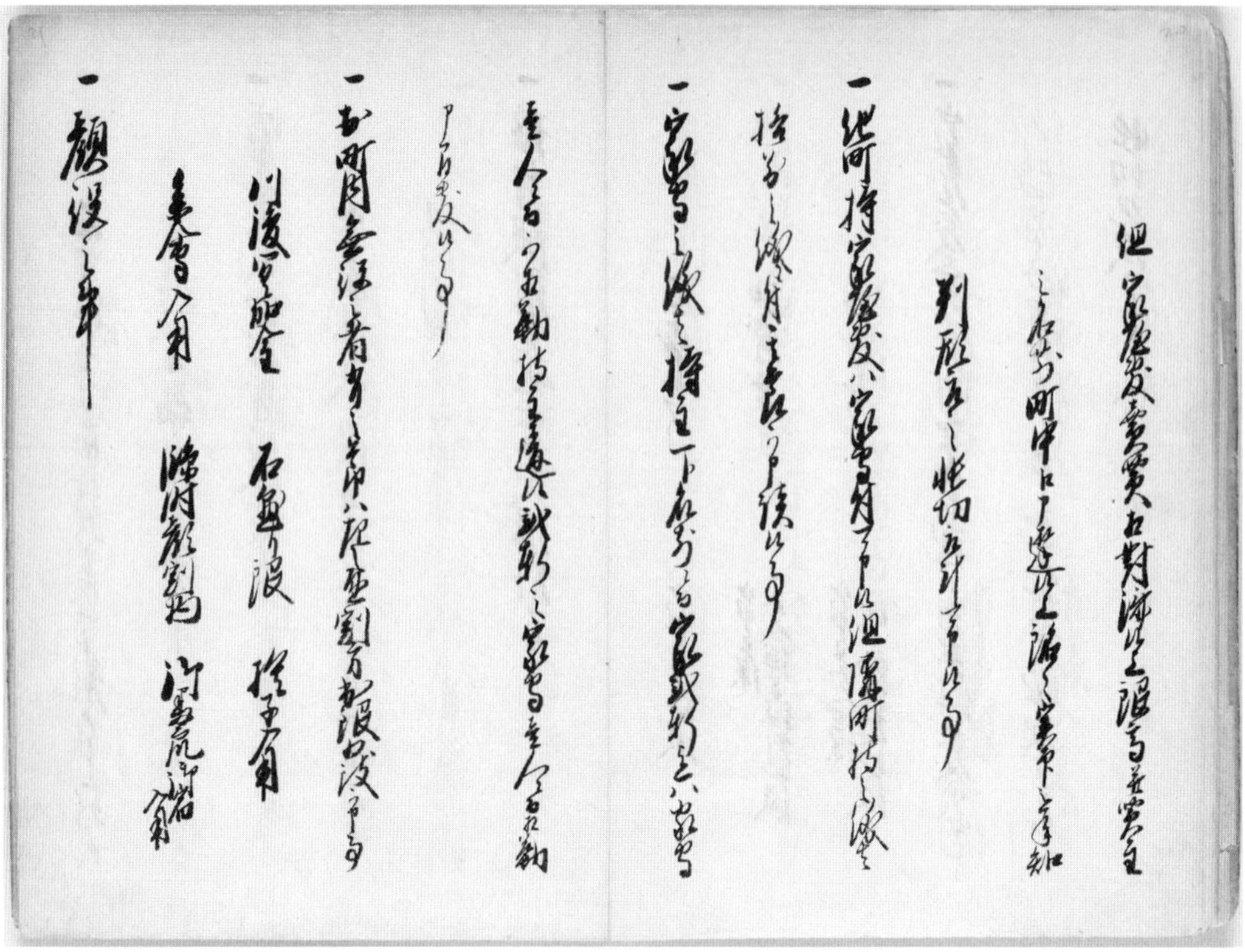

㉜　㉛　㉚

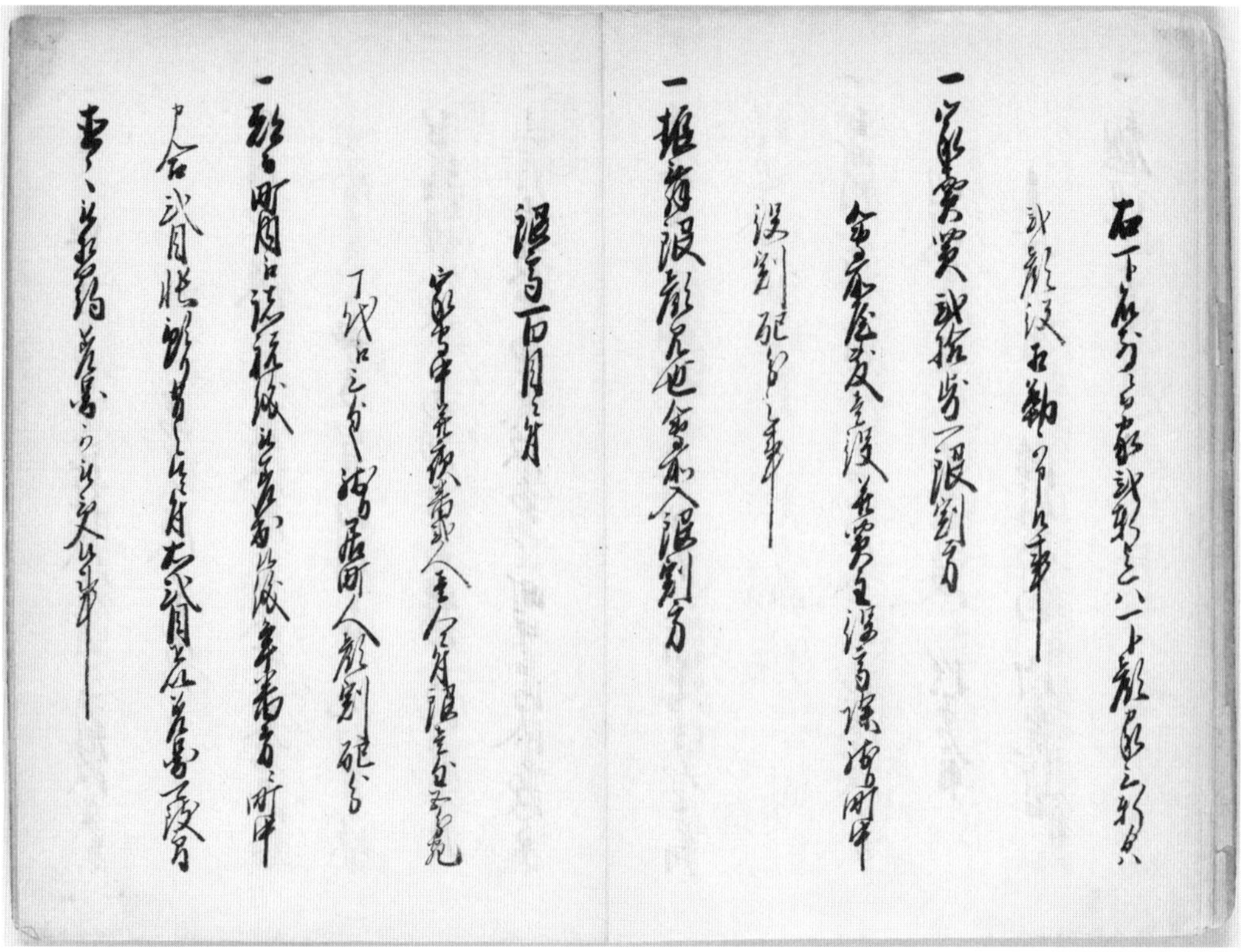

㉝ ㉞ ㉟

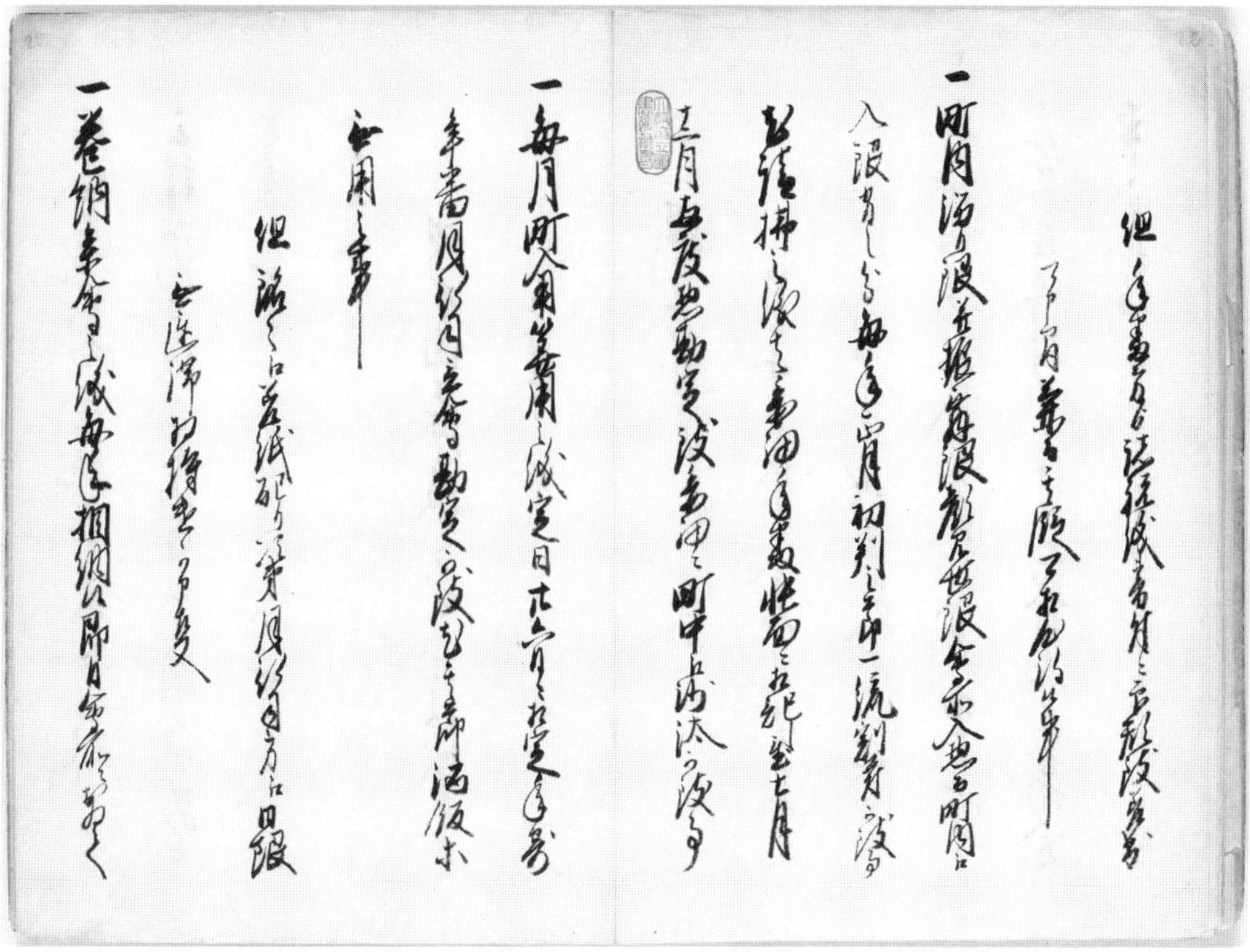

㊱ ㊲

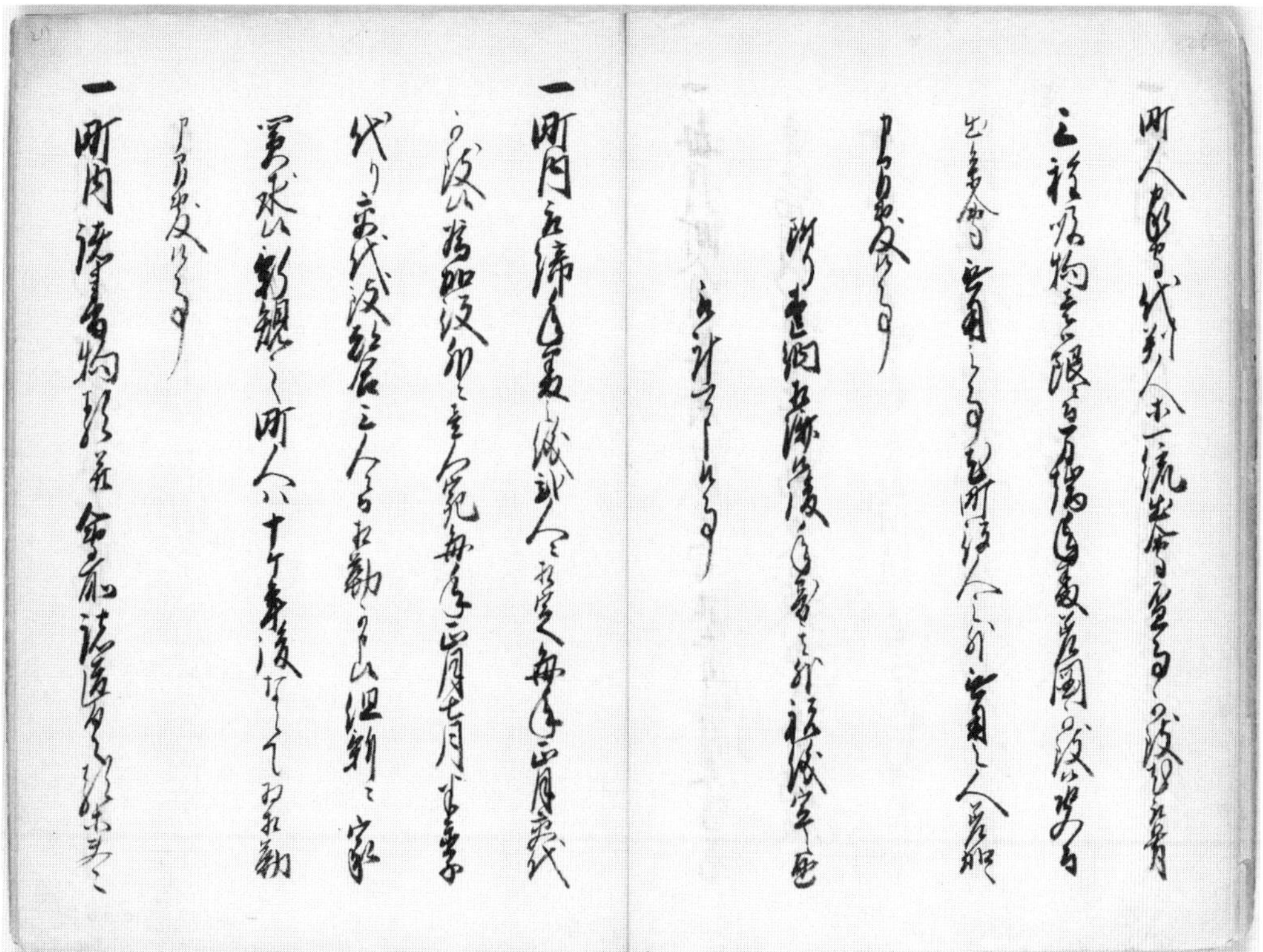

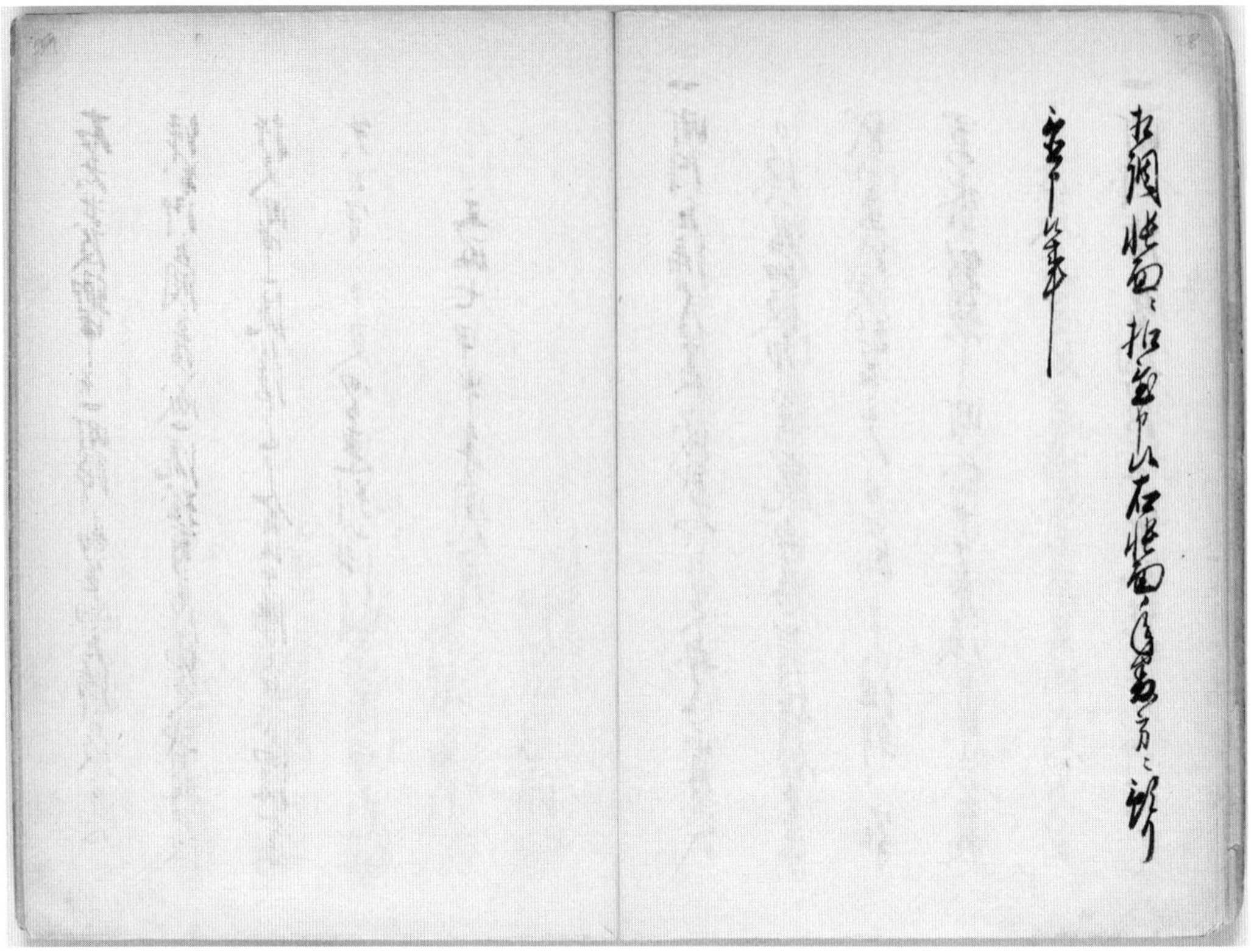

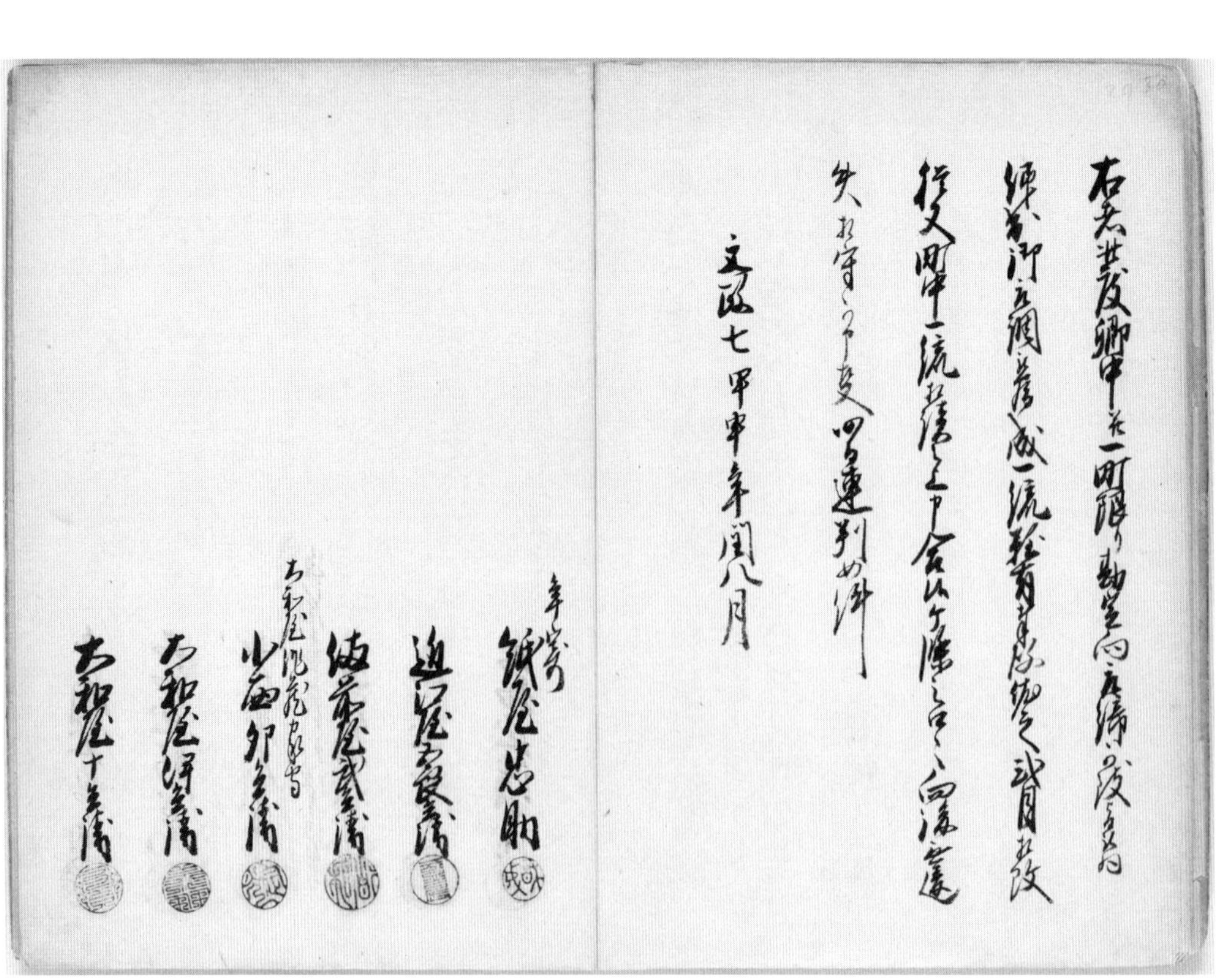
文政七甲申年閏八月

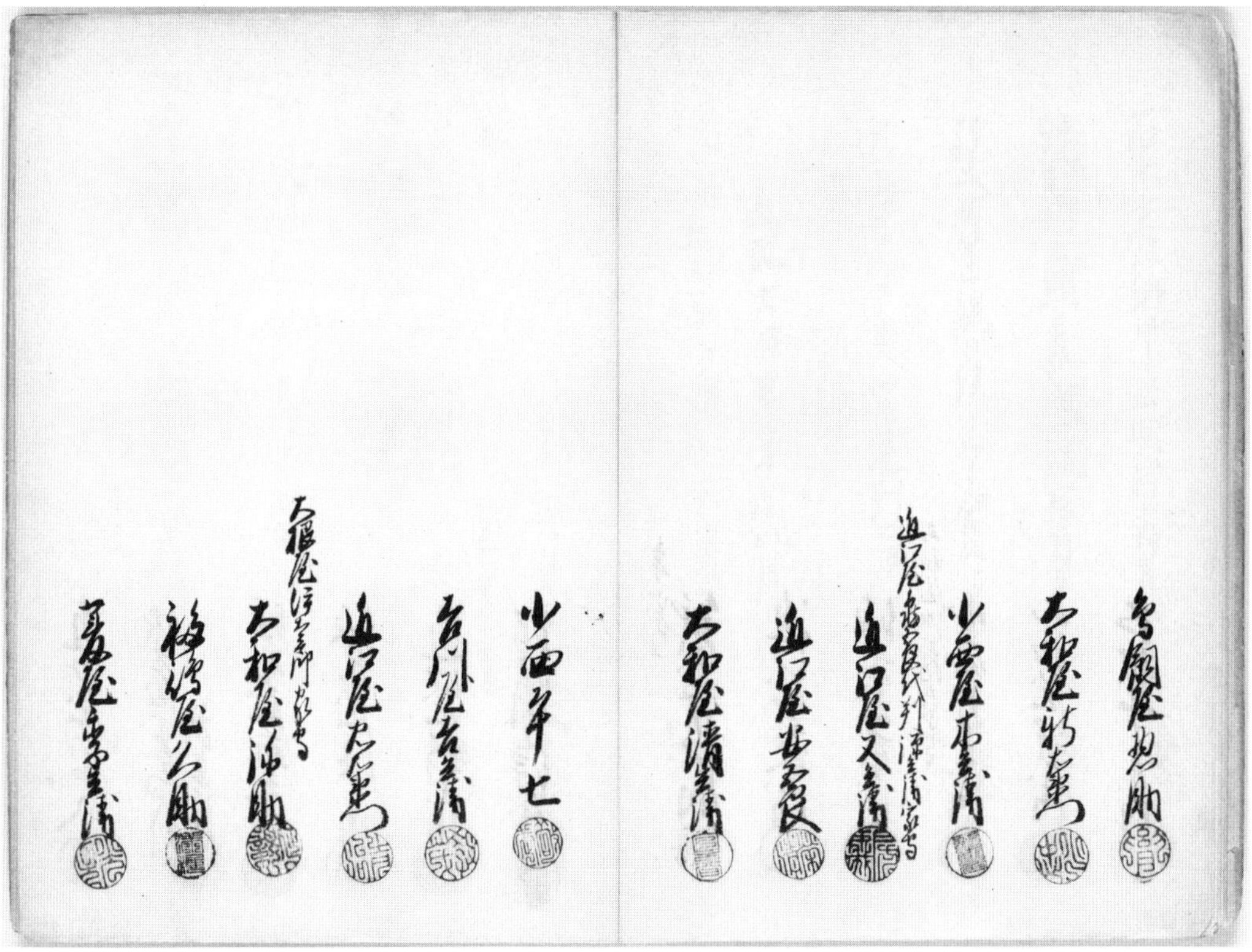

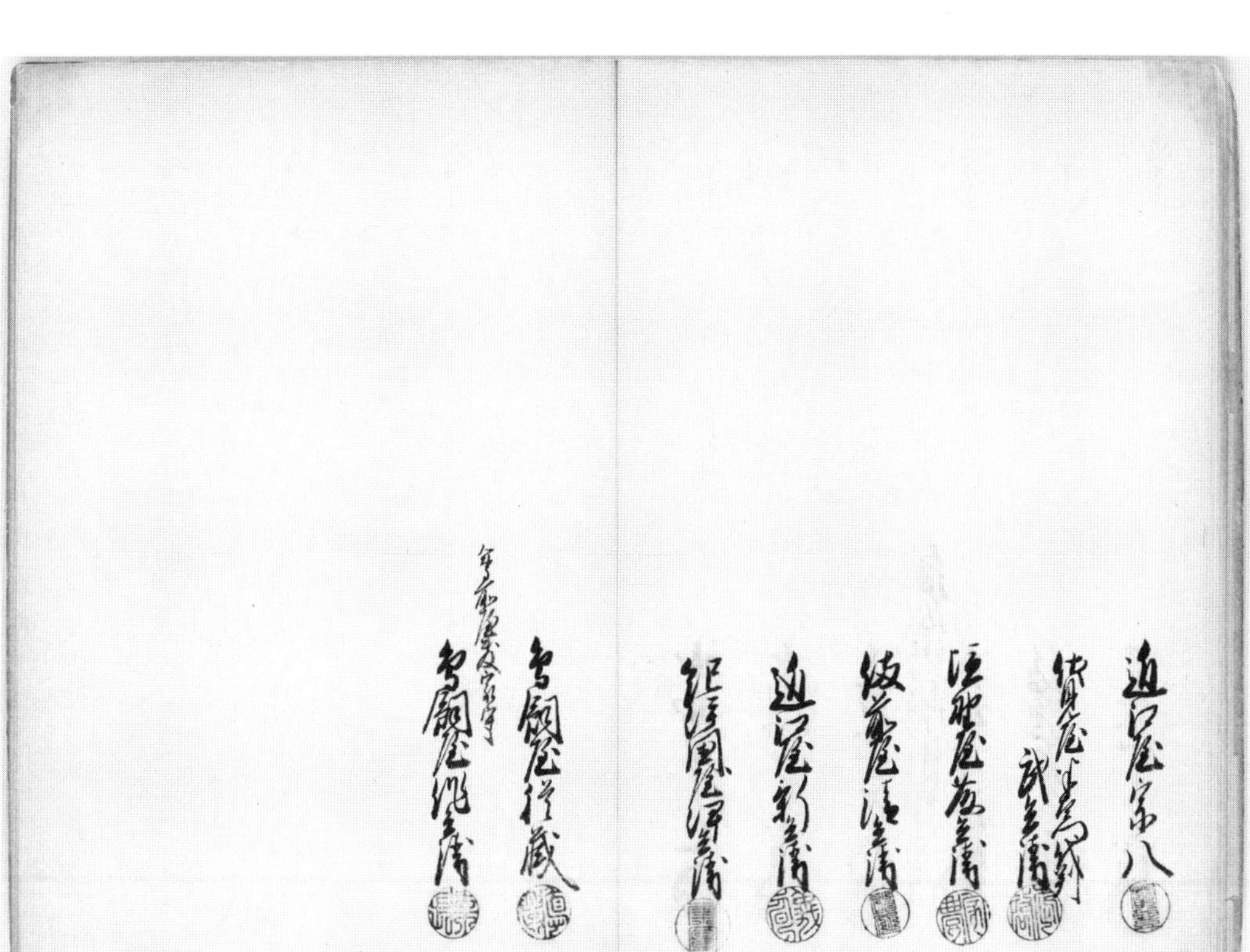

【釈文】

申合書

①一、三ヶ条御法度月次判形之儀、毎月二日無遅滞／判形可致、他参又は当日無拠用向有之候ハヽ、／其旨年寄江相断、早朝又は翌日年寄宅江／罷越、判形可致候、病人は其月之月行司、巻、／病家江持参、判形可取之事、尤借屋人判形／之儀、毎月四日相極、無滞判形可取之事、

②一、御公用ニ罷出候当人ハ勿論、家主・五人組刻限無／遅滞可被出候、病気又は他参等ニ而得罷出不申／節は、其旨前広年寄江申談、差図可請事、

但、隙入候節は其当人ゟ割子持参可致、／尤可為禁酒之事、

③一、出火場所働水之手人足之儀、札廻り有之は／銘々無滞早速ニ会所江可被出候、銘々ゟ人足差出／ニ付、割方無之事、

但、纏持壱人雇賃之儀は、町中役割ニ而／差出候事、

④一、風吹候節は、四季共ニ町人は不及申、借家ハ其／家主・家守ゟ火之元度々申渡、可致吟味事、／自身番之儀は本番・加番無遅滞早々罷出可／申候事、

⑤一、町人・家守自身番之儀、順番ニ壱軒宛、毎夜／四ツ時ゟ暁六ツ時迄銘々宅ニおゐて起番致、／町中度々見廻り、猶又町内夜番之者、廻り度／毎ニ印札を以、起番之方江相届可申定、尤毎夜／厳重ニ相勤可申候事、

⑥一、惣而普請之儀は、

御公儀様御作法相背申間敷候事、

⑦一、表通り之土蔵幷釣格子之儀、年寄幷近所／了簡を請、普請可致候、惣而表通り抱り候繕／ニ而も我儘ニ仕間敷候事、

⑧一、地形之儀、古例之通水上新キ地形ゟ壱寸下り／可致候事、

但、地形相極候節、両隣立会、見分之上相定／可申候事、

⑨一、長崎御用宿幷臨時御用宿一件（この箇条、略）

⑩一、御番衆御宿一件（この箇条、略）

⑪一、町内ニ而公事諸出入有之節、双方年寄・五人組／立会可相済事ニ候ハヽ、内済取扱可申候、尤外町／懸りニ而も、其町江引合可申談候事、

⑫一、町人・家守幷代判人商売用ニ付、無拠他所・他国江／罷出候節は、其旨前広ニ年寄・五人組江申談可／相越候、無沙汰罷出申間敷候、尤留主中代判人付置／罷出可申、決而我儘ニ罷越申間敷候事、

⑬一、町儀寄会之節、町人我儘ニ退参致間敷候事、

但、用事有之候ハヽ、年寄江相断可申事、

⑭一、同家引取人之儀は、執故障有之儀ニ而不容易／儀ニ付、五人組・月行司・年寄江申出、礼受候上、取計／可申事、

⑮一、借屋貸付之節、是迄之居町相糺、商売方等／書記、年寄・五人組江申聞、尚又町中一統承知之上、／家請一札取之、貸付候事、

⑯一、奉公人召抱之節、請状幷寺請状無失念取之、／召抱可申事、

⑰一、煮売商売人其外人寄を致候商売之者江、／借屋貸付申間敷候事、

⑱一、町境門幷会所屋敷普請之節、年番之者ゟ得と／相糺取計可申、尤右入用町中役割出銀取計可／申事、

（⑲〜㉔省略）

㉕一、家屋敷売買、町並不相応ニ売買仕間敷候、尤／文政四巳年正月ゟ申定之通、五貫目屋敷ゟ已下之／帳切為致申間敷候事、

但、家屋敷売買相対済候上、銀高幷買主／之名前町中江申達候上、銘々実印之承知／判形取之、帳切取計可申候事、

㉖一、他町持家屋敷ハ、家守付可申候、但、隣町持之儀は／格別之儀ニ付、其節可申談候事、

㉗一、家守之儀は、持主一ト名前ニ而家弐軒迄ハ、家守／壱人ニ而可相勤、持主違候弐軒之家守、壱人ニ而相勤／申間敷候事、

㉘一、於町内無役之者有之節ハ、左之通割方出銀為致可申事、

川浚冥加金　石懸り銀　捨子入用

参会入用　臨時顔割物　御番衆御宿入用

㉙一、顔役之事、

右一ト名前ニ而家弐軒迄ハ一ト顔、家三軒ゟハ／弐顔役相勤可申候事、

㉚一、家売買弐拾歩一銀割方、

会所屋敷壱役幷買主役高除、残り町中／役割配分之事、

㉛一、振舞銀顔見世会所入銀割方、

銀高百目ニ付

家守中幷夜番弐人、壱人ニ付銀壱匁五分宛

丁代江三匁、残り居町人顔割配分

(㉜・㉝省略)

㉞一、毎月町入用算用之儀、定日廿六日ニ相定、年寄・／年番・月行司立会勘定可致、尤其節酒飯等／無用之事、

但、銘々江差紙配り次第、月行司方江日限／無遅滞為持遣可申事、

㉟一、巻納参会之儀、毎年相納候即日、会所ニおゐて／町人・家守・代判人等一統出会、盃事可致、尤取肴／三種・吸物壱ツ限ニ而、万端年番差図可致候、決而／出参会無用之事、尤町役人之外、無用之人差加へ／申間敷候事、

附り、巻納相済候後、年寄其外祝儀定之通／取計可申候事、

㊱一、町内取締年番之儀、弐人ニ相定、毎年正月交代／可致候、為加役外ニ壱人宛、毎年正月・七月半季／代り交代致、都合三人ニ而相勤可申候、但、新ニ家／買求候新規之町人ハ、十ヶ年後ならて為相勤／申間敷候事、

㊲一、町内諸書物類幷会所諸道具類等、夫々／相調、帳面ニ扣置申候、右帳面年番方ニ預り／置申候事、

右は此度郷中幷一町限り勘定向取締可致旨被為　／仰出、御取調被為成、一統難有奉存、依之式目相改、／猶又町中一統相談之上申合候ヶ条之口々、向後無違／失相守可申事、仍而連判如件

文政七甲申年閏八月

年寄　紙屋忠助㊞

近江屋五郎兵衛㊞

備前屋武兵衛㊞

大和屋作蔵家守　小西卯兵衛㊞

大和屋伊兵衛㊞

大和屋十兵衛㊞

鳥飼屋惣助㊞

大和屋新右衛門㊞

小西屋木兵衛㊞

近江屋亀五郎代判源兵衛家守
近江屋又兵衛㊞
近江屋安五郎㊞
大和屋清兵衛㊞
小西平七㊞
吉川屋吉兵衛㊞
近江屋忠右衛門㊞
大根屋伊太郎家守
大和屋弥助㊞
福嶋屋久助㊞
菱屋季兵衛㊞
近江屋宗八㊞
伏見屋半右衛門代判
武兵衛㊞
塩野屋藤兵衛㊞
備前屋清兵衛㊞
近江屋新兵衛㊞
紀伊国屋伊兵衛㊞
鳥飼屋猶蔵㊞
会所屋敷家守
鳥飼屋作兵衛㊞

【読み下し】

申合《もうしあわ》せ書

①一、三ヶ条御法度月次判形《つきなみはんぎょう》の儀、毎月二日遅滞《ちたい》無く判形致すべし、他《た》参《さん》又は当日よんどころ無き用向きこれ有り候はば、その旨年寄へ相断《ことわ》り、早朝又は翌日年寄宅へ罷り越し、判形致すべく候、病人はその月の月行司、巻《まき》、病家へ持参、判形取るべき事、尤も借屋《かしや》人判形の儀、毎月四日に相極《き》め、滞り無く判形取るべき事、

②一、御公用に罷《まか》り出候当人は勿論、家主《いえぬし》・五人組刻限遅滞無く出らるべく候、病気又は他参等にて得《え》罷り出で申さざる節は、その旨前広《まえびろ》年寄へ申し談じ、差図《さしず》請くべき事、

但し、隙《ひま》入り候節はその当人より割子《わりご》持参致すべし、尤も禁酒たるべきの事、

③一、出火場所働き水《みず》の手《て》人足《にんそく》の儀、札廻りこれ有らば銘々滞り無く早速に会所へ出らるべく候、銘々より人足差し出しに付き、割り方これ無き事、

但し、纏持《まといもち》壱人雇い賃の儀は、町中役割にて差し出し候事、

④一、風吹き候節は、四季共に町人は申すに及ばず、借家はその家主・家守より火の元度々申し渡し、吟味致すべき事、自身番《じしんばん》の儀は本番・加番遅滞無く早々罷り出で申すべく候事、

⑤一、町人・家守自身番の儀、順番に壱軒宛、毎夜四ツ時より暁六ツ時迄銘々宅に於いて起番《おきばん》致し、町中度々見廻り、猶又町内夜番《やばん》の者、廻り度毎に印札を以て、起番の方へ相届け申すべき定、尤も毎夜厳重に相勤め申すべく候事、

⑥一、惣《すべ》て普請の儀は、御公儀様御作法相背き申すまじく候事、

⑦一、表通りの土蔵幷に釣格子《つりごうし》の儀、年寄幷に近所了簡《りょうけん》を請け、普請致すべく候、惣て表通り抱り候繕いにても我儘《わがまま》に仕るまじく候事、

⑧一、地形《じぎょう》の儀、古例の通り水上新しき地形より壱寸下り致すべく候事、

但し、地形相極め候節、両隣り立ち会い、見分の上相定め申すべく候事、

⑨一、長崎御用宿幷《ならび》に臨時御用宿一件（この箇条、略）

⑩一、御番衆《ごばんしゅう》御宿一件（この箇条、略）

⑪一、町内にて公事《くじ》諸出入《でいり》これ有る節、双方年寄・五人組立ち会い相済《す》むべき事に候はば、内済《ないさい》取り扱い申すべく候、尤も外町懸りにても、その町へ引き合い申し談ずべく候事、

⑫一、町人・家守幷に代判人商売用に付き、よんどころ無く他所・他国へ罷り出候節は、その旨前広に年寄・五人組へ申し談じ相越すべく候、無沙汰《ぶさた》に罷り出申すまじく候、尤も留守中代判人付け置き罷り出申すべし、決して我儘に罷り越し申すまじく候事、

⑬一、町儀寄会《ちょうぎよりあい》の節、町人我儘に退参致すまじく候事、

　但し、用事これ有り候はば、年寄へ相断り申すべき事、

⑭一、同家《どうけ》引取人の儀は、孰《いず》れ故障《こしょう》これ有る儀にて容易ならざる儀に付き、五人組・月行司・年寄へ申し出、糺し受け候上、取り計らい申すべき事、

⑮一、借屋貸し付けの節、これ迄の居町相糺し、商売方等書き記し、年寄・五人組へ申し聞け、尚又町中一統承知の上、家請《いえうけ》一札を取り、貸し付け候事、

⑯一、奉公人召し抱えの節、請状幷に寺請状失念《しつねん》無く取り、召し抱え申すべき事、

⑰一、煮売《にうり》商売人その外人寄せを致し候商売の者へ、借屋貸し付け申すまじく候事、

⑱一、町境門幷に会所屋敷普請の節、年番の者より得《とく》と相糺し取り計らい申すべし、尤も右入用《にゅうよう》町中役割《やくわり》出銀取り計らい申すべき事、

（⑲～㉔省略）

㉕一、家屋敷売買、町並不相応に売買仕るまじく候、尤も文政四巳年正月より申し定めの通り、五貫目屋敷より已下の帳切《ちょうぎり》致させ申すまじく候事、

　但し、家屋敷売買相対《あいたい》済み候上、銀高幷に買主の名前町中へ申し達し候上、銘々実印の承知判形を取り、帳切取り計らい申すべく候事、

㉖一、他町持《たちょうもち》家屋敷は、家守《やもり》付け申すべく候、但し隣町持の儀は格別の儀に付き、その節申し談ずべく候事、

㉗一、家守の儀は、持主一ト名前にて家弐軒《にけん》迄は、家守壱人にて相勤むべし、持主違い候弐軒の家守、壱人にて相勤め申すまじく候事、

㉘一、町内に於いて無役の者これ有る節は、左の通り割方出銀致させ申すべき事、

　川浚《かわざらえ》冥加金　石懸り銀　捨子入用　参会入用　臨時顔割物　御番衆御宿入用

㉙一、顔役の事、

　右一ト名前にて家弐軒迄は一ト顔、家三軒よりは弐顔役相勤め申すべく候事、

㉚一、家売買弐拾歩《にじゅうぶ》一銀《いちぎん》割方、

　会所屋敷壱役幷に買主役高除き、残り町中役割配分の事、

㉛一、振舞《ふるまい》銀顔見世《かおみせ》会所入銀割方、

　銀高百目に付

　　家守中幷に夜番弐人、壱人に付き銀壱匁五分宛

　　丁代へ三匁、残り居町人顔割配分

（㉜・㉝省略）

㉞一、毎月町入用算用の儀、定日廿六日に相定め、年寄・年番・月行司立ち会い勘定致すべし、尤もその節酒飯《しゅはん》等無用の事、

但し、銘々へ差紙《さしがみ》配り次第、月行司方へ日限遅滞無く持たせ遣し申すべき事、

㉟一、巻納《まきおさめ》参会の儀、毎年相納め候即日、会所において町人・家守・代判人等一統出会い、盃事《さかずきごと》致すべし、尤も取肴《とりざかな》三種・吸物壱つ限りにて、万端年番差図致すべく候、決して出参会《でさんかい》無用の事、尤も町役人の外、無用の人差し加え申すまじく候事、

附り、巻納相済み候後、年寄その外祝儀定めの通り取り計らい申すべく候事、

㊱一、町内取締り年番の儀、弐人に相定め、毎年正月交代致すべく候、加役として外に壱人宛、毎年正月・七月半季代り交代致し、都合《つごう》三人にて相勤め申すべく候、但し、新たに家買い求め候新規の町人は、十ヶ年後ならで相勤めさせ申すまじく候事、

㊲一、町内諸書物類幷に会所諸道具類等、夫々相調べ、帳面に控え置き申し候、右帳面年番方に預り置き申し候事、

右はこの度郷中《ごうちゅう》幷に一町限り勘定向き取締り致すべき旨仰せ出させられ、御取り調べ成させられ、一統《いっとう》有り難く存じ奉り、これにより式目相改め、猶又町中一統相談の上申し合わせ候ヶ条の口々、向後《きょうこう》違失《いしつ》無く相守り申すべき事、よって連判件《くだん》のごとし、

文政七甲申年閏八月

【現代語訳】

①一、三ヶ条御法度の毎月の判形については、毎月二日に遅れることなく押印すること。外出したり、当日仕方ない用事があれば、そのことを年寄に（事前に）届けて、早朝又は翌日に年寄宅へ行って、押印すること。病人はその月の月行司が、（宗旨）巻を病家へ持って行き、そこで判形を取るべきである。尤も借屋人の判形については、毎月四日に決めて、滞りなく判形を取ることとする。

②一、町奉行所に出頭を求められた時、その当人は勿論、その家主や五人組も刻限に遅れることなく出向くこと。病気や外出等で出向けない時は、そのことを事前に年寄に相談し、指図を受けるべきである。

但し、時間がかかりそうな時は、当人が弁当を持参すべきこと。尤も、酒は禁止である。

③一、出火場所に駆けつける水の手人足については、札が廻ってきたら各人が早速に町会所へ集まること。これはみんなが（順番に）人足を差し出すものなので、費用の割方は行わない。

但し、纏持一人の雇い賃については、町中の役割で分担して差し出すこととする。

④一、風が強い時は、年中いつでも町人（＝家持）自身が（気を付けることは）言うまでもなく、借屋人にはその家主・家守から火の用心を繰り返し申し渡し、確認すること。自身番については、本番・加番とも遅滞なく番に出ること。

⑤一、町人・家守の勤める自身番については、順番に一軒宛、毎夜四ツ時（午後一〇時）より暁六ツ時（午前六時）までそれぞれ自宅で不寝番をし、町中をたびたび見廻ること。猶又町内の夜番の者が廻る度毎に印札を持参して、不寝番（自身番）の者に届け出る定めである。尤も毎夜厳重に勤めるべきこと。

⑥一、すべて普請については、御公儀様の規定に背かないこと。

⑦一、表通りの土蔵と釣格子については、年寄と近所の者の了解を得て、普請すること。すべて表通りについては修繕であっても我儘に行ってはならない。

⑧一、地形（整地）については、古例の通り水上（に当る家屋敷）の新しい地形より少し低くすること。

但し、地形を行う時は、両隣が立ち会い、見分の上で決定すること。

⑨一、長崎御用宿と臨時御用宿一件（この箇条、略）

⑩一、御番衆御宿一件（この箇条、略）

⑪一、町内で裁判沙汰の紛争がある時には、当事者と年寄や両方の五人組の者が立ち会って解決できることであれば、内済（仲裁）の取り計らいを行うべきこと。尤も他町の者との紛争であっても、その町へ申し入れ相談すること。

⑫一、町人・家守や代判人が商売用のため止むを得ず他所・他国へ旅に出る時は、その旨を事前に年寄・五人組に諮《はか》って出かけるべきこと。無断で出かけてはならない。尤も留守中は代判人を置き、出かけるべきこと。決して勝手に出かけてはならない。

⑬一、町儀（町に関する諸問題）での寄会の際に、町人は自分勝手に退出してはならない。

但し、用事がある場合は、年寄の了承を得るべきである。

⑭一、同家への引取人は、いずれにしろ面倒なことがあるものであって、軽々に扱ってはならないことなので、五人組・月行司・年寄に申し出て、取り調べを受けた上で、取り計らうべきこと。

⑮一、借屋を貸し付ける時、それまでの居町を確認し、商売等を書き記し、年寄・五人組に相談し、尚又町中一統の了承を得た上で、家請の一札（借屋契約状）を取り、貸し付けること。

⑯一、奉公人を召し抱える時、請状（奉公契約状）と寺請状を必ず取って、召し抱えるべきである。

⑰一、煮売商売人やそのほか人が大勢集まるような商売の者に、借屋を貸し付けてはならない。

⑱一、町境の門と会所屋敷の普請の時は、年番の者がきちんと（計画・予算を）チェックした上で実施すること。尤もその費用については、町中の役割の出銀で実施するべきである。

（⑲～㉔省略）

㉕一、家屋敷売買については、町並（の家屋敷）と不相応に（低価格で）売買してはならない。尤も文政四巳年正月に申し定めた通り、五貫目屋敷（？）以下の場合、帳切（水帳の名義切替え）をさせてはならない。

但し、家屋敷売買の交渉が整ったら、銀高と買主の名前を町中に届け出て、町人（家持）全員から実印による了承印を受けた上で、帳切の手続きを取り計らうこと。

㉖一、他町持の家屋敷については、家守を付けること。但し隣町持の場合は別扱いとするので、その時に相談するように。

㉗一、家守は、同一の家持の名義の家二軒までは、一人の家守で勤めることを認める（三軒目からは別の家守が必要）。別の家持の二軒の家守を一人で勤めることは認めない。

㉘一、町内に無役の者（御用達などか）がいる時も、次の項目については

出銀させること。
川浚冥加金　石懸り銀　捨子入用　参会入用　臨時顔割物　御番衆御宿入用

㉙一、顔役の分担
これについては、同一家持名義の家二軒までは一顔、家三軒以上は二顔役を勤めるべきである。

㉚一、家売買弐拾歩一銀の配分法
これについては、会所屋敷一役分と買主の役高を除き、町内の残りの役数に応じて配分すること。

㉛一、振舞銀・顔見世会所入銀の配分法
これについては、銀高百目に付き、家守たちと夜番二人に一人に銀一匁五分宛、丁代に三匁を配分し、残りを町内居住の町人に顔割で配分する。

（㉜・㉝省略）

㉞一、毎月の町入用の計算は、定日を二六日に定め、年寄・年番・月行司が立ち会って勘定を行うこと。尤もその際、酒飯等を出すことは禁止である。
但し、（各自の負担分について）差紙が配布され次第、月行司方へ日限に遅れることなく（その銀額を奉公人？などに）持参させるように。

㉟一、巻納の参会については、毎年納める当日、会所において町人・家守・代判人等全員が出席し、酒宴を行うこと。尤も（料理は）取肴三種・吸物一つを限度とし、すべてにわたって年番が指図をすべきである。決して町外での参会はしてはならない。尤も町役人の外、無用の人を参加させてはならない。
附り、巻納が終わった後に、年寄その他への祝儀は定めの通りに取り計らうべきである。

㊱一、町内取締りの年番（役）については、二人とし、毎年正月に交代すること。加役として外に一人宛、毎年正月・七月の半季交代として、都合三人で勤めること。但し新たに家を買い求めた新規の町人は、十ヶ年後でなくては勤めさせないこととする。

㊲一、町内の諸書物類や会所の諸道具類等は、それぞれ確認して、帳面に記しておくこと。その帳面は年番方が預かっておくこと。
以上のことは、今回三郷各組および一町限りの勘定向きを取り締まるよう（町奉行所から）命じられ、御取調べが行われ、みんなありがたく思っております。これを契機に（町内の）式目を再検討し、また町中みんなで相談の上申し合わせた箇条のそれぞれを、今後間違いなく守ります。よって連判して承知したことは以上のとおりです。

【語句】
三ヶ条御法度…キリシタン・博奕・傾城町外での遊女の三つを禁じた法度。／**月次**…毎月／**他参**…外出。／**巻**…宗旨巻。／**借屋人判形**…宗旨巻とは区別された借屋人の押印があったことがわかる。／**御公用**…訴訟などで奉行所に出頭すること。／**家主**…家屋敷の持ち主。出頭する者が借屋人であると想定されているのだろう。／**前広**…事前に。／**隙入り**…時間がかかる。／**割子**…弁当。／**水の手人足**…出火の際に火消組合の枠組みで町人たちが順番に担う消火の担い手。／**会所**…町会所。／**割方**…費用の分担。／**纏持**…火消に動員された際の目印となる纏の持ち手。これは水の手人足とは別に雇用するものか。／**役割**…家屋敷の役数に応じた負担。／**四季共**…年間を通して。特に冬は火を使い風が強いので防火対策が強化されるのが普通。／**町人**…家持のこと。家持を町人と呼んでいることに注意。／**吟味**…チェックすること。／**自身番**…家持が自分で勤める番。／**四ツ時**…午後一〇時ころ。／**六ツ時**…午前六時ころ。／**起番**…不寝番か。／**夜番の者**…町内で雇用された夜番人。／**印札**…出勤簿のようなものか。／**普請**…家を建てること。／**御公儀様御作法**…家の建て方には奉行所からの規定があった。公儀法度が町法の上にかぶさっていることに注意。／**表通り**…道路沿いの表側。／**土蔵**…土壁で覆ったつくりの蔵。／**釣格子**…外部に張り出して作った格子。／**近所了簡**…近所の了承。／**地形**…家屋敷の整地。／**水上**…土地の高い方。／**公事諸出入**…金銀の貸借などをめぐり、裁判沙汰となるような紛争。／**双方年寄**…ここでは両方が町内の者と想定されているので、「双方」は年寄には係らない。／**外町懸り**…他町の者との紛争の場合。／**他所・他国**…摂津国内外への旅行。／**無沙汰**…何もしないで。／**町儀**…町の運営などに関わる案件。／**同家引取人**…同居させる者。／**故障**…トラブル。／**居町・商売方**…借屋を借りたいという者の以前の住所・生業。／**家請一札**…借屋人の身元等を保証する借屋契約状。／**請状**…奉公人の身元を保証する奉公契約状。／**寺請状**…キリタシンでないことを保証する旦那寺の証文。／**失念**…忘れること。／**煮売商売人**…居酒屋。／**人寄**…人が集まること。／**町境門**…町の境に設置された木戸。／**年番**…その年の会計監査。／**入用**…必要経費。／**町並**…町内に並ぶ他の家屋敷。／**不相応**…ここでは低価格のこと。／**帳切**…水帳の名義切替え。／**格別**…例外。／**顔役**…家別割。／**弐拾歩一銀**…家屋敷買取代銀の二〇分の一を町内に納めることになっていた銀。／**振舞銀・顔見世会所入銀**…家屋敷を購入した者が町内の者を宴席に招待する（振舞う）代わりに支払う銀、および町という仲間への加入銀。／**居町人**…その町内に居住する町人。／**無用**…禁止。／**差紙**…普通は呼び出し状だが、ここでは費用負担を求める通知文。／**巻納参会**…宗旨巻を惣会所に納めた日に行われる集まり。／**盃事**…宴会。／**取肴**…各自が分けて取るように盛って出す酒の肴。／**出参会**…町外の料理屋などでの宴会。／**諸書物類**…町の運営に必要な町で作成された文書類。／**会所諸道具類**…町会所に設置された町共有の家具や器具類。／**郷中**…三郷の各組。／**御取調**…ここでは、奉行所からの勘定向きの調査。／**式目**…町法、町の掟。／**向後**…今後。／**違失**…間違い・過失。

【解説】

これは文政七（一八二四）年に作成された道修町三丁目の申合せ書である。全部で三七条にも及ぶ長文のものなので一部省略したが、町の運営に関する基本部分は収録しているので、町の運営の大概は理解できよう。道修町三丁目は、薬種中買仲間が集住する町の一つである。それに由来する特質もあるが、ここでは町一般のあり方が窺える局面を中心に見ていく。（道修町三丁目については、六八～七一頁、薬種中買仲間については、一二三～九頁を参照）

まず、「町」がこうした運営のための掟＝町法を持っていること自体が注目される。道修町三丁目の場合は「町内申合書」という名前だが、「町内格式申合帳」（御池通五丁目）、「丁内規矩帳」（尼崎町二丁目）、「町中申合式目帳」（樋之上町）など町によって呼称も多様であり、内容も各町で大きな違いが見られた。*こうした町独自の法の存在自体が、町の自律的な団体としての性格を示しており、注目されるのである。

＊ここで上げた各町の町式目は、『大坂の町式目』（大阪市史史料第三一輯）に収録されている。

なお、この申合せ書は、書留の文言にあるように、町奉行所から三郷レベル、各町レベルでの経費節減が命じられたことを契機に改訂されたものだが、これ以前にも道修町三丁目は「式目」を持っていたことがわかる（現物も残っている）。町奉行所から指示を受けた改訂ではあるが、その内容は各町の事情に応じた独自性を持つものであることが重要なのである。

まず、最後の署名者のところを見よう。年寄の紙屋忠助に続いて、二五名が署判している。彼らは基本的に町内の家持であるが、このうち伏見屋半右衛門には武兵衛が代判についている。また、家守が四名連印しているが、このうち鳥飼屋作兵衛は「会所屋敷家守」であり、本来の家守は三名だけである＊。すなわち、この申合せの主体は、町内の家持たちであって、借屋人は入っていない。家守は家持の機能代行者であり、家屋敷単位の管理責任者という立場での連印である。

＊会所屋敷は町内の共有であるが、その一部は借屋に供されることがあり、家守が置かれていた。道修町三丁目では、寛政元（一七八九）年以前には町代が家守を勤めていたが、その後は借屋人の管理については、町内の借屋人が家守を担うことになった。鳥飼屋作兵衛もそうした性格の者である（呉偉華「近世都市大坂の町代について―道修町三丁目を対象として―」『部落問題研究』二一二、二〇一五年、のち同著『近世大坂の御用宿と都市社会』清文堂出版、二〇二三年所収）。なお、道修町三丁目は家守が四人と少数であり、この時期は居付き家持が多かったことが注目される。また、道修町三丁目の町内治安取締りに関する申合せでは、家持だけでなく借屋人も連印したものが残されていることも注意しておきたい。

次に内容について見ていこう（九四頁後掲表7参照）。各箇条の配列を厳密に分類・整理することはできないが、大づかみに言うと、町が義務的に課される問題への対応（①～⑤）、景観・建築の規定（⑥～⑧）、御用宿関係（⑨・⑩）、自治的運営に関するもの（⑪～⑬）、居住者に関するもの（⑭～⑰）、費用負担の原則（⑱～㉔）、家屋敷と負担・配分の関係（㉕～㉝）、会計と倹約（㉜～㊱）、道具・文書管理（㊲）のような配列になっている。㉜・㉝は二つのまとまりに両属させたが、これはどこか関連を持ちそうな箇条が順に配列されながら、徐々に内容が展開していく特徴をよく示すものと言えよう。

最初に、公儀（町奉行所）から町に義務的に課される問題に関わる箇条がある。①には、宗旨巻への押印の規定が置かれている。道修町三丁目では毎月二日に押印する決まりで、当人が病気の場合は、月行司が「病家」まで宗旨巻を持参して、押印させるとあり、その厳密さが知られる。また、借屋人は毎月四日に押印させるとあり、道修町三丁目では本来の家持による宗旨巻以外に、借屋人が毎月押印する三ヶ条証文が作成されていたことがわかる。ここで注目されるのは、家持は「判形致す」（押印する）とあり、借屋人は「判形取る」（押印させる）とあり、ここには家持たちの申合せであるという性格がよく表れている。なお、毎月の三ヶ条証文への押印の機会が（御池通五丁目の「町内申合格式帳」に見られたように）町内の寄合の場になることもあった。

②は町奉行所などへ出頭する必要がある時の規定、③が火消の水の手

人足に出る時の規定、④・⑤が火の用心と自身番に関する規定である（いずれも興味深い内容だが、ここではこれ以上立ち入らない）。

こうした箇条が、冒頭にあることは、各町の独自の町法の外側に都市の政治空間全体を覆う公儀法度が取り巻いていたことを意味しよう。それは、先にこの申合せの改訂が町奉行所から三郷レベル、各町レベルでの経費節減が命じられたことを契機に行われたと述べた点とも符合している。

次に景観・建築の規定に関する箇条が置かれている。表通りに関わる普請は、町年寄と近隣の同意を必要としている（⑦）。また整地作業などは水はけにも関わり、両隣の確認の上で行うこととされている（⑧）。近隣に居住する住民相互の関係をどのように維持するかは重要なことであった。

町の自治的運営に関わる箇条を見よう。⑪で町内同士の紛争は町年寄と五人組が間に入って解決し、また町外の者との紛争も、（町年寄らが）相手方の町に交渉し、なるべく裁判沙汰にならないようにすると規定しており、町の調停機能が窺える。⑬にあるように、家持＝町人の「町儀寄会」への参加は義務であった。⑫で、家持が無断で「他所・他国」に旅に出ることを抑制しようとしているのも、こうした町人の町運営への参加義務と不可分である。しかし、実際には「商売用」は町人にとって最優先の問題であって、「よんどころ無」い場合の例外規定は、事実上その広範な容認であったことに注意しておかなければならない。

町内居住者を認める手続きを決めた箇条が次に来ている。⑭は、「同家人」を置く際の手続きであり、五人組・月行司・年寄へあらかじめ申し出て、許可を得る必要があった。「同家」に引き取られるには、何かしらのトラブル（「故障」）あってのことだからと警戒しているのだが、全面的に否定はしていない。

⑮は、借屋を貸す際にはそれまでの居住地や商売を確認し、年寄・五人組に申し出て、町内全体の了承の上で「家請一札」を取ることを規定している。「同家」の場合には、「町中一統」の了解までは求められていないのと比べると、借屋の方が厳密とも言える。「同家人」は借屋人が受け入れることもありうるが、いずれにしろ家の当主（人別帳の名前人）の管理下に入るのに対し、借屋人は家主に強い管理責任が存在するものの、別個の家（家族）として存立するからなのではなかろうか。⑰では、煮売屋など人が集まる商売の者に借屋を貸してはいけないと規定している。こうしたどういう職種の者に町内居住を認めるかも「町」の考え方によるのであった。なお、⑮の「家請状」については、家請人仲間の問題と関連するので、〔史料⑫〕の「借家請状」のところで詳細に説明する。

⑯は、奉公人を召し抱える際の規定であり、当人の身元を保証する「請状」と「寺請状」を取ることを規定している。これについては手続きの規定だけであり、町内の糺や同意は求められておらず、主人の専権事項だったと言えよう。

このように、家持とその家族以外の同家人・借屋人・奉公人の受け入れに関する規定からは、この申合せが家持相互の申合せであることがはっきりと見て取れ、家持も含む町内の居住民の立場が、それぞれどういうものだったかが明瞭に理解できる。

費用負担の仕方の規定は、⑱で町境の木戸門と町会所の普請費用、⑲で諸出入によって町役人が他所に出向くことになった際の費用、⑳で唐物の抜け荷を働いた場合の処分、㉑で町内預け人があった際の費用、㉒

で捨て子があった際の費用、㉓で出火・手過《てあやま》ちの際の費用、㉔で行倒れ・変死があった際の費用の負担の仕方が規定されている。これについては釈文・読み下し・現代語訳を省略したが、およそ次のような原則が見てとれる。町内居住の者が費用の発生原因であれば、その者が負担することを前提に、その者が負担能力がない場合、借屋人であれば、その家主がまず何割かを負担し、さらにその何割かを家主の五人組が負担し、残りを町内で分担する。本人が家持の場合は親類などにまず求めるが、五人組が何割かを負担し、残りを町内で分担する。ここには家持（＝家主）と借屋人、家持とその五人組、町内の関係がよく表れている。

「町」とは何かということに関わって、家持が町人であって、町にとって家屋敷がその細胞としての意味を持つと強調してきた。家屋敷と負担に関わる箇条はそのあり方をよく示している。

㉕は、一般的な値段より安い値段（最低で五貫目以下）の売買は認めないとある。これは、町人たちの経営に不可欠のものとなっている家質の担保評価の低下を危惧してのものと思われる。但し書きで、家屋敷の売買交渉が整ったら、事前に「銀高」と「買主の名前」を町内に伝えて、家持たちの実印による同意（「承知」）の押印を得ることが求められている。道修町三丁目では、家屋敷の売買には、売券に連印が必要な年寄・五人組だけでなく、町内の家持全員の承諾が必要だったのである。

㉖では、他町持の場合には家守を付けることが義務付けられている。但し、家持が隣町に居住する場合には例外が認められており、それは隣町であれば家持に求められる義務や負担に支障をきたさないで済むと思われたからであろう。㉗では、同じ家持の家屋敷二ヶ所までは一人の家守が勤めることを認めているが、三ヶ所を越えたら別の家守を置くこと、家持が違えば二ヶ所であっても兼ねることは認められないことが規定されている。家守の有名無実化を防ぐ意味があるのであろう。こうした箇条は、町にとって家守の町屋敷管理責任者としての意義を如実に示すものであり、一方で、家持側はむしろ経費を惜しみ、置きたがらないこともあったことを窺わせよう。江戸においては、家守の地位は株となって百両を越える値段で売買されることもあったが、大坂においてはそうした事態は見られなかった。しかし、こうした町の意向を背景として、家守が家持の進退を脱しようとする傾向は大坂でも見られたのである（例えば、売買で家持が変わっても家守は不変のようなケース）。そのため逆に、他町持であっても自らにとって最重要な家屋敷（出店の敷地）については、別家を家守にするなどの対応がとられたのである。*

＊これらの点については、京都に本拠を置く三井の本店・両替店に即して、西坂靖氏が詳細に解明している（西坂靖「三井大坂両替店の抱屋敷管理と代判人・家守」『三井文庫論叢』二一、一九八七年）。

㉘は、年寄や御用商人などで家屋敷を無役と認められた者にも負担を求める事柄を規定している。これは、無役は「役割」での負担（とりわけ町奉行所や惣会所から負担）に関わるものであって、顔割の負担や自分も参加する参会入用等は負担して当然ということであろう。㉙は、「顔役」について規定し、家屋敷二ヶ所までの所有は「一ト顔」として扱い、三ヶ所以上を所持する場合は、順次顔数を増やしていくとある。単純に一人一顔ということではなく、ここでも家屋敷所持が意味を持っていたのである。

㉚は、家屋敷の売買に際して売買値段の二〇分の一を町に納入する「歩《ぶ》一銀《いちぎん》」の配分について規定している。町人たちの共有である会所屋敷と

納入者である買主を除く町内の家屋敷の役数に応じて配分するとある。あくまでも家屋敷の大きさを反映する役数が基準である。これに対して、㉛では、振舞銀・顔見世銀・会所入り銀などとして町内に納められた銀の配分規定である。振舞銀は本来は宴席を設けるものだったのが、代銀で済ますようになったものであろう。いずれにしても、町の構成員に加わることに伴う収入であり、これについては町に抱えられた町代や夜番人にも配分された。また家守にも配分されたが、その割合は夜番人と同じであり、町代の半分である。彼らに定率で配分された残額を「居町人」に顔割で配分するとある。分一銀の場合の役割は、他町持であっても、家屋敷を所持している限りは配分されるが、これらの顔割の配分の場合は、配分を受けるのは町内居住の家持のみである。家持を構成員とする「町」であるが、居町人とそれ以外（他町持・他国持）に差異を設けることも広く見られた。

㉜㉝も釈文などを省略したが、㉜は、諸祝儀の納入方法について「式目帳」に従うこと、㉝は、町内溜り銀や振舞銀・顔見世銀・会所入り銀などの年頭「初判」の際の配分などについて規定している。そこでは会計掛の年番の役割にも言及されている。なお、歩一銀や振舞銀・顔見世銀・会所入り銀、あるいは諸祝儀銀については、同時に作成された別冊の「諸祝儀式目幷年中勘定書帳」で詳細に規定されている。これは㉜で言及されている「式目帳」である。

この両条では、会計掛の年番の役割や、毎年二度（七月・一二月）の「惣勘定」（決算）について言及しており、以下の会計と倹約についての規定へと連続していく。

㉞は、毎月の町入用の決算を年寄・年番・月行司の立ち会いで二六日に行うことを規定しており、各家持には請求書（「差紙」）にしたがって、月行司のところに持参するようにとしている。月々の仕事は月行司が中心となり、年番は監査する立場なのであろう。この立ち会いの際は「酒飯等無用」としている一方、㉟では、「巻納参会」について規定している。宗旨巻の「巻納」の日に、町人・家守・代判人までが参加して宴会を行うのである。大坂において、宗旨巻が定着し、「巻納」が年中行事化した様子が窺われる。但し、この参会は会所で行い、「取肴三種・吸物壱つ」と決められており、費用がかさまないよう制限を加え、また「町役人」以外の「無用の人」を参加させてはいけないとある。ここで「町役人」が何を指すか難解である。町年寄や月行司は家持として当然参加しているはずで、それ以外だと町代などを指すのかと思われるが、夜番人などまで含むのか疑問が残る。

㊱では、年番は二人で正月交替、半年任期（正月・七月交替）の加役を一人加えて三人としている。年番は町内に居住するようになって一〇年以上の者と規定されており、家持・家守が毎月交替で勤める月行司とは位置づけが異なる。最後の㊲では、町内の文書類と会所の道具類を記帳して管理すること、その帳面は年番方に置くことが規定されている。町の運営が文書できちんと管理され、共有の会所が町内運営の空間的な保証となっていたことがわかるとともに、会計などの面で年番の役割の大きさが窺える。

以上、道修町三丁目の町内申合書の内容を詳しく見てきたが、再度簡単にその意義を振り返っておこう。まず、各町が（外側に公儀法度が取り巻いてはいるが）こうした自律的な法を持っていること自体が、「町」という自律的な団体の性格を示している。但し、これはあくまでも家持たちの申合せであることにも注意が必要である。家屋敷の所持は町の構成員となることと同義であり、その売買には町の承認が必要であった。また、道修町三丁目では町の同意だけの規定であり、特定の職種を排除する規定はないが、そうした規定を持つ町法も広く見られた。

申合せの内容から、《町内の運営に関わること（三ヶ条証文／参会）》や《町内の組織（年寄・五人組・月行司・年番など）と雇用者（丁代・夜番など）》、あるいは《階層秩序（町人・他町持・家守／借屋人）》の特徴なども具体的に窺うことができ、「町」の全体像を明らかにする上でまたとない史料である。

表7　文政7年道修町三丁目「町内申合書」

箇条	内容
1	三ヶ条月次判形、毎月２日／借屋人判形は４日
2	公用には、遅滞なく罷り出よ
3	出荷場所働きの水の手人足
4	風が吹くときの火の用心
5	町人・家守の自身番
6	普請は公儀作法通りに
7	表通りの土蔵、釣り格子
8	地形は水上より低く
9	長崎御用宿・臨時御用宿
10	御番衆御用宿
11	町内の公事出入り
12	町人・家守・代判人の商売用による他出
13	町儀寄合から我儘な退出不可
14	同家引取り人の抑制
15	借屋貸付の確認、家請
16	奉公人の請状・寺請
17	煮売り商売人などの人寄せ商売への貸付禁止
18	町境門・会所屋敷の普請
19	出入りにより他所に出頭した時の費用負担
20	抜荷唐物売買
21	町内預け人の費用負担
22	町内捨て子の際の費用負担
23	町内に出火手過ちの際の費用負担
24	町内行倒れ者・変死の際の費用負担
25	家屋敷の不相応な売買禁止、町中の同意の必要
26	他町持は家守を付けよ、但し隣町持ちは格別
27	家守は、１人で２軒まで認める、但し１人で２町人の家守はダメ
28	町内無役の者でも負担する項目
29	顔役のつけ方
30	家売買二十歩一銀の割り方
31	振舞銀顔見世会所入り銀の割り方
32	諸祝儀の出し方
33	町内溜り銀、振舞銀顔見世銀会所入りなど町内入り銀の割り方
34	毎月町入用算用は26日が定日
35	巻納参会と盃事
36	町内取締年番２人と加役１人
37	町内諸書き物類・会所諸道具類の管理

〔史料⑩〕

町年寄の選任（雛屋町「丁内諸用記」大阪歴史博物館蔵）

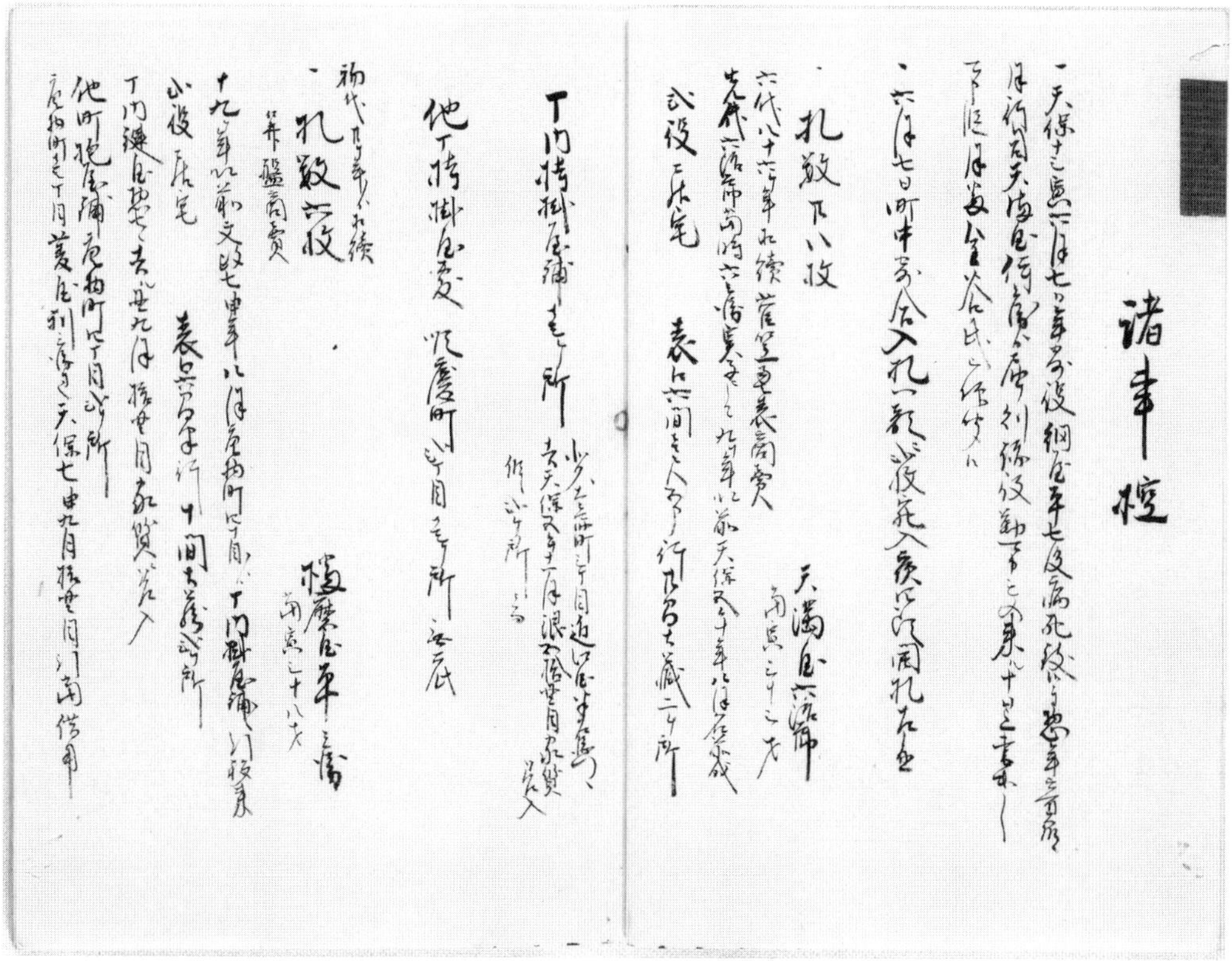

【釈文】

（前略）

諸事控

一、天保十三寅六月七日、年寄役網屋平七殿病死致候と、惣年寄衆へ
月行司天満屋伊兵衛ゟ届ヶ、則跡役勤可申もの、来ル十日迄書出し
可申段、月番金谷氏被仰聞候、
一、六月七日、町中寄合、入札一顔ニ弐枚宛入、夜四ツ頃開札、左之通
一、札数廿八枚　天満屋六治郎 当寅三十三才
六代八十六ヶ年相続、菅笠・畳表商売
先代六治郎、当時六兵衛実子ニして、九ヶ年以前天保五午年八月名前成、
弐役居宅　表口六間壱尺五分、行廿間、土蔵二ヶ所
北久太郎町三丁目近江屋半右衛門へ、
丁内持掛屋鋪壱ヶ所　去天保五午十一月銀五拾貫目家質差入、
但し弐ヶ所ニ而、
他丁持掛屋敷　順慶町弐丁目壱ヶ所、無庇
一、札数六枚 初代 廿ヶ年ゟ相続　播磨屋平兵衛 当寅三十八才
算盤商売
十九ヶ年以前文政七申年八月、唐物町四丁目ゟ丁内掛屋鋪へ引移来、
弐役居宅　表口六間半、行十間、土蔵弐ヶ所
丁内鍵屋惣七へ、去ル丑九月、拾貫目家質ニ差入、
他町抱屋鋪唐物町四丁目弐ヶ所
唐物町壱丁目菱屋利兵衛方へ、天保七申九月、拾貫目引当借用、

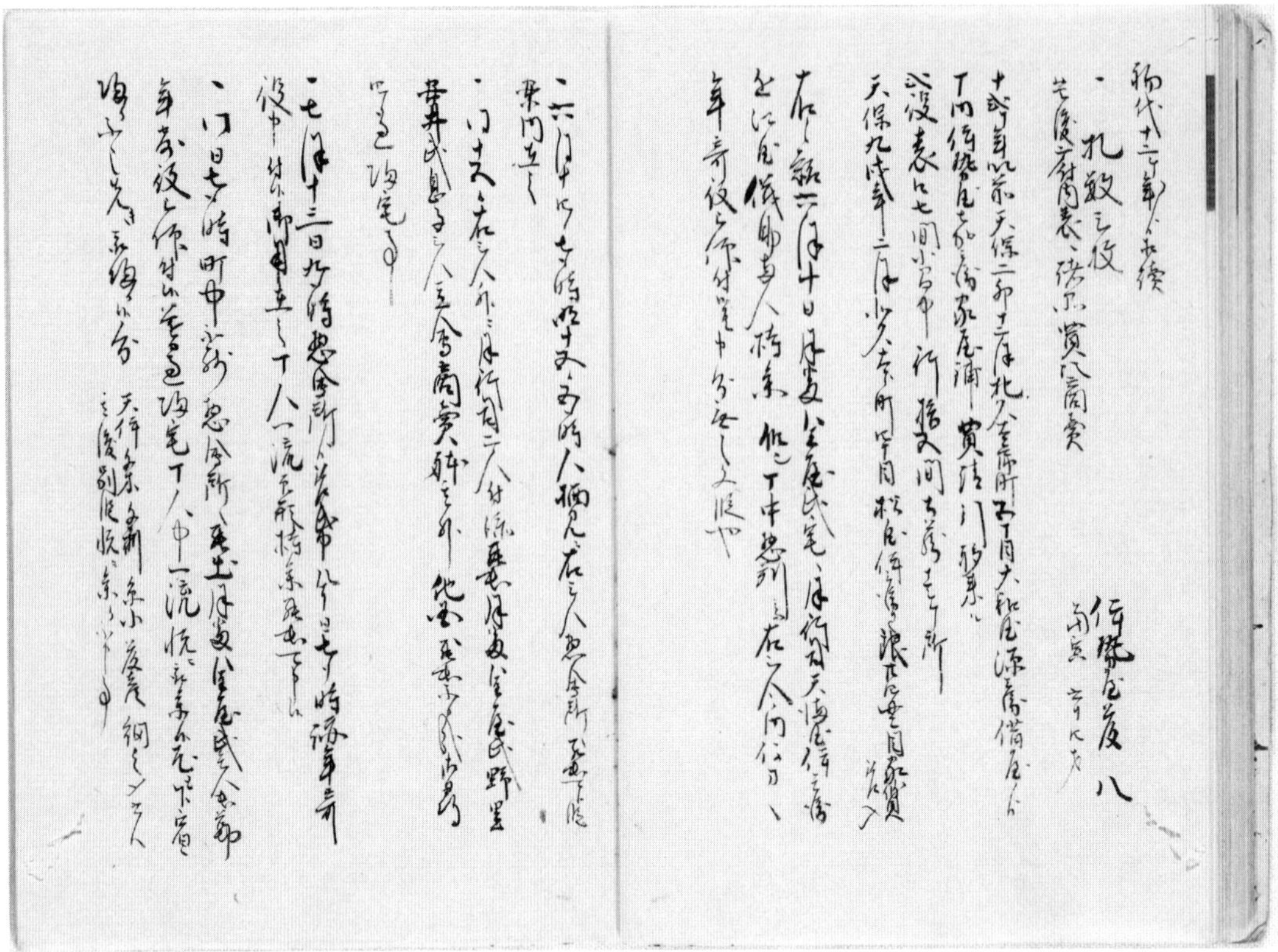

初代　十二ヶ年ゟ相続

一、札数三枚　　　伊勢屋藤八
当寅六十四才

豊後府内表へ諸品買次商売

十弐ヶ年以前天保二卯十二月、北久太郎町五丁目大和屋源兵衛借屋ゟ、
丁内伊勢屋嘉兵衛家屋鋪買請、引移来ル、
弐役表口七間小間中、役拾五間、土蔵壱ヶ所
天保九戌年二月、北久太郎町四丁目松屋伊兵衛方へ、銀廿四貫目家質
差入、

右之趣、六月十日、月番金屋氏宅へ月行司天満屋伊兵衛・
近江屋儀助両人持参、但シ丁中惣判ニ而、右三人之内何方へ
年寄役被仰付候共申分無之文段也、

一、六月十四日七ツ時、明十五日五ツ時、人柄見ニ右三人惣会所へ罷出可申段、
案内在之、

一、同十五日、右三人、外ニ月行司二人付添罷出、月番金屋氏・野里・
安井氏息子三人立会、商売体、其外他国へ罷出不申哉御尋、
四ツ過帰宅事、

一、七月十三日九ツ時、惣会所ゟ差紙、今日七ツ時、跡年寄
役申付候御用在之、丁人一統印形持参、罷出可申候、

一、同日七ツ時、町中不残惣会所へ罷出、月番金屋氏壱人出勤、
年寄役被仰付候、暮過帰宅、

（後略）

（表紙）

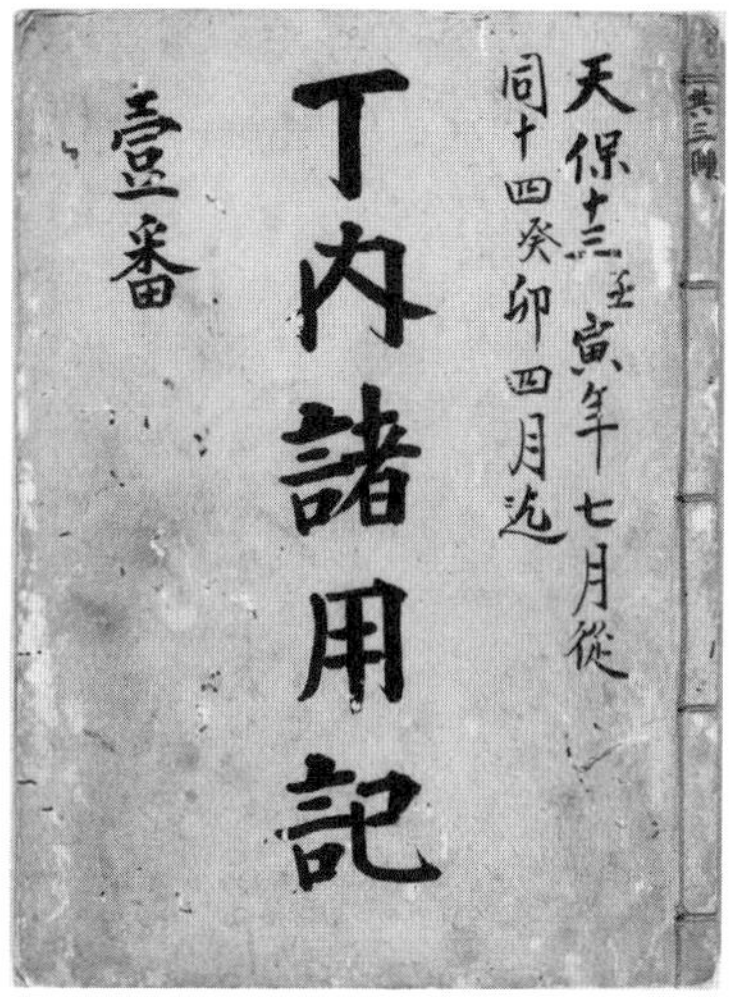

（表紙）

天保十三壬寅年七月従
同十四癸卯四月迄
丁内諸用記
壱番

【読み下し】

諸事控《ひかえ》

一、天保十三寅六月七日、年寄役網屋平七殿病死致し候と、惣年寄衆へ月行司天満屋伊兵衛より届け、則ち跡役《あとやく》勤め申すべきもの、来たる十日迄に書き出し申すべき段、月番《つきばん》金谷氏仰《おお》せ聞《き》けられ候、

一、六月七日、町中寄り合い、入札《いれふだ》一顔に弐枚宛入れ、夜四ツ頃開札、左の通り

一、札数廿八枚　　天満屋六治郎 当寅三十三才

六代八十六ヶ年相続、菅笠《すげがさ》・畳表商売

先代六治郎、当時六兵衛実子にして、九ヶ年以前天保五午年八月名前《なまえ》成《な》り、

（翻刻した部分も含めて中略）

右之趣、六月十日、月番金屋氏宅へ月行司天満屋伊兵衛・近江屋儀助両人持参、但し丁中惣判にて、右三人の内何方《いずかた》へ年寄役仰せ付けられ候とも申し分これ無き文段なり、

一、六月十四日七ツ時、明十五日五ツ時、人柄見《ひとがらみ》に右三人惣会所へ罷り出で申すべき段、案内これ在り、

一、同十五日、右三人、外に月行司二人付き添い罷《まか》り出、月番金屋氏・野里・安井氏息子三人立ち会い、商売体、その外他国へ罷り出申さざるや御尋ね、四ツ過ぎ帰宅の事、

一、七月十三日九ツ時、惣会所より差紙《さしがみ》、今日七ツ時、跡年寄役申し付け候御用これ在り、丁人一統印形《いっとういんぎょう》持参、罷り出申すべく候、

一、同日七ツ時、町中残らず惣会所へ罷り出、月番金屋氏壱人出勤、年寄役仰せ付けられ候、暮れ過ぎ帰宅、

【現代語訳】

一、天保一三年六月七日に、年寄役網屋平七殿が病死しましたと、惣年寄衆へ月行司の天満屋伊兵衛から届けたところ、跡役を勤めるにふさわしい者を来たる一〇日までに書き出すようにと、月番の金谷氏が命じられた。

一、六月七日に、町中が寄り合い、入札は一顔に二枚宛投票、夜一〇時頃に開札、その結果は以下の通り。

一、札数二八枚　　天満屋六治郎
　　　　　　　　　現在三三才

（当町内で）六代八六ヶ年にわたって相続、菅笠・畳表商売先代の六治郎（今は六兵衛）の実子で、九年以前の天保五年八月に（六治郎の）名前を継ぐ。

（翻刻した部分も含めて中略）

六月一〇日に右の結果（を記した文書）を月番の（惣年寄）金屋氏宅へ月行司の天満屋伊兵衛・近江屋儀助の両人が持参した。但し町人全員が連印で、右三人の内誰が年寄役に任じられても異議ないという文面である。

一、六月一四日午後四時に、明朝八時に人柄を見るため右の三人に惣会所へ出頭するようにとの案内があった。

一、六月一五日に、右の三人と月行司二人が付き添って出頭した。月番の金屋氏および野里氏と安井氏の息子の三人が立ち会って、商売の状態、そのほか他国に出かけることがあるか等の御尋ねがあり、一〇時過ぎに帰宅した。

一、七月一三日一二時に、惣会所より呼び出し状が届き、今日午後四時に、後任の年寄役を申し付ける御用があるので、町人全員が印形を持参し、出頭せよ（とのことであった）。

一、同日午後四時、町中全員が残らず惣会所へ出頭したところ、月番の金屋氏一人が出勤しており、（自分が）年寄役に命じられた。暮れ過ぎに帰宅した。

【語句】

跡役…後任の役。／**月番**…その月の当番。／**一顔**…「一人分」という意味合い。／**当時**…現在の。／**名前成**…名前の襲名。／**掛屋敷**《かけやしき》…居宅ではないが所有する家屋敷。抱屋敷とも言う。／**但し弐ヶ所ニ而**…家質に入れたのは、居宅と掛屋敷の二ヶ所。／**無庇**…意味わからず。／**丁中連判**…町内家持全員の連判。／**町人一統**…町人全員。／**印形**…印鑑。

【解説】

町の年寄は、町人＝家持の代表であり、町の運営の中心であった。町年寄は近世初頭には有力な家持が世襲することが間々見られたが、町人たちの入札で選ばれることが一般的となっていった。とはいえ、その選出の方法は、後に見るように現代の選挙制度とは大きな相違がある。また、町年寄の仕事は多岐にわたり、忙しいため、家業に差し障るということで、病気と称して町年寄となることを忌避する傾向も広く見られた。『大阪市史』（第一巻三一七～八頁）では、町年寄の仕事として、次のようなものをあげている。（〔史料⑨〕「町掟」も参照）

㈠ 惣年寄より伝えられたる触書口達類を町内に通達す。
㈡ 訴訟事件は及ぶ限り和解せしむべし。諸願書は家主より会所に出し町年寄披見《ひけん》の上奥印す。
㈢ 火災を予防し、出火あれば消防に尽力す。
㈣ 水帳絵図・宗旨巻・人別帳・寺々印鑑帳・証文類・御印付《ごいんつき》訴状類・家質割印帳《わりいんちょう》・囲米切手《かこいまいきって》（○寛政元年に始る、）諸用留帳《とめちょう》・目安帳《めやすちょう》・入札帳・廻状《かいじょう》留帳・町中申合連印帳等を保管し、時々之を検閲す。
㈤ 橋上幷ニ浜先を掃除し、水道落口に塵芥《じんかい》の停滞せざるやう注意す。

(六) 家屋敷の売買・譲与・代判・家守等に関する証文案紙《あんし》を検閲す。
(七) 博奕諸勝負事を禁ず。
(八) 万事を町代に委任せず、町代・下役・番人等の監視に任ず。

ここで取り上げた史料は雛屋町の年寄天満屋六治郎が記録した「丁内諸用記」である。雛屋町は御堂筋《みどうすじ》沿いで北御堂（津村別院）と南御堂（難波別院）の間に位置する町である。この帳面は天保一三（一八四二）年七月から翌年四月までの内容を記録しているが（「表紙」より）、後述のように天満屋六治郎は天保一三年七月一三日に雛屋町の年寄に就任しているので、彼が年寄に就任したことを契機に作成されたものと言える。

「丁内諸用記」は、年寄として扱った諸問題を「御触渡幷廻状口達」などの項目ごとに分類・整理したものである。先に引用したのは、そのうち「諸事控」の冒頭の部分であり、天満屋六治郎が町年寄に就任するに至る経緯が記録されている。ここからは、町年寄の選出の方式を具体的に窺うことができる。以下、内容を詳細に見ていこう。

天保一三年六月七日に、雛屋町の年寄網屋平七が死亡したことを同町の月行司天満屋伊兵衛が惣年寄のところに届け出た。まず、町年寄の死亡に際しては惣年寄に届け出ることが必要だったことがわかる。その時すぐに後任の年寄を勤めるのに相応《ふさわ》しい者を六月一〇日までに書き出すよう申し渡されている。その間、わずか三日である。ほぼ対応の仕方が想定されているのであろうか。また、ここで後任に相応しい者の選択は町にゆだねられている点に注意しておこう。この時対応したのが月番の惣年寄金谷氏であるが、惣年寄には月番があり、諸事への対応は月番が行っていたことがわかる。

＊金谷氏は一八世紀半ばには天満組の惣年寄であったが（一二一頁参照）、何らかの理由で一九世紀には南組の惣年寄に組替えになっていた。

なお、この場合は死亡による町年寄不在であるが、何らかの理由による辞任もありうるであろう。年寄就任の家が固定されていた町ではどのような手続きになるのかも気になるところである。何人の者をあげよというような指示はないので、固定した家の者一人を書き出す町もありえたのかもしれない。

その日のうちに、町中の寄合が持たれ、候補者選びの入札（投票）が行われた。町中の寄合の参加者はもちろん家持町人である。その方法は、家持「一顔」につき二枚の札を入れるというものである。一枚の札に二名連記ではないので、同じ人の名前を書いた札を二枚入れることも十分考えられる。何時に寄合がもたれたか不明だが、夜一〇時（四ツ時）から開票された。夜に集まって一斉に投票したのか、一定の投票時間を設定し、締め切り時間（この場合、一〇時）まで順次投票を受け付けたのか、そのどちらかである。

開票の結果、上位の三人は二八票の天満屋六治郎、六票の播磨屋平兵衛、三票の伊勢屋藤八であった。

一顔は、ほぼ家持一人当り（家守の場合も含む）と同じであるが、前に〔史料⑨〕「町掟」のところで説明した複数の家屋敷を持つ者がいる場合は顔数の数え方が変わってくることも考えられる。雛屋町で実際にどのような顔数の数え方をしていたかはここには明記されていないが、投票数などからさぐってみよう。天保一三年九月の雛屋町の宗旨巻によると、家数二七軒、役数四二役（うち年寄屋敷・会所屋敷の二役は無役）、うち一三軒が住宅家主、四軒が町内持（町内の家持が所持者）、七軒が他町持（大坂の他の町に住む者が所持者）、一軒が他所持（大坂市中以外の摂津国内に住む者が所持者）、一軒が他国持（摂津国以外に住む者が所持者）、一軒が会所屋敷であった。このうち町内居住の家持一三人と他町持・他所持・他国持の九人（実際は家守が代行）は顔数に数えられることは確実である。これで最低でも二二顔。町内持の四軒がどう処理されるかが問題であるが、それを一顔ずつとすると、最大で二六顔となる。一顔二枚の札数なので、総札数は四四枚から五二枚となる。最も多い札を得た天満屋六治郎は二八票だから、何人かは二枚とも天満屋に入れたことは確実である。全員が札を入れたとすると、上位三人の合計三七枚以外に七枚から一五枚の札が入れられたことになる。

これらは、三番目の伊勢屋が三票なので、二枚ないし一枚に分散して投票されたことになる。年寄の候補者となるには居住家持（一三人）でなければならないから、残り一五枚の札が、上位三人以外の残り一〇人の居住家持に一～二枚ずつ分散して投票されたと考えるのはやや不自然である。顔数の数え方で町内持の家持は一顔とされたことや、中には投票権を行使しなかった者がいることが想定されるのではないだろうか。

町年寄候補者三人には、年令、町内居住の年数、商売、町内外に所持する家屋敷、その家質の有無などの情報があわせて記されている。これは、惣年寄に提出する候補者リストの書付に記された内容であり、まさにその人物が町年寄を勤めるのに相応しいかどうかを惣年寄たち（背後には町奉行所）が判断するための材料として書き出されたものであった（この点、後述）。

これによると、天満屋六治郎（三三歳）は六代八六年にわたって（つまり宝暦七〔一七五七〕年より）雛屋町に居住し、菅笠商売を営んできた。六代目六治郎は、天保五年に相続し、町内の居住家屋敷と掛屋敷、順慶町二丁目の掛屋敷、計三ヶ所の家屋敷を所持していた。但し、町内の二ヶ所は家質に入れられていた。

算盤《そろばん》商売を営む播磨屋平兵衛（三八歳）は、町内に居住するようになったのは彼の代からで、すでに二〇年に及んでいる。一九年前に（すなわち二〇歳の時に）唐物町四丁目から町内の掛屋敷に引っ越してきたというから、それ以前から掛屋敷を持っていたのであり、自立した商売を行っていたことになる。彼が掛屋敷を取得したのではなく、親から相続したと想定したほうがよいであろう。彼は、町内の居住家屋敷以外に唐物町四丁目に二ヶ所の掛屋敷を所持していたが、三ヶ所とも家質に入っていた。

豊後府内方面との買次《かいつぎ》（問屋）商売を行っていた伊勢屋藤八（六四歳）は、この町ではやはり初代で一二年前の天保二年から居住している。彼は北久太郎町五丁目の借屋から町内の家屋敷を買い受けて引っ越して来たのであり、ここで初めて家持となったのである。彼はここ以外に家屋敷は所持していないが、この居住家屋敷も家質に入っている。彼はまさに一代で商売を築いてきた人物と考えられる。

この者たちが町年寄の後任を勤めるに相応しい者の上位三人であるが、何れも一〇年以上町内に定着した一定の安定性を持った存在であると言える。しかし、そのうちで圧倒的な支持を集めた天満屋六治郎は六代八六年であり、初代の二人とは定着度・安定性においてやはり違いがあるのであろう。また、伊勢屋は居住家屋敷一ヶ所のみの所持だったのは、やや候補として弱いように思われる。

なお横道にそれるが、彼らが所持している家屋敷は一ヶ所を除いて、すべて家質に入っており、家屋敷を家質に入れる金融が町人たちに広く浸透していたことがわかり、興味深い。

以上の入札の結果は、六月一〇日に月行司の天満屋伊兵衛と近江屋儀助が文書にして、月番惣年寄の金谷氏宅に持参した。惣会所ではなく、月番惣年寄の金谷氏の自宅に持参しているのが注目される。惣年寄は、月番であっても毎日惣会所に詰めているわけではないのである。また惣会所で惣代に預けるのではなく、期限とされた一〇日に自宅に届けたのは、惣年寄の自宅が役務遂行の場であるという認識が共有されていたからであろう。

この文書には、以上の入札結果、各候補者の情報に加えて、この三人のうち誰が町年寄の後任に任じられても、町人全員一人も異存ない旨が記されていた。これは、三位の伊勢屋藤八が選任されることもありうるということであり、この入札は、高位者が直接選出される現代的な意味での選挙ではない。あくまで町年寄に相応しいと思う人物の書き出しであり、本当に相応しい人物を確定する（ための判断力を持っている）のは惣年寄（ひいては町奉行所）であるという論理が働いている。

六月一四日午後四時に、後任町年寄候補の三人の人柄を確認する面接のため、明朝八時に惣会所に出頭するようにとの連絡があった。その時間に、該当者三人と月行司二人が付き添って出頭したところ、月番の惣年寄金谷氏と同じく惣年寄野里氏と安井氏の息子の三人が立ち会って、商売の状態や遠隔地への旅行などがないかどうかの質問がなされたのである。それが終わって、一〇時には帰宅した。

この経過は、この三人はあくまで候補者であり、人柄や商売状態などを基に最終判断をするのは、惣年寄（ひいては町奉行所）であるということをさらに強く示唆するものと言えよう。

七月一三日一二時に惣会所から、今日午後四時に後任町年寄を命ずるという御用があるので、町人全員が印鑑を持参して、出頭せよという呼び出し状が届いた。その時間に、町人全員が惣会所へ出頭したところ、月番の金谷氏が一人だけ出勤しており、天満屋六治郎に年寄役が命じられたのである。この後、日暮れ過ぎに帰宅となった。

ここで後任町年寄が決定したわけであるが、町人全員が承諾の連印を押すことが必要なこと、一方で人柄確認の際には惣年寄三人（但し、一人は息子）が立ち会ったのに、ここでは月番の金谷氏一人しか出勤していないことは象徴的である。すでに決定していることの通達には金谷氏一人でよいが、この決定の承認は町人全員から確認する必要があるということであろう。

先に町は町年寄として相応しい人を書き出すだけであり、決定権は惣年寄（ひいては町奉行所）にあることを指摘した。しかし、ここでも最多得票者である天満屋六治郎が後任とされているように、もちろん最高得票者が選任されるのが一般的であった。例外的に最高位者が選任されないことがあるかもしれないが、もしそれが一般的な事態となれば、町人たちの不満が募り、入札の意義自体が失われかねないのである。

ここには、決定の権限（判断力）は「お上」にあるという原理（建前）と実質的な人々の同意を欠いて秩序安定はありえないという実態の併存という近世身分社会の特質が示されている。

以上、雛屋町の年寄網屋平七の死亡から、後任の天満屋六治郎の決定までの経過を詳しく見てきた。惣会所への死亡の届けから、後任候補の書き出し指示、入札とその結果の届け、そして人柄見届けの面接、ここまでは九日ほどであったが、この後決定までは一月ほどの時間を要している。この事例から、町年寄選任の具体的な手続きがわかるが、そこからは近世社会の特質も窺えると言えよう。

なお、この後、天満屋六治郎の町年寄就任に関わる一連の祝儀関係記事や火消組合の各町への挨拶回りの記事などがあり、興味深いが、ここでは触れないことにする。*

*雛屋町の「丁内諸用記」は壱番・弐番・三番の全三冊から成っている。これら全体を、三田智子・別曽和江・塚田孝・近世大坂研究会編『雛屋町「丁内諸用記」―近世大坂町方関係史料1（都市・周縁〈史料と社会〉科研報告書）』（大阪市立大学大学院文学研究科都市文化研究センター、二〇二一年）に翻刻・紹介し、解題で雛屋町の基本構造をまとめている。これと合わせて、別曽和江「雛屋町「丁内諸用記」壱番の考察」（塚田孝・町田哲・三田智子編『日本近世の都市社会と史料（三都科研報告書）』（大阪市立大学大学院文学研究科都市文化研究センター、二〇二〇年）も参照。

〔史料⑪〕町代への申渡（北浜一丁目「永年録」個人蔵）

① ②

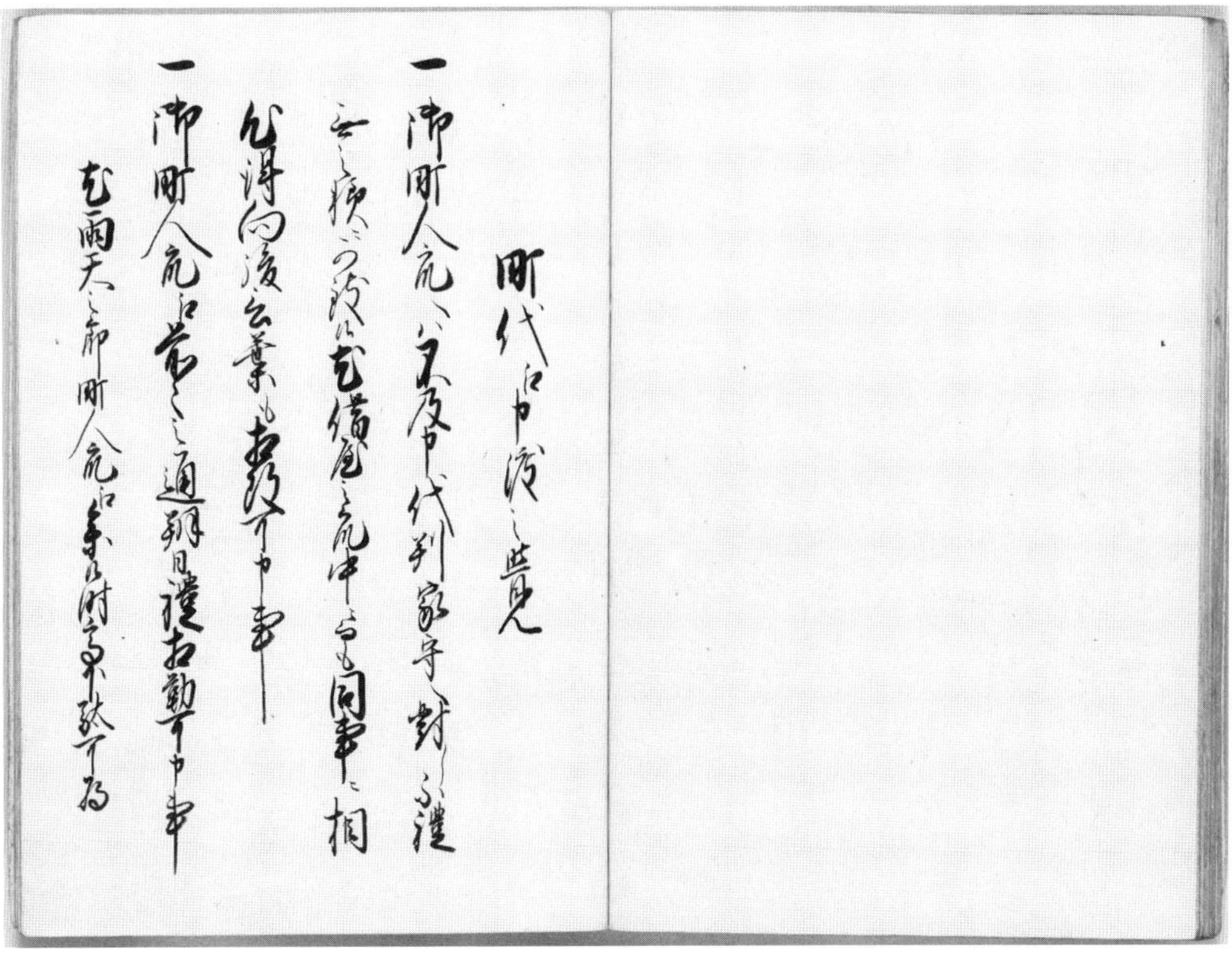

③ ④ ⑤ ⑥ ⑦

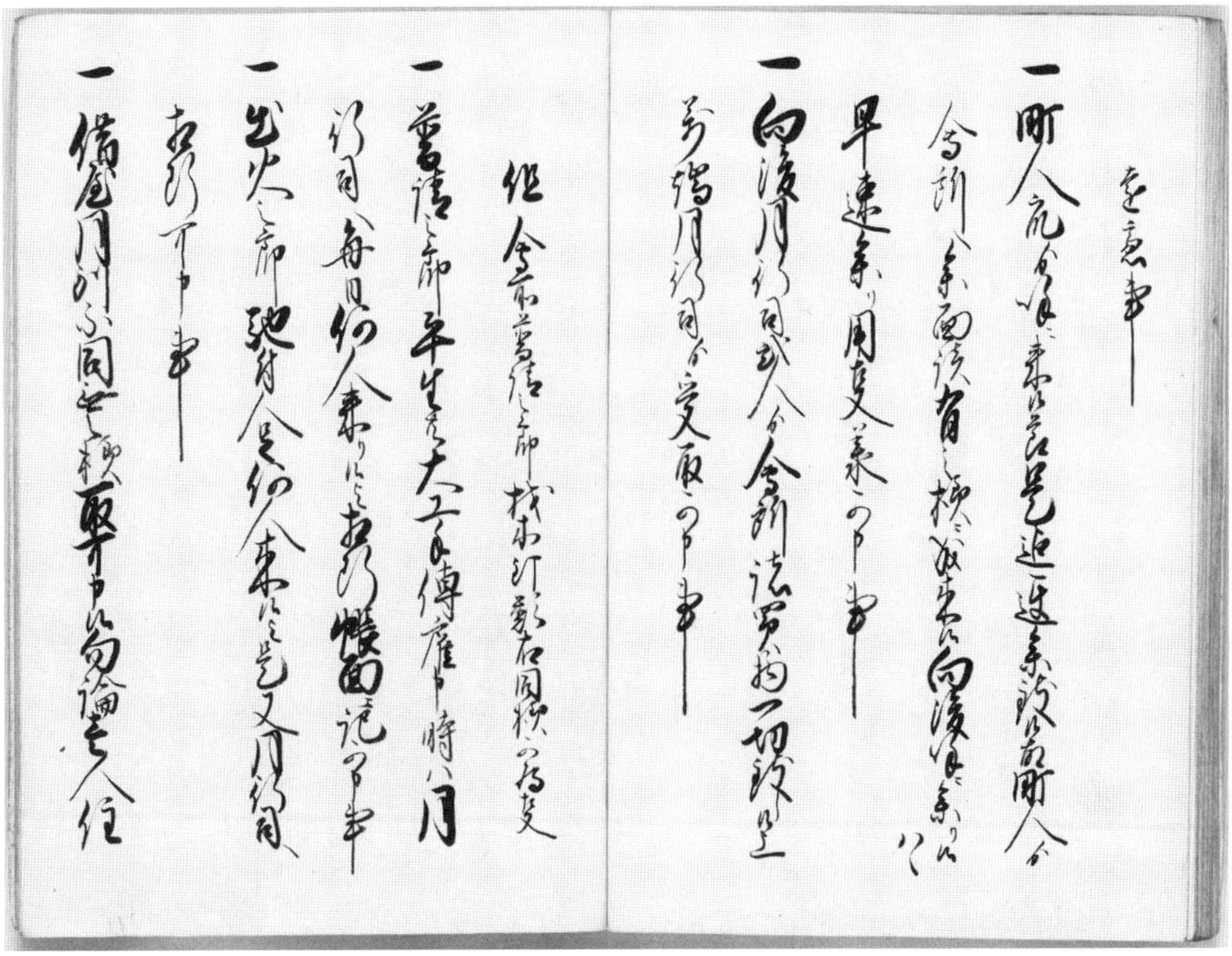

（貼紙あり）

⑧　⑨　⑩　⑪　⑫

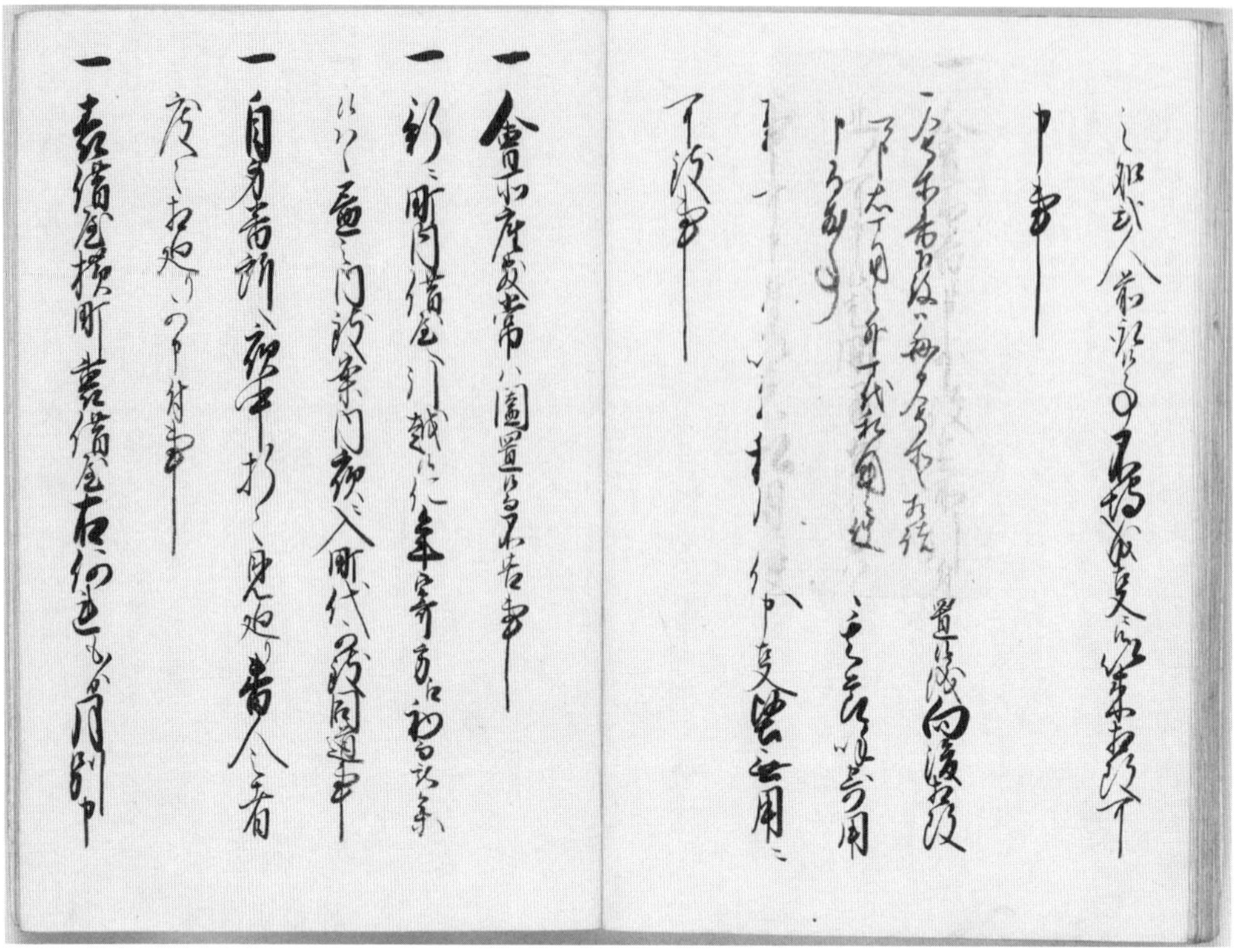

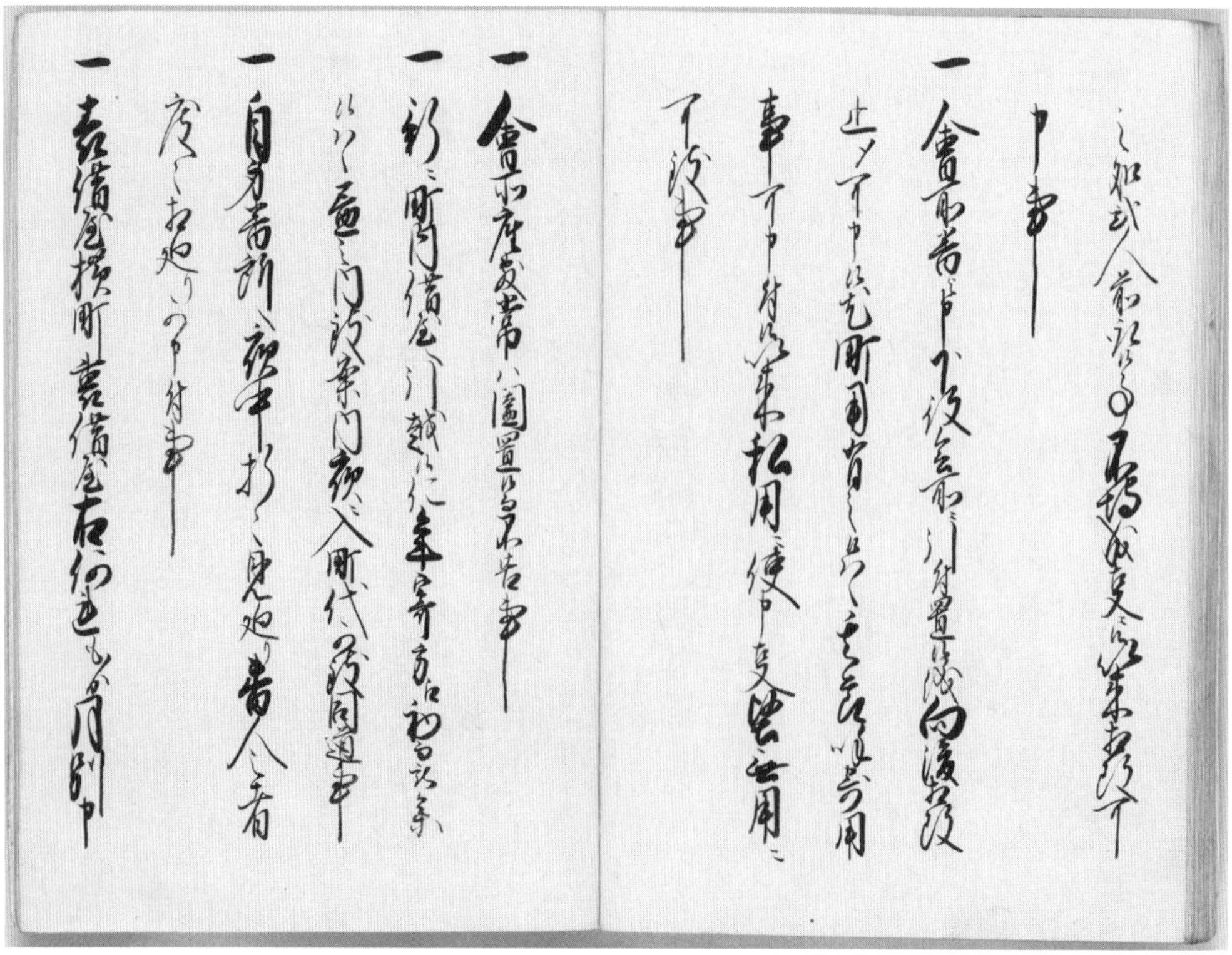

⑬ ⑭ ⑮ ⑯ ⑰

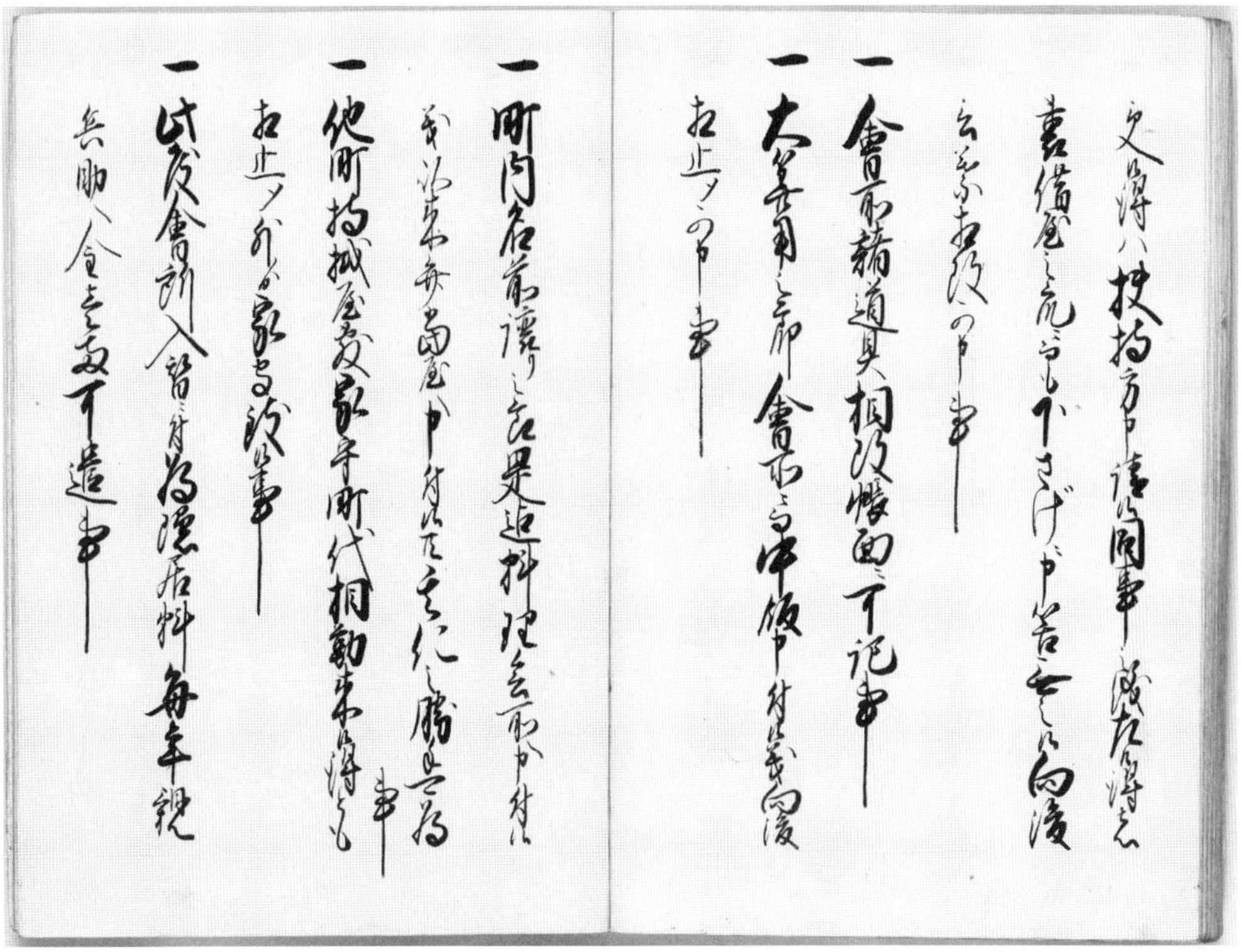

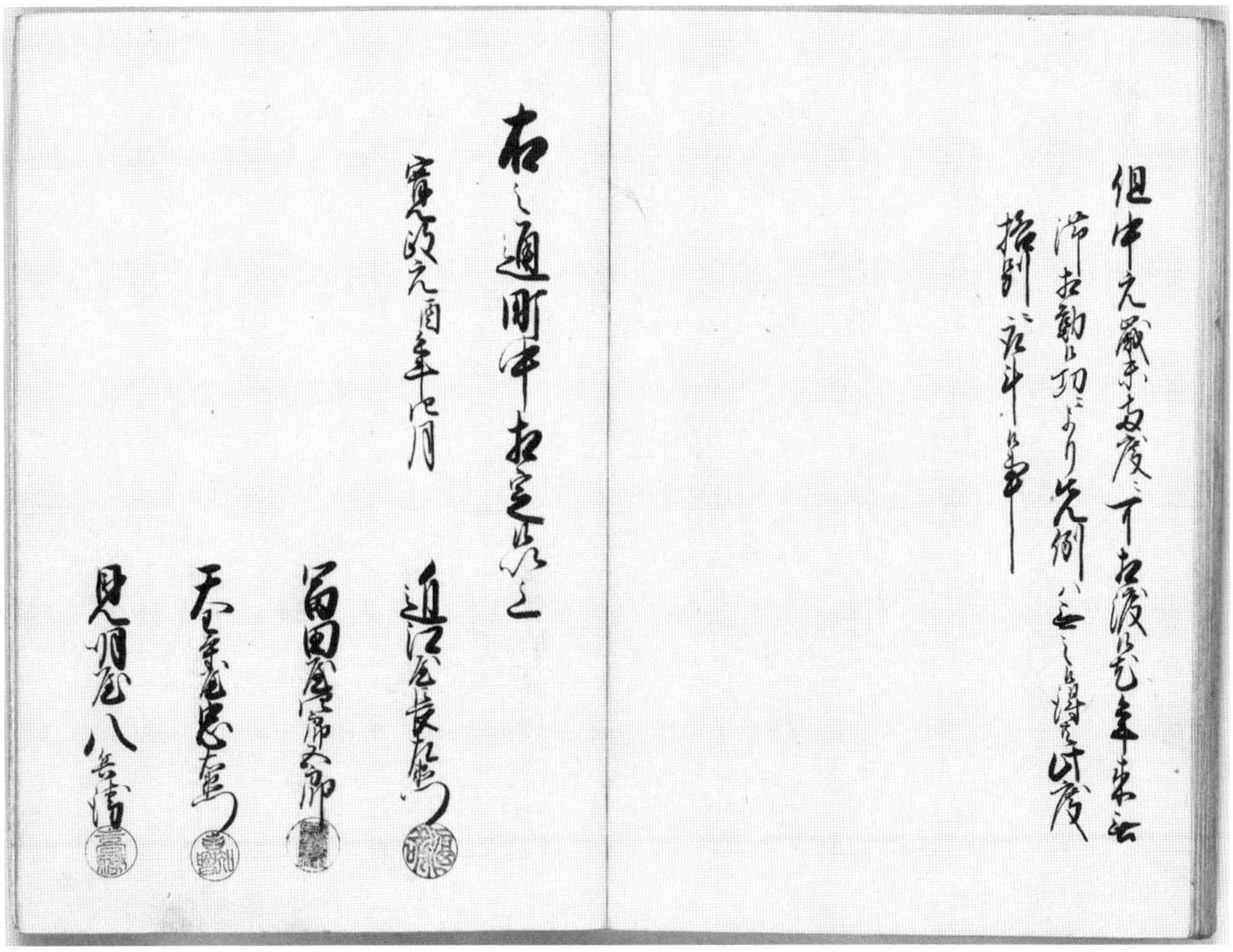

【釈文】

町代江申渡之覚

①一、御町人衆へハ不及申、代判・家守へ対し不礼無之様ニ可致候、尤、借屋之衆中ニ而も同事ニ相心得、向後言葉も相改可申事、

②一、御町人衆江前々之通朔日礼相勤可申事、尤、雨天之節町人衆江参候時、高下駄可為遠慮事、

③一、町人衆ゟ呼ニ来候節、是迄遅参致候故、町人ゟ会所へ参、面談有之様ニ成来候、向後呼ニ参り候ハヽ、早速参り、用事承可申事、

④一、向後月行司弐人ゟ会所諸買物一切致し候上、万端月行司ゟ受取可申事、

但、会所普請之節、材木・釘類、右同様可為事、

⑤一、普請之節平生共、大工・手伝雇申時ハ、月行司へ毎日何人来り候と相断、帳面ニ記可申事、

⑥一、出火之節馳付人足何人来候と、是又月行司へ相断可申事、

⑦一、借屋月別不同無之様取可申候、勿論壱人住之処弐人前取候事不埒成事ニ候、以来相改可申事、

⑧一、会所番と申、下役、会所ニ引付置候儀、向後相改止メ可申候、尤、町用有之候ハヽ、其節呼寄、用事可申付候、以来私用ニ使申事堅無用ニ可致事、

(貼紙)「一、会所番下役ハ毎日会所へ相詰可申、右丁用之外丁代私用ニ使申間敷事、」

⑨一、会所座敷、常ハ闔置候而不苦事、

⑩一、新ニ町内借屋へ引越候仁、年寄方江初而被参候ハヽ、昼之内致案内、夜ニ入町代可致同道事、

⑪一、自身番所へ夜中折々見廻り、番人之者度々相廻り可申付事、

⑫一、表借屋・横町・裏借屋、右何れもゟ月別申受候得ハ、扶持方申請候同事之儀、左候得は裏借屋之衆ニ而も下さげニ申筈無之候、向後言葉相改可申事、

⑬一、会所諸道具相改、帳面ニ可記事、

⑭一、大算用之節、会所ニ而中飯申付候義、向後相止メ可申事、

⑮一、町内名前譲り之節、是迄料理会所へ申付候義、以来弁当屋へ申付候共、其仁之勝手可為事、

⑯一、他町持掛屋敷家守、町代相勤来候得とも相止メ、外ゟ家守致候事、

⑰一、此度会所入替ニ付、為隠居料毎年親兵助へ金壱両可遣事、

但、中元・歳末両度ニ可相渡候、尤、年来無滞相勤候功ニより、先例ハ無之候得共、此度

格別ニ取斗候事、

右之通、町中相定候、以上

寛政元酉年四月

近江屋長左衛門㊞
冨田屋四郎五郎㊞
天王寺屋忠右衛門㊞
見明屋八兵衛㊞
（写真はここまで）
同　林蔵㊞
紙屋藤九郎㊞
嶋屋市九郎㊞
堺屋市右衛門㊞
平野屋源兵衛㊞
平野屋平九郎㊞
近江屋藤八㊞
近江屋善兵衛㊞
本両替仲間持屋敷名代 坂崎屋庄右衛門㊞
紙屋吉右衛門家守 紙屋四郎右衛門㊞
大和屋庄左衛門家守 堺屋五郎右衛門㊞
伊勢屋十左衛門家守 冨田屋武兵衛㊞
平野屋五兵衛家守 平野屋安兵衛㊞
塩屋孫左衛門家守 塩屋次郎兵衛㊞
天王寺屋五兵衛家守 天王寺屋丈四郎㊞
平野屋孫兵衛家守 近江屋六兵衛㊞
堺屋七左衛門家守 堺屋平兵衛㊞
加賀屋喜右衛門家守 紙屋佐七㊞
日野屋深蔵家守 冨田屋伝兵衛㊞
堺屋七左衛門家守 堺屋卯兵衛㊞
網干屋伊兵衛家守 紙屋彦兵衛㊞
吉野屋六兵衛家守 紙屋新兵衛㊞
池田屋長兵衛家守 池田屋儀兵衛㊞
日野屋善兵衛家守 堺屋吉兵衛㊞
紙屋吉右衛門家守 紙屋弥兵衛㊞
百足屋仁左衛門家守 鍵屋宇兵衛㊞
綿屋金之助家守 紙屋庄兵衛㊞
近江屋藤八家守 近江屋半兵衛㊞
長崎屋与兵衛家守 袴屋藤兵衛㊞
鍵屋権右衛門家守 大塚屋万次郎㊞

【読み下し】

町代《ちょうだい》へ申渡しの覚《おぼえ》

①一、御町人衆へは申すに及ばず、代判《だいはん》・家守《やもり》へ対し不礼《ぶれい》これ無き様に致すべく候、尤も借屋《かしや》の衆中にても同事《どうじ》に相心得、向後《きょうこう》言葉も相改め申すべき事、

②一、御町人衆へ前々の通り朔日礼《ついたちれい》相勤め申すべき事、
尤も、雨天の節町人衆へ参り候時、高下駄遠慮たるべき事、

③一、町人衆より呼びに来たり候節、これ迄遅参《ちさん》致し候故、町人より会所へ参り、面談これ有る様に成り来たり候、向後呼びに参り候はば、

早速参り用事承《うけたまわ》り申すべき事、
④一、向後月行司弐人より会所諸買物一切致し候上、万端月行司より受け取り申すべき事、
但し、会所普請の節、材木・釘類、右同様たるべき事、
⑤一、普請の節平生《へいぜい》とも、大工・手伝《てつだい》雇い申す時は、月行司へ毎日何人来り候と相断り、帳面に記し申すべき事、
⑥一、出火の節馳せ付け人足何人来たり候と、これ又月行司へ相断り申すべき事、
⑦一、借屋月別《つきべつ》不同《ふどう》これ無き様取り申すべく候、勿論壱人住の処弐人前取り候事不埒《ふらち》なる事に候、以来相改め申すべき事、
⑧一、会所番と申し、下役、会所に引き付け置き候儀、向後相改め止め申すべく候、尤も町用これ有り候はば、その節呼び寄せ用事申し付くべく候、以来私用に使い申す事堅く無用に致すべき事、
(貼紙)「一、会所番下役は毎日会所へ相詰め申すべし、右丁用の外丁代私用に使い申すまじき事、」
⑨一、会所座敷、常は闔《と》じ置き候て苦しからざる事、
⑩一、新たに町内借屋へ引っ越し候仁、年寄方へ初めて参られ候はば、昼の内案内致し、夜に入り町代同道《どうどう》致すべき事、
⑪一、自身番所へ夜中折々見廻り、番人の者度々相廻り申し付くべき事、
⑫一、表借屋・横町・裏借屋、右何れもより月別申し受け候えば、扶持《ふち》方《かた》申し請け候同事《どうじ》の儀、左候えば裏借屋の衆にても下さげに申す筈これ無く候、向後言葉相改め申すべき事、
⑬一、会所諸道具相改め、帳面に記すべき事、
⑭一、大算用《おおさんよう》の節、会所にて中飯《ちゅうはん》申し付け候義、向後相止め申すべき事、
⑮一、町内名前譲りの節、これ迄料理会所へ申し付け候義、以来弁当屋へ申し付け候とも、その仁の勝手たるべき事、
⑯一、他町持ち掛屋敷《かけやしき》家守、町代相勤め来たり候えども相止め、外より家守致し候事、
⑰一、この度会所入れ替えに付き、隠居料として毎年親兵助へ金壱両遣すべき事、
但し、中元・歳末両度に相渡すべく候、尤も年来滞り無く相勤め候功により、先例はこれ無く候えども、この度格別に取り斗《はか》らい候事、
右の通り、町中相定め候、以上

【現代語訳】

①一、御町人衆に対しては言うまでも無く、代判人や家守に対しても無礼が無い様にしなさい。尤も借屋の衆中に対しても同様に心得て、今後は言葉遣いも改めなさい。
②一、御町人衆へ以前からの通り朔日の礼を勤めなさい。
尤も、雨天の時に町人衆のところへ行く際に、高下駄をはくのは遠慮しなさい。
③一、町人衆から(町代を)呼びに来た時に、これまでは遅参するので、町人の方から会所へ来て面談をするようになっている。今後は呼びに来たらすぐに行って用事を承りなさい。
④一、今後は月行司の二人から会所に必要な買物は全てするので、どんなものでも月行司から受け取りなさい。
但し、会所普請の時の材木・釘類についても同様である。

⑤一、普請の時や普段であっても、大工・手伝を雇う時は、月行司へ毎日何人来たか報告し、帳面に記しなさい。

⑥一、出火の時に馳せ付け人足が何人来たかについても、月行司へ報告しなさい。

⑦一、借屋からの月ごとの手当を間違いが無い様に受け取りなさい。もちろん一人住みのところから二人分を取るようなことは不埒なことである。今後は改めなさい。

⑧一、会所番と称して下役を会所に引き留めておくことは、今後改め、止めること。尤も町用があれば、その時に呼び寄せて用事を申し付けなさい。今後（町代の）私用で使うことは決してしてはならない。

（貼紙）「一、会所番の下役は、毎日会所へ詰めるように。右（会所番の下役）を町用以外で、町代の私用に使ってはいけない。」

⑨一、会所の座敷を普段は閉めておいても構わない。

⑩一、新たに町内の借屋へ引っ越してきた人が、（町）年寄方へ初めて（あいさつに）行くときは、昼の間に行くことを伝えておき、夜に町代が同行して行きなさい。

⑪一、自身番所へ夜中に折々見回り、番人の者が度々見回るように申し付けなさい。

⑫一、表借屋・横町・裏借屋の、そのどの者からも月ごとの手当をもらい受ければ、扶持を受けるのと同じ事なので、裏借屋の衆であってもぞんざいにものを言っていいはずはない。今後は言葉遣いを改めなさい。

⑬一、会所の諸道具を確認し、帳面に記しなさい。

⑭一、大算用の時、会所で中飯を用意してきたが、今後は止める。

⑮一、町内で名前譲りの時、これ迄は料理を会所へ頼んでいたが、今後は（名前譲りの者が）弁当屋へ依頼しようとも、その人の勝手である。

⑯一、他町持の掛屋敷の家守を町代が勤めてきたが、これを止め、町代以外の者が家守をするようにする。

⑰一、この度会所の者の交替にあたって、隠居料として毎年親の兵助に対して金一両を与える。

但し、（その隠居料は）中元・歳末の二回に分けて渡す。尤も（その隠居料は）兵助が年来滞り無く（町代の役を）勤めてきた功績により、先例はないけれども、この度格別に取り計らうものである。

右の通り、町中として定める。以上

【語句】

高下駄…歯の高い下駄。／**手伝**…大坂で土木・建築の仕事を行う者。江戸の鳶の者に相当する。／**月別**…月々に集める銭のこと。／**下役**…町代の下で雑用を行った。ここでは、下役に対して、会所の詰め番をさせることを問題としている。／**扶持方申し請け候同事**…扶持方（給分）を受け取ることは、主人に抱えられることを意味する。ここではその給分を分担する借屋人たちも抱え主に相当するという意味。／**中飯**…昼食。

【解説】

「永年録　（朱書）弐」は寛政元（一七八九）年四月に作成された、北浜一丁目の町の文書である。内容は三つに大きく分かれている。一つ目の「出銀定目録」は、町が出銀する事項とその額を書きあげたものである。次に、町の家持たち（町中）による町の事務に関する取り決めと月行司の職務に関する取り決めである（町内申合、月行司心得）。これらは、家持町人間の「申合」という形式で取り決められている。最後の、ここで取り上げた「町代江申渡之覚」は、町の事務を担当する町代に対して、その職務遂行にあたっての注意事項などを取り決めたもので、最後に家持・家守の連印がある。家持同士の対等な関係の中での取り決めは「申合」と表現しているのに対し、町に雇用されている（町抱えの）町代に対しては、「申渡」と表現し、上下関係を示していることに着目しておきたい（塚田孝「都市法」、吉田伸之編『シリーズ伝統都市2』東京大学出版会、二〇一〇年、のち同著『都市社会史の視点と構想—法・社会・文化—』清文堂出版、二〇一五年所収）。

「町代江申渡之覚」は一七ヶ条からなり、末尾に家持一二名、家守二一名、本両替仲間持屋敷名代一名の計三四名の連印がある。船場の最北に位置する北浜一丁目は、居付家持は三分の一ほどであり、不在家持（他町持など）が大坂の他の町と比べてきわめて多いのが特徴である。こうした町内構造がこの申渡しの内容に反映しているかもしれないが、ここでは触れない。

なぜこの時期、町代に対する申渡しがなされたのであろうか。また、他の町ではどうだったのであろうか。それを考える手掛かりとして、この「申渡」の前年、天明八（一七八八）年六月二二日に町奉行所から惣年寄に伝えられた指示（『大阪市史』第三巻・達九三一「三郷町々丁代共勤方心得違之儀、幷丁代ニ家守為致間敷、且又町内諸入用之事」）を見てみよう。これは、惣年寄たちに、以下の指示を各町へ伝えるように、もし問題が解決しなければ惣年寄たちの責任を問うことになるという内容である。実質的には各町への達書であるが（実際に各町で留められている）、まずその指示を要約しておく。

町代は町人たちが給銀を与えて召し抱え、全て町人たちが指図し町用を申しつける者である。しかし、最近では町代たちが、その立場を忘れ、不相応な着物を着たり暮らし方をしている。さらに、町人たちを大事に思わず、町人たちへ負担が多くかかることも構わず、身勝手にいろいろ名目をつけて、勘定を仕組んでいる者もいる。一方、町人の中にも、町代の召抱え方を勘違いしているのか、年寄や月行司がやるべき事も町代に任せ、掛屋敷の家守を町代に勤めさせる者もいる。それ故、町奉行所などにも、町代が町の惣代・月行司として出頭し、町人同様にふるまっている。これは旧慣に慣れてしまい、そのままに放置しているのだろうが、はなはだ問題である。

今後は、まず各町で、町代を家守にしているのを止め、町人と町代がはっきり別の立場であるように仕来りを改め、町代たちが身分の心得違いをしないよう、各町内で年寄・町人たちが厳格に取決めを行い、召し使うようにしなさい。

それに加え、惣会所への出銀のほかに、町内の入用銀が、近年多くかかっている町もあると聞いている。出銀が多くなっては町人皆が難義し、それは末々の身軽の者にまで影響を与えることである。時節柄のことでもあるので、なるべく倹約し、入用の減らし方を相談するように。

おおよそ、このような内容である。時期的に考えて、この達書の内容を受けて、北浜一丁目では、このような「町代江申渡之覚」が作成され、町中から町代に対して申し渡されたものと言えよう。では、「申渡」の内容を順に見ていこう。

最初の三ヶ条では、町代の町人に対する礼儀や立場の確認をしているが、これは、達書で最初に、近ごろ町代が自分の立場を忘れている、という状況が問題視されていたことを受けた三ヶ条であろう。一条目では、町人衆に対しては勿論、代判人や家守に対して無礼がないように、また借屋人に対しても同様に心得て、言葉遣いを改めるようにと言われており、町代の礼儀が乱れていた状況が窺える。借屋については、一二条目でも言及されており、町代への手当を負担してもらっているのだからと、表借屋・横町・裏借屋の者への言葉遣いを改めるようにと申し付けられている。特に裏借屋の者に対して「下さげ」にしてはいけないとあるのが注目される。

二条目では、町人衆に対して毎月一日に礼を勤めること、雨天の際も高下駄を控えるようにと規定している。三条目は、今後は町人が町代を呼びに来たら、すぐに出向き用事を承るようにというものである。これらも、町代の町人に対する礼儀に関わり、町人と町代の立場をはっきり区別する意味をもつ。

さらに達書で、町代が「身勝手にいろいろと名目をつけて勘定を仕組んでいる」としているような状況に対応するための箇条もある。

四条目では、会所に必要な物、普請の材木・釘は今後月行司の二人が取りそろえ、町代はそれを受け取ることになった。また五条目・六条目によって、大工・手伝を雇う際は、月行司に毎日何人来たかを報告・記録し、出火の際の馳せ付け人足も何人来たかを月行司へ報告することとなった。七条目では、借屋から月ごとに集める手当について、規定の額を守り、一人住みから二人分取ってはいけないと戒められている。ここからも町代の不正経理が起こりがちなことが窺える。関連して八条目では、町代が会所番と称して、下役を会所に詰めさせ、その下役を私的に使役することが禁止されている。

なお、九条目で、会所の座敷を閉めておいても構わないとしているが、それの意味するところは不詳である。

続く箇条では、借屋人が引っ越してきた際の町年寄に対する挨拶への同行、自身番所への見回りと番人に対する巡回の申付け、会所の諸道具の確認と帳面への記入、などが規定されている。八条目に見られた下役と「番人」は同じものなのか、気になるところである。いずれにしろ、町代がこれらの存在と町をつなぐ役割を担っていることがわかる。また、この町には「自身番所」があったこともわかる。

一四条目・一五条目は、達書で町奉行所が求める「経費の削減」に対応する箇条である。年に一度、会所に集まり大算用を行うにあたり、これまでは昼飯を用意していたが、今後は止めることとなった。また町内の名前譲りの際、これまでは料理を会所に頼んでいたということだが、おそらく町代が懇意の料理屋を手配していたのであろう。しかし、今後は名前譲りの者が弁当屋に依頼しても構わない、と変更されたが、これも町人の負担を減らす意図かと考えられる。

一六条目も、町奉行所が町代を家守とすることを問題視していたことを踏まえたものであり、今後は町代に掛屋敷の家守を勤めさせることを止める、と取り決めている。

最後の一七条目では、引退する町代へ格別に隠居料を渡すことが記されている。

このように、「町代江申渡之覚」は、前述の達書に沿った内容となっていることは明白である。基本的には、町代の勤め方に関する規定であり、町代の専横を排する内容である。一方で、最後の一七条目では、先役の町代に対して隠居料を支払うことになっていることが注目される。ここには、町と町代の間に一定の信頼に基づく関係が形成されることもあったことが窺える。町奉行所が問題視するように、町代の専横が目に余るような状況もあったであろうが、一方、町の実務は町代なしでは遂行しえなくなっている実情も、垣間見えるのではないだろうか。

なお、道修町三丁目の町代について、呉偉華「近世都市大坂の町代について―道修町三丁目を対象として―」（九〇頁前掲同著『近世大坂の御用宿と都市社会』所収）が詳細に解明しているので、参照いただきたい。

A

〔史料⑫〕

借家請状（伏見屋善兵衛文書　大阪公立大学杉本図書館蔵）

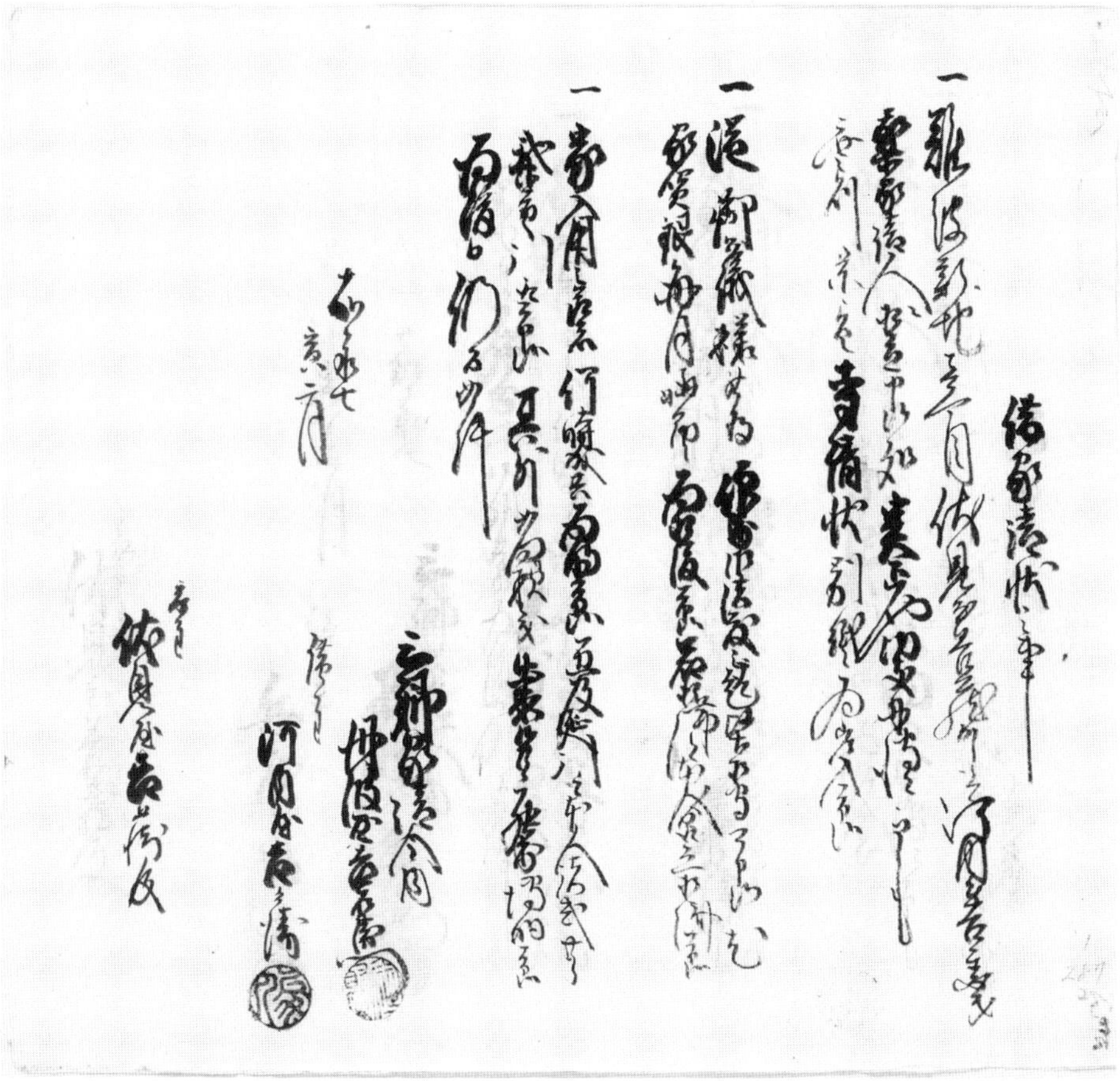

A

【釈文】

借家請状之事

一、難波新地壱丁目伏見屋善蔵かしや河内屋吉兵衛義、我等家請人ニ相立申候処実正也、切支丹転ニ而も無之、則宗旨寺請状、別紙ニ為差入可申候、

一、従　御公儀様被為　仰出御法度之趣、堅相守可申候、尤家賃銀毎月晦日内ニ為相渡可申候、若相滞候ハヽ、本人ゟ取立相済可申候、

一、家入用之節は、何時成共為明可申候、万一及延引候ハヽ、本人・諸式共、我等方へ引取可申候、其外如何様之義出来候共罷出、埒明可申候、為後日仍而如件、

嘉永七

寅二月

三郷家請人之内

丹波屋吉右衛門㊞

借り主

河内屋吉兵衛　㊞

家主

伏見屋善蔵殿

【読み下し】

借家《かしや》請状《うけじょう》の事

一、難波新地壱丁目伏見屋善蔵かしや河内屋吉兵衛義、我等家請人《いえうけにん》に相立ち申し候処実正《じつしょう》なり、切支丹《キリシタン》転《ころ》びにてもこれ無く、則ち宗旨寺請状、別紙に差し入れさせ申すべく候、

一、御公儀様より仰せ出させらる御法度の趣、堅く相守り申すべく候、尤も家賃銀毎月晦日内に相渡させ申すべく候、もし相滞り候はば、本人より取り立て相済まし申すべく候、

一、家入用の節は、何時成るとも明けさせ申すべく候、万一延引に及び候はば、本人・諸式《しょしき》共、我等方へ引き取り申すべく候、その外如何様《いかよう》の義出来《しゅつたい》候とも罷《まか》り出、埒明《らちあ》け申すべく候、後日の為よって件《くだん》のごとし、

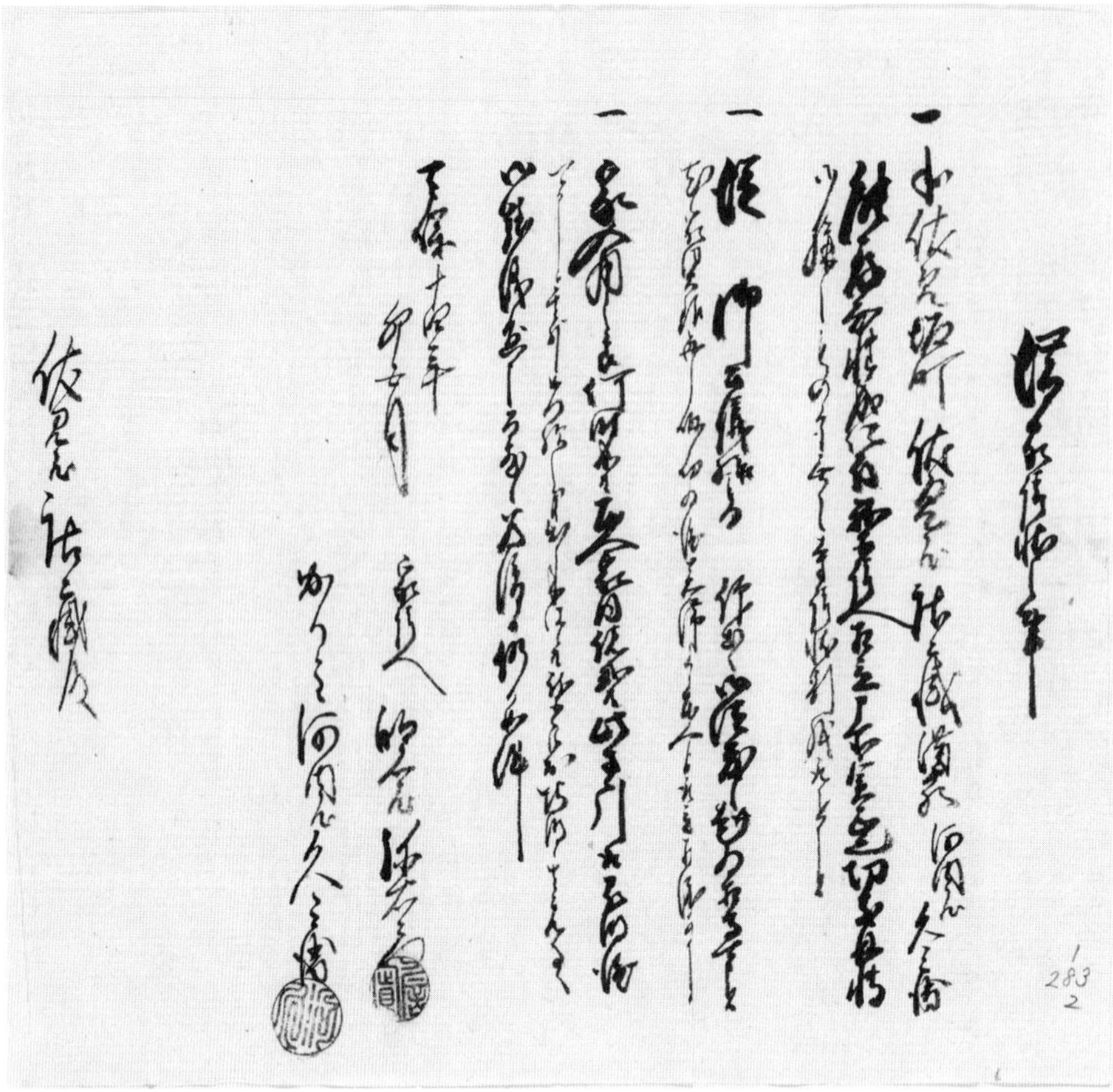

B

【釈文】

借家請状之事

一、本伏見坂町伏見屋庄蔵借家河内屋久兵衛、能存知、慥成仁ニ付、我等請人相立申所実正也、切支丹転御構之もの二而も無之、寺請状別紙ニ取進申候、

一、従　御公儀様被為　仰出候御法度之趣、為相守可申候、尤、家賃銀毎月晦日切為渡、若滞候ハヽ、本人ゟ取立相渡可申候、

一、家入用之節、何時成共、本人・家内諸式共、此方へ引取、家明渡可申候、其外如何様之義出来仕候共、我等罷出、埒明、其元方へ御難儀懸申間敷候、為後日仍而如件、

天保十四年
卯五月

家請人　明石屋弥右衛門㊞
かり主　河内屋久兵衛　㊞

伏見屋庄蔵殿

【読み下し】

借家請状の事

一、本（元）伏見坂町伏見屋庄蔵借家河内屋久兵衛、能《よ》く存知《ぞんじ》、慥《たし》かなる仁《じん》に付き、我等請人に相立ち申す所実正なり、切支丹転び御構いのものにてもこれ無く、寺請状別紙に取り進め申し候、

一、御公儀様より仰せ出させられ候御法度の趣、相守らせ申すべく候、尤も家賃銀毎月晦日切り渡させ、もし滞り候はば本人より取り立て相渡し申すべく候、

一、家入用の節、何時成るとも、本人・家内諸式共、この方へ引き取り、家明け渡し申すべく候、その外如何様の義出来 仕《つかまつ》り候とも、我等罷り出、埒明け、そこ元方《もと》へ御難儀懸け申すまじく候、後日の為よって件のごとし、

【現代語訳】

A　借家請状の事

一、難波新地一丁目の伏見屋善蔵借家に居住する河内屋吉兵衛について、私が家請人となることは間違いありません。（吉兵衛は）切支丹の転びではないので、宗旨寺請状を別紙として差し入れさせます。

一、御公儀様から命じられた御法度の趣を、必ず守らせます。尤も家賃銀は毎月晦日までに渡すようにさせます。もし（家賃が）滞ったならば、（私が）本人より取り立てて返済します。

一、家が必要なときはいつでも明け渡させます。もし明け渡しが遅れたならば、本人と家財道具を私方に引き取ります。その他、どのようなことが起こっても、私が対処して解決します。後日のため（証文は）以上の通りです。

嘉永七年寅二月　三郷家請人の内　丹波屋吉右衛門㊞

借主　河内屋吉兵衛㊞

家主　伏見屋善蔵殿

（Bは省略）

【語句説明】

借家請状…借屋を借りる際の契約状。但し、借りる人本人ではなく、その人の身元を保証する請人が、家主に宛てて出す形式である。／**難波新地壱丁目**…道頓堀の南側に明和元（一七六四）年に開発された新地のうちの一つの「町」。元伏見坂町の南側に位置する。／**家請人**…生業として家請を行う者。親類・知人などが家請する場合は家請人とは言わない。／**実正也**…売買・借銀・借屋・雇用など様々な契約の証文で、契約事項が間違いないことを確認するときの定型表現。／**切支丹転**…転びキリシタンのこと。／**則**…それで、そこで。／**宗旨寺請状**…旦那寺がその者が檀家であることを保証した証文。／**御公儀様**…幕府。／**御法度**…法令。／**滞**…滞納すること。／**済**…清算すること。／**諸式**…諸品物。ここでは家財道具一式。／**埒明**…問題を解決すること。／**丹波屋吉右衛門**…家請人の形成する株仲間の一員。明石屋弥右衛門も同じ。

【解説】

ある町内で借屋を貸す際（借屋人からすれば借りる際）には、それぞれの町内の規定にしたがった手続きが必要であったが、先の道修町三丁目の「町内申合書」では、借屋を貸し付ける時、それまで居住していた町を確認し、商売等を書き記し、年寄・五人組に相談し、さらに町中一統の了承を得た上で、家請の一札（借屋契約状）を取り、貸し付けること、とあった。また、御池通五丁目では、「町内格式申合帳」の第八条に「借屋人の転宅の際には引っ越し先を確認し、転入の際は事前に宗旨手形を町会所に提出せよ」とある（九〇頁前掲『大坂の町式目』所収）。いずれも、事前に借屋人となる人物の身元の確認をすることを規定し、家請状や宗旨手形（寺請状）をきちんと取ることを規定している。

ここで上げた二通の史料は、ともに元伏見坂町伏見屋善兵衛方に残された「借家請状之事」である（元伏見坂町と伏見屋善兵衛家については、四五〜七頁の【コラム】を参照）。宛先の伏見屋善蔵・庄蔵はそれぞれその時期の伏見屋善兵衛家の当主の名前である。二通目のものは、伏見屋が居町である元伏見坂町の町内に所持している家屋敷（町内持）にある借屋を、一通目のものは、難波新地一丁目に所持している家屋敷（他町持）にある借屋を貸す際の借屋請状である。

借屋人の身元を保証する家請状は、①親類・知人などの本人をよく知る者が出す、②家請人が出す、という二つの種類があった。ここで差出人となっている家請人の丹波屋吉右衛門と明石屋弥右衛門は、二人とも判賃をとって家請することを生業とする「家請人」である。家請人が差出人となる場合の家請状は、若干の文言の違いがあっても、ほぼこの二通のような三ヶ条で定型化していた。

第一には、自分が家請人となる借屋人が転びキリシタンでなく、それを保証する寺請状を別紙で提出すること。第二には、公儀法度を遵守するとともに、家賃を滞らせないこと。もし滞納したら、自分が責任をもって取り立てること。第三には、家持（＝家主）がその借屋を必要とするときは、速やかに明け渡させ、出ていかない時は自分が引き取ること。

以上の三項目であるが、家賃銀滞納の場合、あくまで本人から取り立てて清算するとしており、親類・知人が請人になっている請状のように本人に代わって請人が納めるという規定になっていないところが注目される。

家請人たちは、享保一七（一七三二）年に株仲間として公認された。この時、彼らは仲間として、家の明渡しを求められた借屋人で行き場のない者を収容する小屋を設置・運営することを願い出て、それが認められたのである（以下、家請人については、注記した以外はすべて西村和江「近世大坂三郷家請人仲間について」〔塚田孝・吉田伸之編『近世大坂の都市空間と社会構造』山川出版社、二〇〇一年〕による）。

これについては、享保一七年一月三〇日に次のような町触が出されている。

近年借屋人家賃銀滞、家明之儀訴多、其外不埒之品共有之候ニ付、此度大坂町中家請人之儀、別紙五十三人之者共依願申付候、仕形之儀は別紙之通ニ候間、此旨三郷町中致承知、尤家請商売之者共、右五十三人之外一切無之様ニ可申渡候、

子正月　日向守様
　　　　淡路守様　御時代

（最近借屋人が家賃を滞納して、家を明け渡すようにという訴訟が多く出され、その他にも不埒なことが見られるということで、今回大坂市中の家請人のことについて、別紙の通り五三人の者から出願があったので、それを承認した。（具体的な）仕法は別紙の通りなので、三郷の者たちもそれを十分承知しておくこと。なお、家請を商売とすることは、出願の五三人以外には一切認めないことも申し渡すこと。）

これにより、これ以前から家請商売をしていた者がいたこと、彼らが出願して仲間として認められ、以後は家請商売が認められたのは出願に名前を連ねた五三名に限られたことが確認できる。

彼らは、家持が「家入用」（家が必要）・「借屋人不埒」（借屋人に問題がある）などで「家明け」（家の明渡し）を求めたら、速やかに借屋人を立ち退かせ、町奉行所まで「家明願」が持ち込まれないようにすると述べ、また仲間として小屋を設置し、借屋から立ち退かされた難渋者を一時的に収容すると提案していた。この小屋の設置は、一面では、家明けを求められ、行き場を失った借屋人が無宿に転落することを避けるための措置であったが、もう一面では、家明けをスムーズに行うための保証であった。これは彼らの提案が、町奉行所にとって（訴訟が持ち込まれる業務煩瑣の軽減）、家持にとって（家明けをスムーズに）、借屋人にとって（難

渋者の行き場の確保）、利益になることであって、自分たちの利益のためではないという理由づけであった。これが効を奏して出願が認められたのであろう。

家請人が稼業として成立してくるのは、なぜであろうか。それに関して、五三人が出願にあたって提出した仕法に含まれる次の一条が注目される。

（別紙第三条）

一、請判形致之刻、親類有之者ハ不及申、無縁之者もしるへ之者ゟ下請合を取、是迄判形致来り候、弥向後相改、下請合を取、紛敷儀無之様ニ可仕候、私共所々ニ組合を拵置、互ニ吟味仕、諸事不筋之儀無之様ニ可仕事、

（請判を押すに際して、その借屋人に親類がいる場合はもちろん、親類縁者のいない場合も知り合いの者から下請合（の証文）を取って、これまでも押印してきました。今後はさらにきちんとチェックして、下請合の判を取り、紛らわしいことがないようにします。私たち（家請人）の中で地域ごとに組合を作り、相互に吟味し合い、不正のことがないようにします。）

この箇条では、下請合を取って家請状を作成すること、内部に組を作って内部統制をはかることをあげている。ここでは特に前者の下請合に注目したい。このような下請合を取ることは、これまでにも行ってきたことであった。ということは、西村論文の発表以前に想定されていたような、〝家請商売の者に請判を頼むのは、請状を出してくれるような親類縁者や知人のいない人が必要としたからである〟という理解ではまったく説明がつかない。下請合の判を押してくれる親類・知人はいるのである。

だとすると、なぜ家請が商売として成立してくるのだろうか。ここで想起されるのが、奉公人の口入を行う奉公人肝煎（江戸では人宿）である。彼らは奉公人を口入するとともに奉公人請状（奉公契約状）の差出人になる存在である。実は、彼らが請人として請状を作成する際には、奉公人の親類・知人の下請をとるのである。口入業者と奉公人、その親類・知人の関係と、家請人と借屋人、その親類・知人の関係はほぼ同一である。口入業者が、本当の意味で奉公人の身元を保証できないのと同じく、家請人が借屋人の身元を本当の意味で保証することはできない。

この両者の相似形を考えると、奉公人が人宿から奉公先を紹介されたのと同じく、借屋人は家請人から借屋の紹介を受けていたのではないだろうか。すなわち、家請人は借屋仲介業の側面を持っていたのでないだろうか。ここに、家請商売が稼業として成立する根拠があったのではないかと思われる。*

＊ここでの家請人の借屋紹介業の側面については、塚田孝「近世後期大坂における都市下層民衆の生活世界」（井上徹・塚田孝編『東アジア近世都市における社会的結合—諸身分・諸階層の存在形態—』清文堂出版、二〇〇五年）を参照。

では、この家請人の株仲間化の事態は何を意味するのであろうか。個々の家請人が、稼業として家請を行うというレベルでは何ら変わりはなかった。事実、この前後で家請人請状にはまったく変化がないのである。変わったのは仲間のあり方である。すなわち、稼業の独占、小屋の設置と維持、「家明け」におけるある種の公的立場の確保である。

これにより、その後この五三人の者たちは、特定の家持から家を借り

る時には、必ずある特定の家請人に頼まなくてはいけないという関係（「家請判先《はんさき》」）を形成していった。道修町三丁目（船場中心部）における寛政元（一七八九）年八月の時点での調査では、借屋人八八人のうち、家請人請六三人、親類請一八人、不明七人であった。ここで注目されるのは、同一の家屋敷に居住する借屋人はすべて一人の家請人が請判をしていることである。すなわち、それぞれの家屋敷単位で特定の家請人が家請を独占している様子が見て取れる。また、表店に居住し薬種中買株や脇店《わきだな》薬種株を持つような明らかに親類請が可能な安定した者でさえ家請人が請判している。これも、家請人の家屋敷ごとの家請独占と表裏の関係にある。

次に、家請小屋入りの状況を見ておこう。島之内に所在する菊屋町に残された宗旨人別帳から一二九件の「小屋入り」の事例が拾えるが、その際、借屋人の居住する家屋敷毎にどの家請人が関わっていたかを見ると、特定の家屋敷単位に同じ家請人が繰り返し家請をしていることが明らかである。また、その家屋敷の家持の変化と合わせてみると、家持が変わっても同じ家請人が継続している場合が多く確認できる。一方、家請人が変わっているケースを見ても、それは家持の変化と連動していない。家請人の家屋敷単位での家請の独占（「家請判先」）は、個別の家持との契約としてではなく、家屋敷の所持権に付属した一種の株のような形で定着していたと見ることができよう（もちろん、最終的な部分では家持の意志が働くが）。

なお、家請人の居住する地域は、船場の中心部を除き、その周辺に展開するという特徴的な分布を示している。彼らが請判する地域は道修町三丁目のような船場の中心部から菊屋町など周辺域まで含む三郷全域にわたっていたのである。

家請人仲間は特殊ではあるが、一種の株仲間である。近世大坂には多種多様な株仲間が存在していたが、家請人仲間は、大坂という都市全体の中に「町」や株仲間のような諸集団が複雑にからみあっている状況を示す典型的な事例と言えよう。

Ⅲ　仲間

Ⅱでは、近世都市の基礎単位である「町」の史料を読んできた。次に、もう一つの近世都市の基本的な社会的結合である「仲間」に関する史料を読んでいこう。

「町」が地縁的な結合とすれば、「仲間」は生業や宗教など様々な契機による結合と言える。「仲間」としてすぐ思い浮かぶのが、商人や職人の「株仲間」である。明治元（一八六八）年の「大坂商工組合数」（今井修平「近世都市における株仲間と町共同体」『歴史学研究』五六〇、一九八六年）には、金融・商業・運送・製造業に分けて二二〇もの組合が書き挙げられている。これは、近世の株仲間のあり方をおおよそ反映していると考えられ、多様で多数の株仲間が近世都市大坂に存在していたことがわかる。

「株仲間」は、「株」の所有者によって構成された組合のことである。「株」とは基本的には数が限定された営業権（数の限定の無い株もある）のことで、株仲間の構成員（株主）によってその職種の営業が独占され、仲間外の商人や職人は排除されたのである。しかし、実際の経済活動では、（業種にもよるが）仲間外の者による営業があとを絶たなかった。幕府の公認を得た株仲間は、冥加銀などを幕府に上納した。それにより仲間外の商人や職人があれば、彼らを株仲間側から町奉行所に訴えて、その営業を差し止めることができるという「特権」を得ていたのである。一方で、幕府は株仲間を通して、商人や職人（業種）を統制した。

株仲間は、近世前半から同じ職種の中で形成されてきたが、職種にもよるが盛んに幕府が公認を始めたのは、一八世紀後半の田沼期である。しかし、天保改革により天保一二〜三（一八四一〜二）年にかけて、独占による物価高騰などの理由で株仲間は解散させられるが、嘉永四（一八五一）年には再興された。この株仲間解散期には、もともと仲間外だった商人・職人たちが合法的に活発に活動し、再興後も彼らを無視して仲間を形成することは困難になっていた。

株仲間では、町と同じように営業や組織に関わる仲間内法（仲間掟）が作られた。また、業種によって組織は異なるが、「年行司」や「月行司」などの役職があって、仲間内の世話や統制にあたった。「株」は売買の対象ともなった。株が分割されたり、逆に買得者がなく「休株」になる場合もあった。また、株の所有者が、実際の営業（経営）者でない場合もあった。株だけ所有して、実際の営業者から貸し賃を取ることを目的に株を所有する者もあった（所有と経営の分離）。

商人や職人の株仲間以外にも、近世大坂の都市社会にはさまざまな仲間が存在した。多様な宗教者や芸能者、あるいはかわた身分や非人身分の者も仲間集団を形成していた。社会的分業の進展や社会的条件の変化にともなって、新たな集団の生成も常に見られた（周縁的社会集団）。

本書では、薬種中買仲間〔史料⑬〕、質屋仲間〔史料⑭〕、天満青物市場仲買仲間〔史料⑮〕、社家仲間〔史料⑯〕、垣外仲間〔史料⑰〕の五つを取り上げる。これらは、それぞれに特徴的な仲間であり、近世大坂の多様な側面を表現している。

薬種中買仲間、質屋仲間、天満青物市場仲買仲間は商人の株仲間である。薬種中買仲間は、道修町の少彦名神社に仲間の文書がまとまって残されており、研究が進んでいる株仲間である。質屋仲間は、盗品調査などの必要から、近世初期から幕府によって株仲間を形成させられたものであった。天満青物市場仲買仲間は、同じ天満青物市場問屋仲間や仲間外商人との関係が興味深い。社家仲間は、宗教者の仲間であるが、これまであまり取り上げられてこなかったものである。史料が大坂ではなく、大阪府和泉市の農家に残されていたことも興味深い。垣外仲間は、非人集団の仲間である。

なお、これら五つの仲間に加えて、大阪相撲の番付史料を紹介する。これは、全文翻刻（釈文）、読み下し、現代語訳という方式になじまないので【コラム】という形で収録した。

それぞれの仲間は、その結合の強弱や組織のあり方、幕府との関係、他の仲間や仲間外の者たちとの関係など、さまざまな側面で多様である。これらの仲間の史料を読むことで、仲間としての共通性とともに、その多様性を知ることができると言えよう。

（1）薬種中買

〔史料⑬〕
株仲間人数帳（道修町資料保存会蔵）

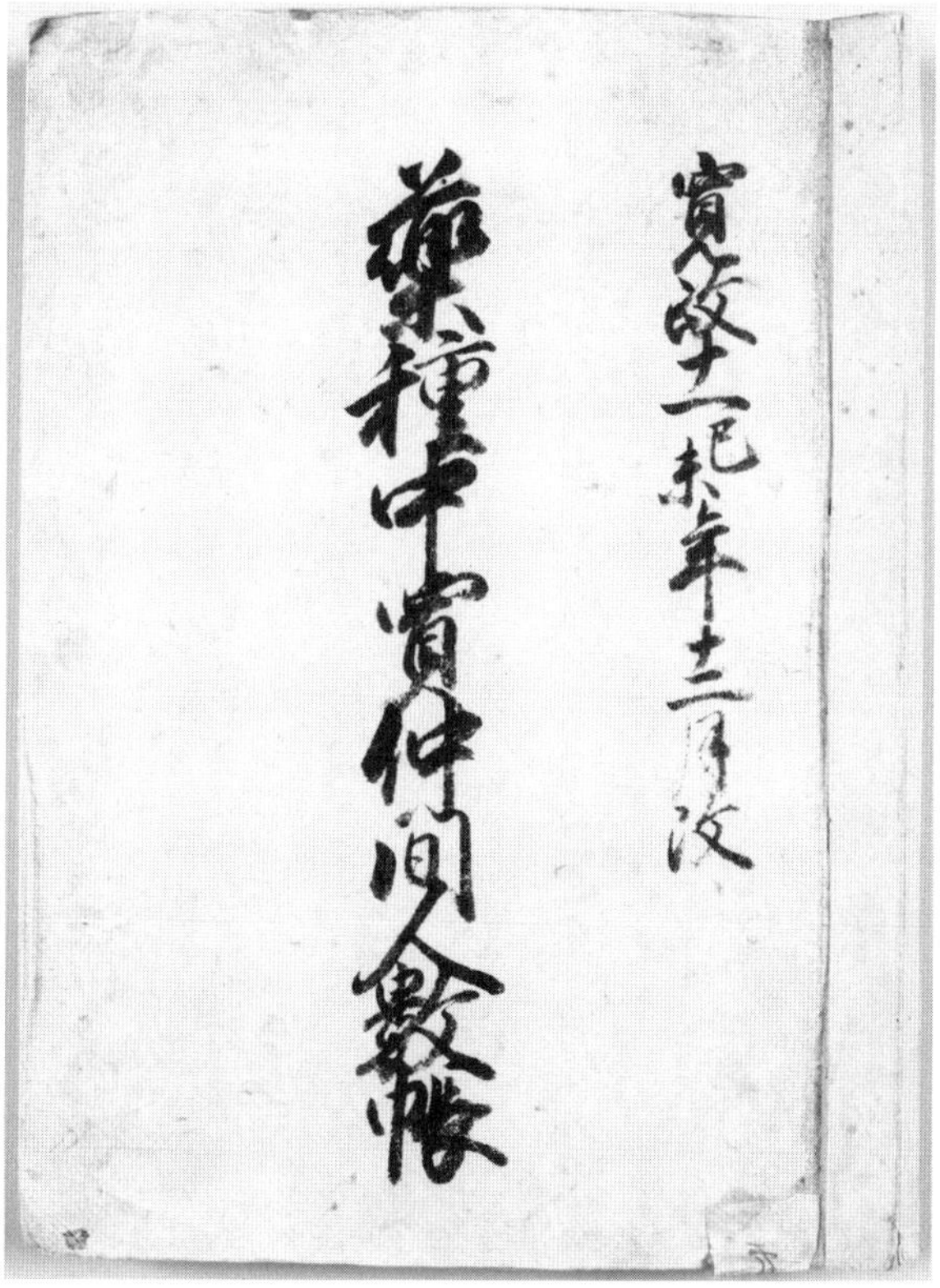

寛政十一己未年十二月改
薬種中買仲間人数帳

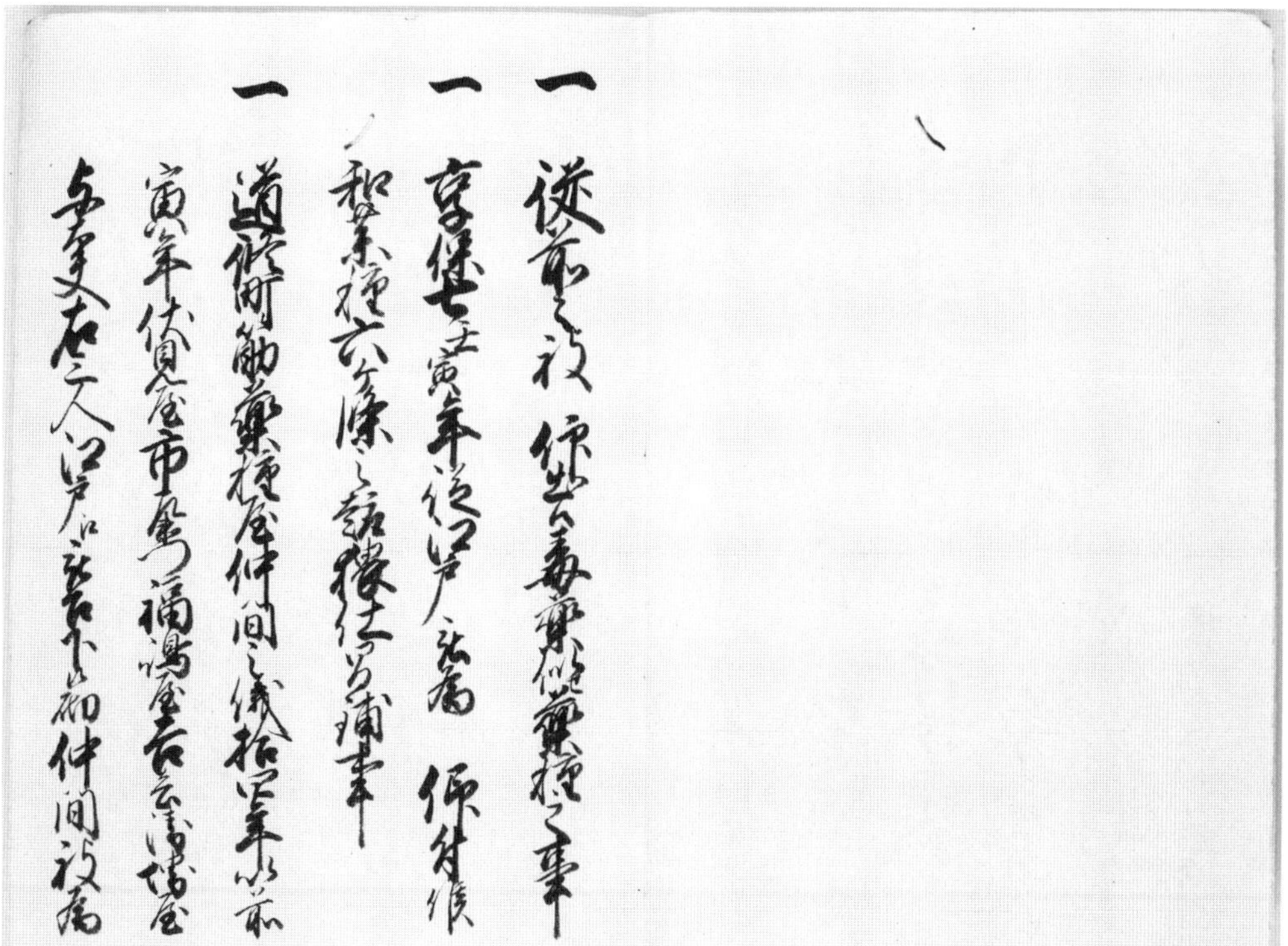

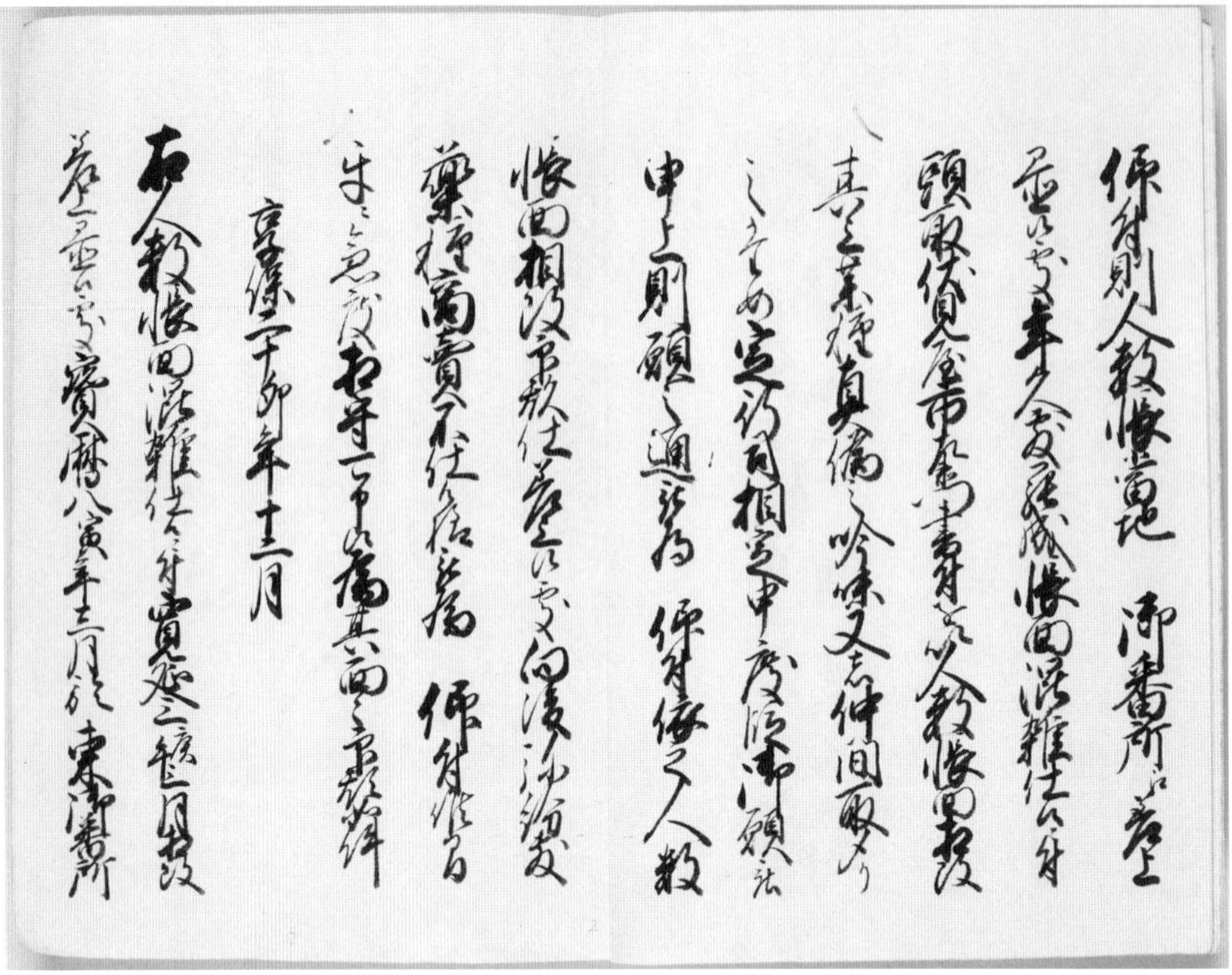
併則人数帳當地　御番所江差上
置候得共年々人数及増減帳面混雑仕候ニ付
頭取共見合帝紙ニ書付を以人数帳面相改
其上薬種真偽吟味之為仲間取締り
こしらへ定所相定申度段御願
申上則願之通被為　仰付候之人数
帳面相改申度段差上候ニ付向後ニ仲間
薬種商売仕候様被為　仰付候
ハ其ニ急度相守可申候其段申上候
享保二十卯年十二月
右人数帳面混雑仕候ニ付此度相改
差上置候宝暦八寅年十二月於　東御番所

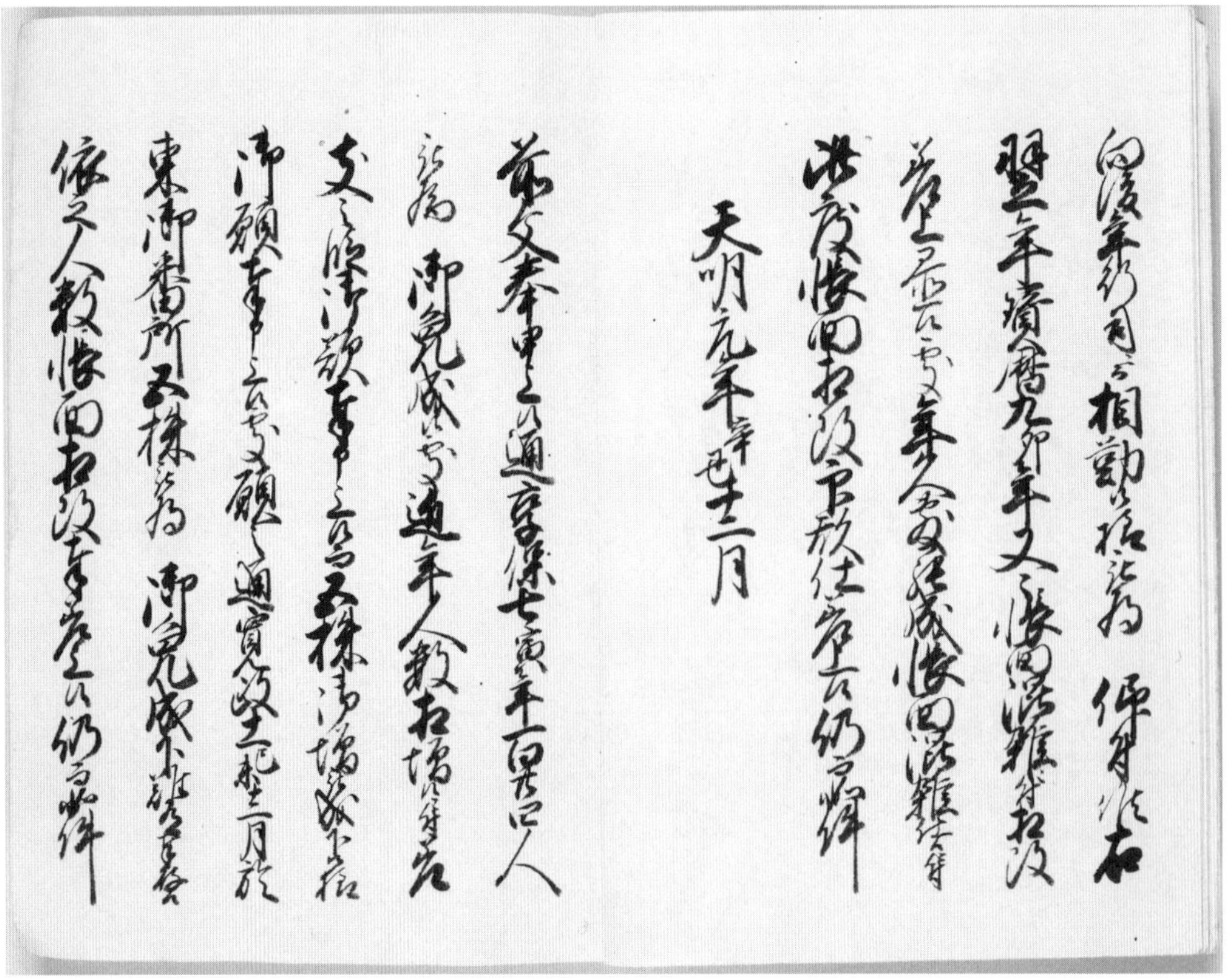
向後年行司ニ相勤候様被為　仰付候右
翌ニ年宝暦九卯年又々帳面混雑仕候ニ付相改
差上置候得共年々人数及増減帳面混雑仕候ニ付
此度帳面相改差上仕度奉願上候以上
天明元年辛丑十二月
前文奉申上候通享保七寅年百九拾九人
被為　御免被為　遊候年人数相極候
且又候得共株式之通相極候
御願申上候又願之通被為　仰付十一年十二月於
東御番所株式被為　御免被為成
依之人数帳面相改差上候以上

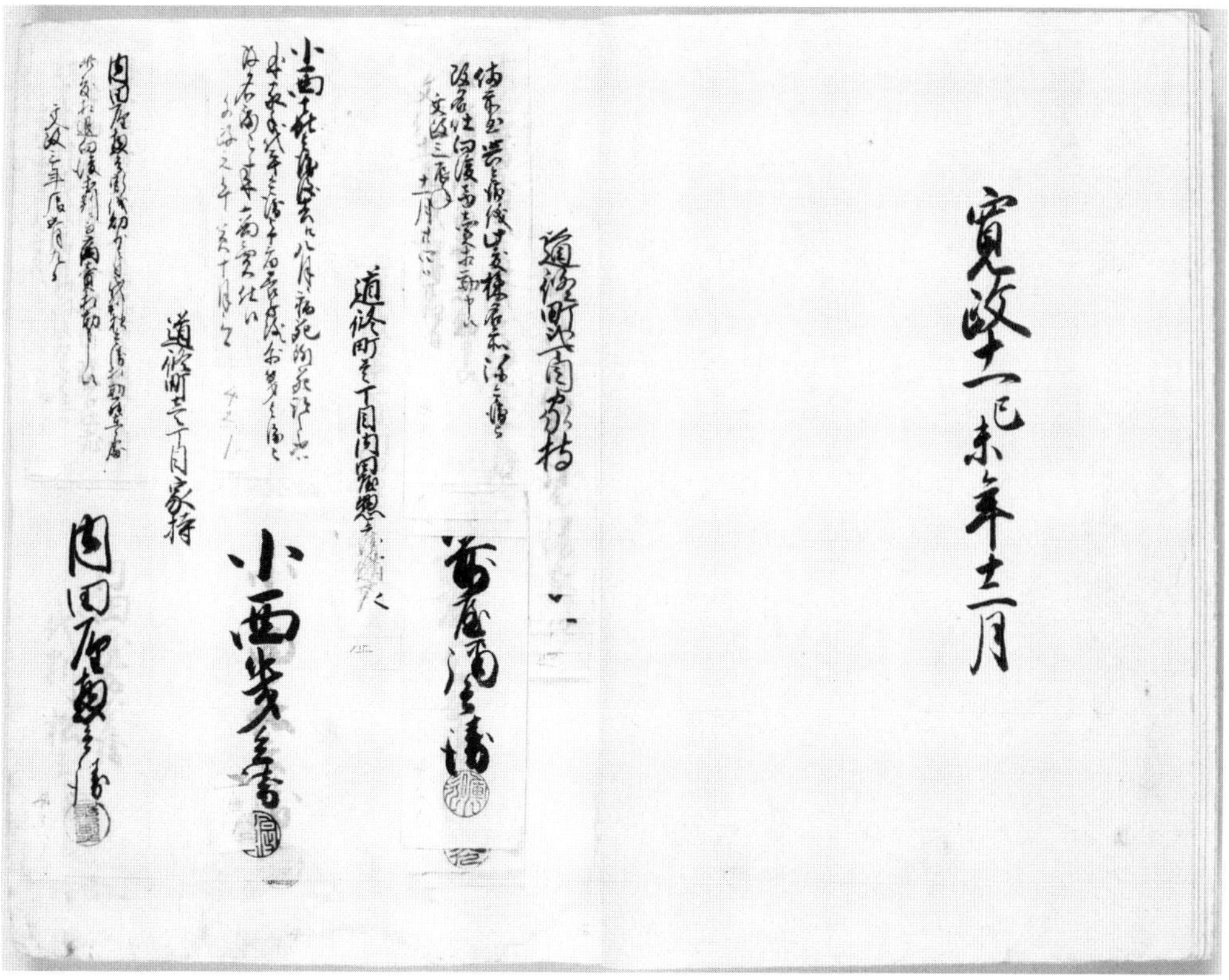

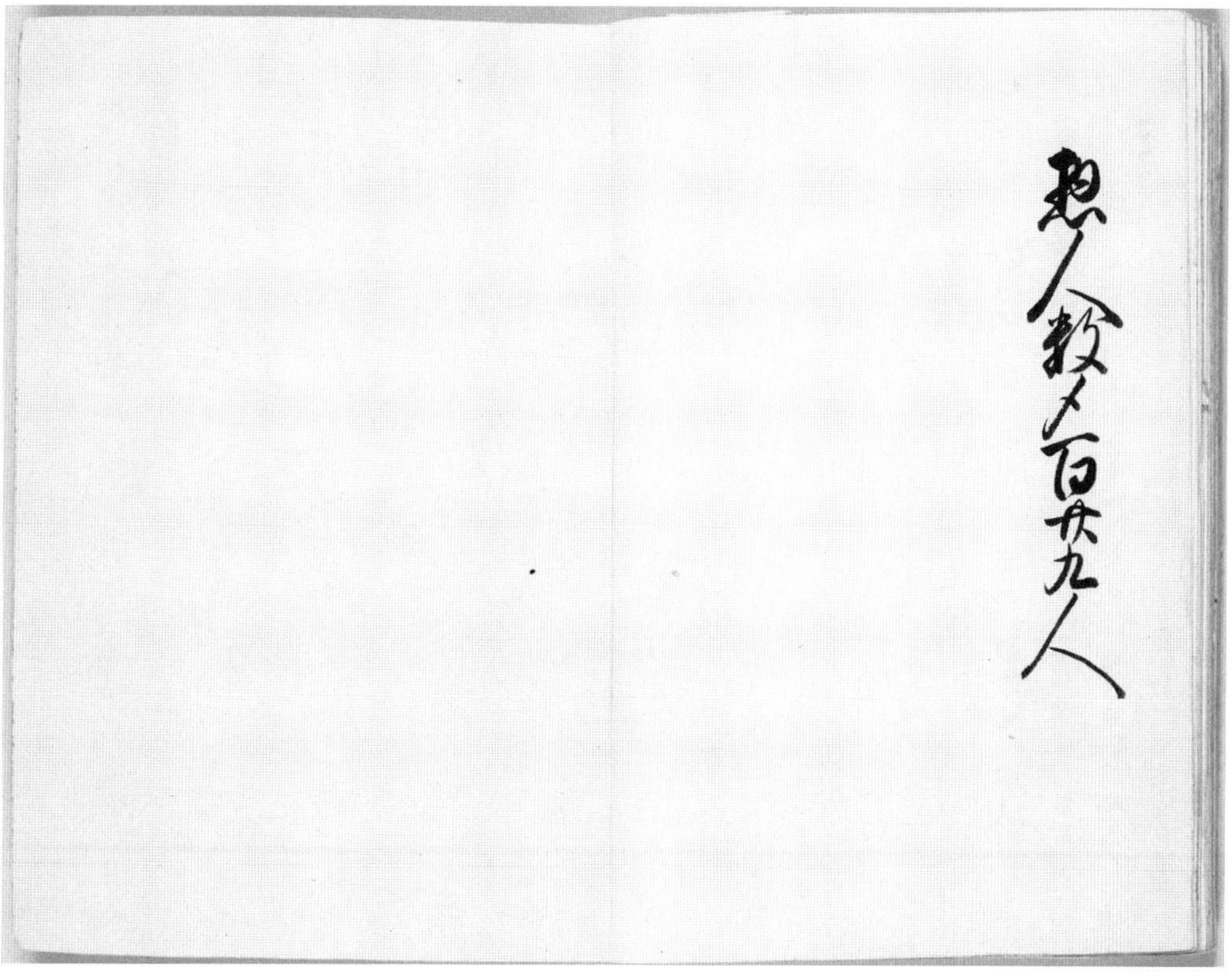

【釈文】

寛政十一己未年十二月改
薬種中買仲間人数帳

一、従前々被　仰出候毒薬・似せ薬種之事、
一、享保七壬寅年、従江戸被為　仰付候
和薬種六ヶ条之趣、猥仕間鋪事、
一、道修町筋薬種屋仲間之儀、拾四年以前
寅年、伏見屋市左衛門・福嶋屋吉兵衛・堺屋
与太夫、右三人江戸江被召下候砌、仲間被為
仰付、則人数帳当地　御番所江差上
置候処、年久敷罷成、帳面混雑仕候ニ付、
頭取伏見屋市左衛門、書付を以人数帳面相改、
其上薬種真偽之吟味又は仲間取〆り
之ため、定行司相定申度段御願被
申上、則願之通被為　仰付、依之人数
帳面相改、印形仕、差上候処、向後弥紛敷
薬種商売不仕候様被為　仰付候間、
互ニ急度相守可申候、為其面々印形如件、
　享保二十卯年十二月
右人数帳面混雑仕候ニ付、寛延三庚午二月相改、
差上置候処、宝暦八寅年三月於東御番所、
向後年行司ニ而相勤候様被為　仰付候、右
翌年宝暦九卯年、又々帳面混雑ニ付、相改
差上置候処、年久敷罷成、帳面混雑仕候ニ付、
此度帳面相改、印形仕差上候、仍而如件、
　天明元年辛丑十二月
前文奉申上候通、享保七寅年、百廿四人
被為　御免成候処、近年人数相増候ニ付、差
支之段御歎奉申上候而、五株御増被成下候様
御願奉申上候処、願之通寛政十一己未十二月、於
東御番所五株被為　御免成下、難有奉存候、
依之人数帳面相改奉差上候、仍而如件、
　寛政十一己未年十二月
　（一二九名の署名捺印　略）
　惣人数〆百廿九人

【読み下し】

（表紙省略）

一、前々より仰せ出され候毒薬・似《に》せ薬種《やくしゅ》の事、

一、享保七壬寅年、江戸より仰せ付けさせられ候和《わ》薬種六ヶ条の趣、猥《みだ》りに仕《つかまつ》るまじき事、

一、道修町筋薬種屋仲間の儀、拾四年以前寅年、伏見屋市左衛門・福嶋屋吉兵衛・堺屋与太夫、右三人江戸へ召し下され候砌《みぎり》、仲間仰せ付けさせられ、則ち人数帳当地御番所《ごばんしょ》へ差し上げ置き候処、年久しく罷り成り、帳面混雑仕り候に付き、頭取《とうどり》伏見屋市左衛門、書付を以て人数帳面相改め、その上薬種真偽の吟味又は仲間取締りのため、定行司《じょうぎょうじ》相

定め申したき段御願い申し上げられ、則ち願いの通り仰せ付けさせられ、これにより人数帳面相改《あいあらた》め、印形《いんぎょう》仕り、差し上げ候処、向後《きょうこう》いよいよ紛らわしき薬種商売仕らず候様仰せ付けさせられ候間、互に急度《きっと》相守り申すべく候、その為面々印形件《くだん》のごとし、

享保二十卯年十二月

右人数帳面混雑仕り候に付き、寛延三庚午三月相改め、差し上げ置き候処、宝暦八寅年三月東御番所に於いて、向後年行司にて相勤め候様仰せ付けさせられ候、右翌年宝暦九卯年、又々帳面混雑に付き、相改め差し上げ置き候処、年久しく罷《まか》り成り、帳面混雑仕り候に付き、この度帳面相改め、印形仕り差し上げ候、よって件のごとし、

天明元年辛丑十二月

前文申し上げ奉《たてまつ》り候通り、享保七寅年、百廿《にじゅう》四人御免成させられ候処、近年人数相増し候に付き、差し支えの段御歎き申し上げ奉り候て、五株御増し成し下され候様御願い申し上げ奉り候処、願いの通り寛政十一己未十二月、東御番所に於いて五株御免成し下させられ、有り難く存じ奉り候、これにより人数帳面相改め差し上げ奉り候、よって件のごとし

寛政十一己未年十二月

（一二九名の署名捺印　略）

惣人数しめて百廿九人

【現代語訳】

（表紙省略）

一、前々から命じられている、毒薬・偽薬種（の取り扱い禁止）のこと（を守ります。）

一、享保七壬寅年に、江戸から命じられた和薬種六ヶ条の内容について、おろそかにしないこと（を守ります。）

一、道修町筋薬種屋仲間は、一四年前の寅年に、伏見屋市左衛門・福嶋屋吉兵衛・堺屋与太夫の三人が、江戸へ呼ばれた時に、株仲間として申し付けられ、その時に人数帳を大坂町奉行所へ提出しておきましたが、年月が経って、帳面が（貼り紙が増えて）見づらくなったので、頭取である伏見屋市左衛門が、人数帳面を新たに作り直し、その上薬種真偽の吟味や仲間の取締りのために、定行司を定めたいと、書付をしたためて願い上げられ、則ち願いの通りに（町奉行所から）申し付けられました。そこで人数帳面を新たに作り直して、印形を押し、提出しましたところ、以後いよいよ紛らわしい薬種商売をしないようにと命じられましたので、互いにきちんと守ります。そのためこの通り、仲間全員が印形を押します。

享保二〇卯年一二月

右記の人数帳面は（貼り紙が増えて）見づらくなったので、寛延三庚午年三月に、新たに作り直し、提出しておきましたところ、宝暦八寅年三月に、東町奉行所で、以後は（定行司を廃止して）年行司で勤めるよう命じられました。その翌年の宝暦九卯年に、また帳面が見づらくなったので、新たに作り直して提出しておきましたところ、（また）年月が経って、帳面が見づらくなったので、このたび帳面を新たに作り直し、印形を押して提出いたします。以上の通りです。

天明元年辛丑一二月

前文に申し上げました通り、享保七寅年に、一二四人が（株仲間として）認められましたが、近年は人数が増えて、差し支えていると歎願いたしまして、五株増やしてくださるようお願い申し上げましたとこ

ろ、願いの通り寛政一一己未年一二月に、東町奉行所で五株を（新たに）認めてくださって、ありがたく存じます。これにより人数帳面を新たに作り直して提出いたします。以上の通りです。

寛政一一己未年一二月

（一二九名の署名捺印　略）

総人数一二九人

【語句】

改…よく調べること。またここでは、その上で帳面を作り直すこと。／**拾四年以前寅年**…寅年（享保七年）は、現代の数え方なら享保二〇年の一三年前にあたるが、近世には、その年を一として、その前年を二年前、その前を三年前と数えていたため、一四年前となっている。／**伏見屋市左衛門・福嶋屋吉兵衛・堺屋与太夫**…薬種中買仲間が公認された時に、その代表者として頭取に任じられた者たち。なお、頭取は元文三（一七三八）年に廃止される。／**砌**…時。／**御番所**…町奉行所。／**吟味**…よく調べること。／**定行司**…薬種中買仲間の組織に置かれた役職のひとつ。／**年行司**…定行司廃止後に置かれた、薬種中買仲間の役職のひとつ。／**印形**…はんこ（を押す）。／**向後**…今後。／**急度**…きびしく。きちんと。

【解説】

この史料は、薬種中買仲間という株仲間に所属する者全員が、本文の内容に背かないことを誓い、居所と名前を記して押印したものである。株仲間とは、近世において幕府から公認された同業者集団のことである。株仲間として公認されると、それに所属していない者は、同じ生業を勝手に営むことはできなかった。薬種中買仲間は享保七（一七二二）年に公認された株仲間で、大坂の道修町一〜三丁目に集住し、薬種（薬の原料となる生薬《しょうやく》）を問屋や産地から仕入れ、品質ごとに小分けして各地に売りさばくことを生業としていた。*

＊薬種中買仲間について、詳しくは渡辺祥子『近世大坂　薬種の取引構造と社会集団』（清文堂出版、二〇〇六年）を参照。

薬種中買仲間は、このような人数帳を、町奉行所および糸割符年寄（惣年寄が務める役職のひとつ）に提出することになっていた。但し、この史料自体は提出したものではなく、同じものをもう一冊作成して、仲間会所で保管していたものである。

人数帳は、いったん町奉行所に提出すればそれきりというものではなく、その後に株の所持者が相続や売買などによって替わると、仲間の代表者が町奉行所および糸割符年寄のところで手続きをして、その人物の名前の上に貼り紙をして修正することになっていた。また、株所持者が転宅したり、代判人（株の名前人が幼少などの場合、代わりに押印する者）が替わったりする場合でも、同様に貼り紙で修正された。そのため、年月が経つと多くの修正が発生して、貼り紙が増えて帳面は見づらくなる。そこで、ある程度年数が経てば、新たに作り直して提出することになっていた。薬種中買仲間の場合も、史料中に記されているように、株仲間として公認された享保七（一七二二）年のものを最初に、享保二〇（一七三五）年・寛延三（一七五〇）年・宝暦九（一七五九）年・天明元（一七八一）年、そしてこの史料の寛政一一（一七九九）年と、何度も作られていた。作り直すまでの期間は、およそ一五〜二〇年くらいの場合が多いが、定期的なものとも限らない。例えば宝暦九年の人数帳は、仲間の代表者が「定行司」から「年行司」に変わり、仲間組織に大きな変化があったために、それほど年数が経っていなくても、新たに作り直している。

このように人数帳は、株所持者が替われば貼り紙をし、見づらくなれば作り直しているので、幕府はいつでも、株仲間の構成員が誰であるかを完全に掌握していることになる。ただし、誰が株を所持するかについては、幕府は関与していない。薬種中買仲間は、定行司などの代表者を中心に、自主的な運営を行っており、株所持者が替わることを認めるかどうかは、仲間内の話し合いで決められていたのである。

それでは、本文の内容について見ていこう。一ヶ条目は、毒薬や偽薬種を取り扱わないこと。そして二ヶ条目は、「和薬種六ヶ条」（享保七年に、さまざまな和薬種について、幕府が通用の可否を定めたもの）を守ること、との内容であり、二ヶ条とも本物の薬種だけを正しく取り扱うことを誓うものである。これは取扱いを誤れば人命にも関わることであり、薬種を扱う株仲間として公認されるためには、必ず守らねばならないことであったと言えるだろう。しかし、先述のように誰が株所持するかについては幕府は関与していない。現代の国家試験のような制度があるわけでもなく、幕府の側では本当に正しく薬種を取り扱う力量がある者かどうかを認定するのは不可能であった。結局その判断は、仲間の側に任されていることになる。そういった判断がきちんとできて、薬種を正しく扱うことのできる者だけを仲間に入れていると信用できる集団であるからこそ、株仲間として公認されることができたとも言えよう。

三ヶ条目には、まず株仲間として公認された経緯が記されている。ここに出てくる伏見屋市左衛門ら三名は、享保七年に薬種の目利《めき》きに優《すぐ》れた者として江戸に赴《おもむ》き、薬種中買仲間が株仲間として公認されるきっかけを作った人物である。その後、提出した人数帳が見づらくなったので作り直したこと、その時に定行司という役職を置くことを公認されたことが記されている。

ここまでの内容は、享保二〇年に作成した人数帳に記されていた文の引用である。そしてこの後に、天明元年に人数帳を作成した時点で書き加えられた文が引用されている。人数帳が見づらくなったので、何度か作成し直した経緯と、新たに年行司という役職が公認されたことが記されている。さらにその後に、寛政一一年にこの人数帳が作成された時に付け加えられた文がくる。公認された仲間はもともと一二四人だったが、五株増やすことが認められ、一二九人で新たに人数帳を作り直すとの内容である。

このように、過去の人数帳の内容をわざわざ引用して書いているのはなぜだろうか。そこに書かれてある内容は、自分たちが薬種を正しく扱える者として幕府から公認された集団であること、その代表者も幕府公認の存在であること、仲間の人数も決まっていることなど、自分たちの由緒に関わる内容ともいえる。それを、人数帳の提出のたびに幕府に対してくり返し確認し、自分たちの株仲間の正当性を主張してきたことが、ここにあらわれているのではないだろうか。

このように、人数帳は、株仲間の構成員の氏名を記して町奉行所に提出したものであり、幕府が株仲間を掌握するための台帳であるとも言えるが、歴史分析のための史料として、本文の内容を注意深く見た場合、単なる無機的な台帳というだけではなく、株仲間の集団としての主張やその力量が、そこににじみ出ている史料であることがわかるだろう。

（2）質屋

〔史料⑭〕

組内の廻状（「質仲間廻文書」大阪公立大学杉本図書館蔵）

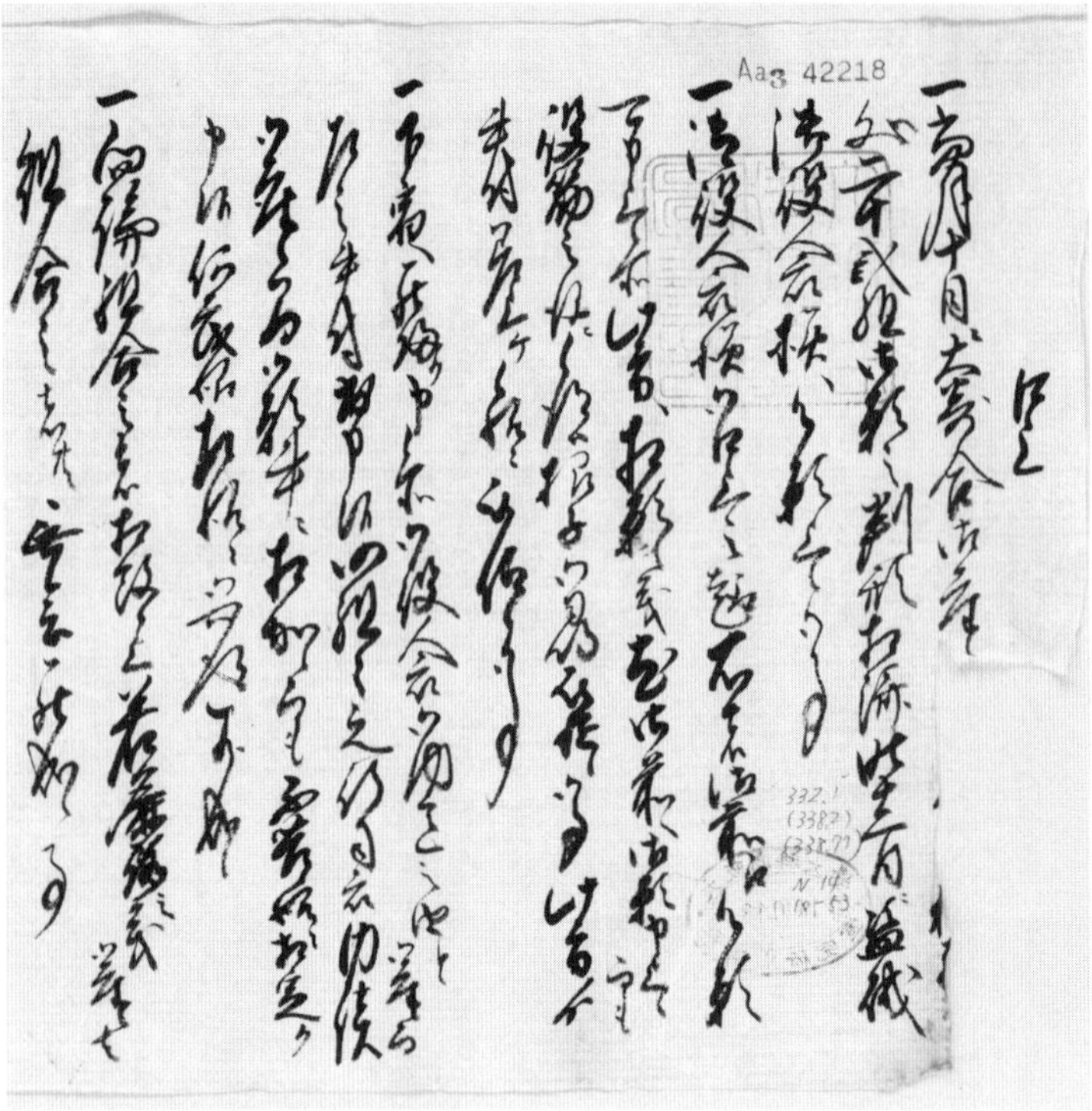

【釈文】

口上

①一、当月十日ニ大寄合御座候［切り取り］処、二十弐組御願之判形相済、昨十二日ニ盗賊御役人衆様へ御願上候御事、

②一、御役人衆様御口上之趣、右は御前江御願可申上候所、此方へ相願候義、尤御前へ御願申上候而も役筋之儀ニ候得ハ、様子御尋被遊候御事、此方ゟ書付差上ケ候様ニ被仰候御事、

③一、下宿へ罷帰り申候所、御役人衆御内意之由と御座候而、左之書付出申候、仍組々之行司衆内談御座候間、御願書ニ相加候而も不苦様ニ相定り申候、何も様左様ニ御心得可被成候、

④一、勿論組合之者相改候上、若麁略之義御座候は、組合之者共無念罷成候事、

⑥　⑤

⑤一、是迄も、御触書相廻り候已後ニ似寄候
質物持参候者有之候ヘハ、不存体ニ仕質取置、
直ニ盗賊御吟味方へ差出シ候事御座候、
夫ニ付、此度右願之通り御聞届被為下候は、
不念有之節質物御改之内も、世間ニ露顕
不仕、其儘ニ質物受引仕、御触書ニ似寄候
代物持参候ヘハ、相改候上質ニ取置、似寄ニ
差出シ故（候脱カ）、御吟味之御手掛りニ罷成可申候（と脱カ）
奉存候、尤不念仕候質屋御咎メ之趣、
世間広沙汰有之候ヘハ、其質屋ニ不限
外々質屋へも、先当分あや敷質物
持来不申候ニ付、乍恐似寄ニ差出シ候
代物無数道理ニ御座候御事、
右之通り被仰付被下候は、御慈悲
難有可奉存候、以上

⑥一、今度御願之義ニ付、御役人衆様其外之
付届ケ入用をよそ御壱人前ニ六匁余
宛掛り申候、又々大寄之諸事入用ハ、
右之外ニ掛り申候様ニ御噂御座候、
先左様ニ御心得可被成候、以上

丑十二月十三日　月行司
藤屋長兵衛

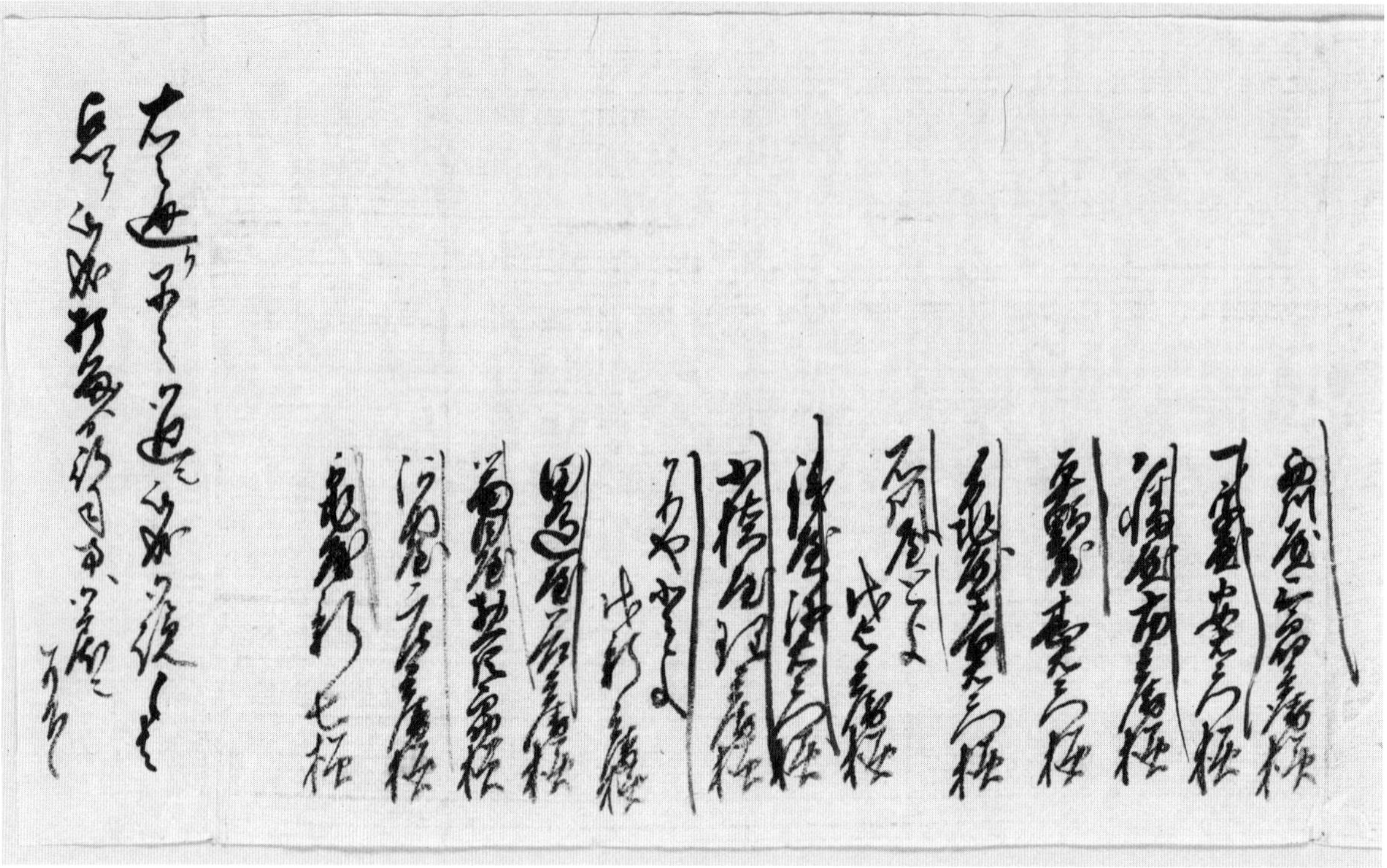

〽西川屋三郎兵衛様
〽一ノ字屋安右衛門様
〽八幡屋市兵衛様
〽平野屋甚右衛門様
〽亀屋吉右衛門様
〽石川屋とよ
　代与兵衛様
〽銭屋弥右衛門様
〽小橋屋理兵衛様
〽かめやとよ
　代新兵衛様
〽田辺屋善兵衛様
〽富田屋惣四郎様
〽河内屋庄兵衛様
〽亀屋新七様

右之通り早々御廻シ被成、御覧候は
点ヲ被成打、留ゟ行司方へ御戻シ可被下候、

【読み下し】

口上

①一、当月十日に大寄合御座候［切り取り］処、二十弐組御願い
の判形相済み、昨十二日に盗賊御役人衆様へ御願い上げ候御事、
②一、御役人衆様御口上の趣、右は御前へ御願い申し上ぐべく候所、こ

の方へ相願い候義、尤も御前《ごぜん》へ御願い申し上げ候ても役筋《やくすじ》の儀に候えば、様子御尋ね遊ばされ候御事、この方より書付差し上げ候様に仰せられ候御事、

③一、下宿《したやど》へ罷り帰り申し候所、御役人衆御内意の由と御座候て、左の書付出《い》で申し候、よって組々の行司衆内談御座候間《あいだ》、御願書に相加え候ても苦しからざる様に相定まり申し候、何《いず》れも様《さま》、左様《さよう》に御心得成さるべく候、

④一、勿論組合の者相改め候上、もし麁略《そりやく》の義御座候は、組合の者共無《ぶ》念《ねん》罷り成り候事、

⑤一、これ迄も、御触書相廻り候已後《いご》に似《に》寄《よ》り候質物持参候者これ有り候へば、存《ぞん》ぜざる体に仕り質取り置き、直《じき》に盗賊御吟味方へ差し出し候事御座候、それに付き、この度右願いの通り御聞き届け下させられ候は、不念《ぶねん》これ有る節質物御改めの内も、世間に露顕仕らず、その儘に質物受け引き仕り、御触書に似寄り候代物持参候へば相改め候上質に取り置き、似寄りに差し出し（候）故、御吟味の御手掛りに罷り成り申すべく候（と）存じ奉り候、尤も不念仕り候質屋御咎《おとが》めの趣、世間広く沙汰これ有り候へば、その質屋に限らず外々質屋へも、先ず当分あやしき質物持ち来り申さず候に付き、恐れながら似寄りに差し出し候代物《しろもの》数無き道理に御座候御事、

右の通り仰せ付けられ下され候は、御慈悲有り難く存じ奉るべく候、

以上

⑥一、今度御願いの義に付き、御役人衆様その外の付け届け入用およそ御壱人前に六匁余り宛掛り申し候、又々大寄《おおより》の諸事入用は、右の外に掛り申し候様に御噂御座候、先ず左様に御心得成さるべく候、以上

（後略）

【現代語訳】

①一、今月（一二月）一〇日に（大坂組質屋仲間の）大寄合があり、「切り取り」二二組による願書の判形が済み、昨日一一日に盗賊御役人衆様へ願い上げました。

②一、（盗賊）御役人衆様から、「この願書は御前（大坂町奉行）へ御願い申し上げるべきところを、この方（盗賊方御役人）へ願ったものである。尤も御前（町奉行）へ御願い申し上げたとしても、役目がら（盗賊方へ）様子を御尋ねになられるであろうから、この方（盗賊方）より（町奉行へ）書付を差し上げておく」と、言われました。

③一、下宿へ戻ったところ、御役人衆からの御内意だということで、左のような書付が出されました。そこで組々（二二組）の行司衆が内談を行い、御願書に（文言を）加えても構わないということで決まりました。皆様もその様に心得ておいてください。

④一、組合の者が取り調べた上で、もしいい加減なことがあれば、組合の者たち全体の責任が問われるのはもちろんです。

⑤一、これ迄も、（失物確認の）御触書が廻った後で（失物に）似ている質物を持参する者がいたならば、知らないふりをして質物に取り置き、すぐに盗賊御吟味方へ差し出しておりました。それに関して、今回、願いの通りに聞き届けて下されたならば、不念（盗品を質取）があって質物の取調べを行う場合でも、世間で知られないようにそのまま質取引を行い、（失物の）御触書に似ている物を持参する者がいれば確認した上で質に取り置き、似寄品として差し出します。そう

すれば、御吟味（盗人捜査）の御手掛かりになるだろうと思います。尤も不念（盗品を質取）の質屋への咎めが、世間に広く知れ渡ってしまっては、その質屋に限らず外の質屋へも、まず当分は怪しい質物（盗品）は持ってこなくなるので、恐れながら似寄品として差し出す物が減る道理となります。

右の通りに仰せ付けて下されば、とてもありがたく存じます。以上

⑥一、今度の御願いのことで、御役人衆様その他への付届けの入用として、およそ（仲間）一人あたり六匁ほどずつ掛りました。加えて、大寄合による様々な入用は、それ以外に掛ってくるという話です。まずそのように御心得ください。以上

（後略）

【語句】

盗賊御役人…大坂町奉行所内の盗賊方の与力。犯罪の捜査・召捕り、犯罪防止のための巡回を行うなど、警察機能を担う掛り。／**御前**…ここでは大坂町奉行のこと。大坂三郷・町続在領の支配、摂河の仕置から摂河泉播の地方関係の裁判権、西日本への金銀出入りの裁判権など広範な権限を持つ。／**下宿**…訴訟人などが町奉行所へ出頭する時に待機や身支度を行うところ。町奉行所との取り次ぎの機能も持っていた。／**行司**…大坂組は、当時二二組の組合に分かれており、組合の代表者を行司と呼んでいた。この年の五月時点で、この組の行司は亀屋新七が勤めている。／**月行司**…各組合内の者が月交代で勤める当番。各組内の仕事を担う。

【解説】

大阪公立大学杉本図書館所蔵の「質仲間廻文書」には大坂組質屋仲間内の一五番組で廻達された文書が多数記録されており、この史料は、享保一八（一七三三）年に御用の担い方について出された願書に関する廻状である。連名を見ると、当時一五番組は一四名で、一二月の月行司である藤屋長兵衛が作成し、他の者へ廻している。連名の後ろに、「早くお廻しになり、御覧になったら（名前に）点をつけ、最後の者（「留《とめ》」）から（月）行司へ戻すように」と記載されているが、名前の横には点が打たれており、月行司へ戻されたのであろう。箇条は六条からなり、①〜③には、前日に出願した願書をめぐる経緯が記載されている。④・⑤は、その願書に付け加えることになった文言が、挿入されている。そして、⑥で、その出願の費用について、仲間の者たちに周知されている。

史料の解説に入る前に、前提として大坂三郷の質屋仲間について説明しておこう。*

＊詳細は、西本（高橋）菜穂子「大坂三郷質屋仲間の盗品調査」（『大阪歴史博物館研究紀要』一二、二〇一四年）参照。

近世大坂の質屋は、すでに一七世紀の半ばには仲間として公認されていたが、これは古手屋・古金古道具屋とともに町奉行所の盗品調査に動員する必要があったからである。盗品調査のやり方は、おおよそ次の通りである。まず仲間に雇われている惣代が牢屋敷*に詰め、盗品・紛失物の届け出があればその品書きを写し取り、失物御触書を数通作成し、質屋年寄と読み合わせをしてから仲間に触れる。仲間の者は、書面を写し取り、似ている品物がないか確認し、あれば密かに質屋仲間の惣代へ、質置主・請人・使いの者の名前書と品物を届ける。まだ触が出ていなくて

も、怪しい品物は届けなければならず、情報を受け取った惣代が盗賊方へ知らせ、捜査の手掛かりとしていた。以上のように、質屋仲間が担う盗品調査という御用は、仲間にとって社会的な存在意義を主張する根拠となるとともに、奉行所にとっても、質屋が盗人の温床となることを防ぎつつ、捜査の手掛かりを得られるものであった。

＊牢屋敷は、盗賊方の与力が、召し捕った者を詮議する所でもあり、掛り同心を定詰めさせ、三郷惣会所の惣代・若き者を召し使っていた。

近世大坂の質屋仲間は、大坂組と天満組の二つに分かれていた。大坂組の年寄三人は仲間内の存在であるが、天満組では大坂三郷天満組の惣年寄である今井・中村が質屋年寄を兼帯しているなど、両組はそれぞれ異なる組織形態をとっていた。

史料に戻って、①～③の箇条から出願の経緯を確認していこう。

一条目①にあるように、享保一八（一七三三）年一二月一〇日に大坂組二二組で大寄合があり、内容は不明だが何らかの出願が合意され、願書への判形も行われた。そして一二日に盗賊方与力に願い出た。二条目②によると、盗賊方与力は、このようなことは町奉行に願い上げることだとしながらも、町奉行へ願っても役目がら我々に様子をお尋ねになるはずだから、我々から書付を差し出しておく、と一旦質屋仲間の願書を受理したようである。ところが三条目③にあるように、下宿へ戻ったところ、盗賊方御役人からの御内意ということで、④・⑤が記された書付が渡された。それを受けて、二二組の行司衆が内談し、願書に示唆された文言を書き加えても構わないと合意した。つまり、盗賊方与力が、願書に文言を付け加えるよう助言を行ったのである。

また六条目⑥からは、この出願にあたって、盗賊方役人などへの付届けが行われていることも、廻状によって周知されていることがわかる。

本来、町奉行宛に出願すべき願書を盗賊方与力に提出したにもかかわらず、取り次いだり、付加文言を示唆するなど、質屋仲間に便宜を図っているように見受けられるが、失物調査などでパイプが形成されているからだろうか。付届けも効果をもったであろう。

次に願書に書き加えられた④・⑤の文言を検討していこう。

④からだけではわからないが、ここでの「改」は盗品調査であり、組合の者が取り調べた上で、もし問題があれば、それは組合の者全体の責任を問われることになるとしている。

⑤は、おおよそ次のような内容である。

これまで、盗品の触書が回った後に、これと似た質物を持参した者がいれば、知らないふりをしてその品物を質に取っておいて盗賊方へ提出していた。それに加え、右の出願が認められれば、誤って盗品を質物に取ってしまった場合も、世間に知られず営業を続け、盗品の似寄品を提出することで、吟味の手掛かりになるであろう。もし、盗品を質取りして罰せられたと世間に広まれば、質屋全般に盗品を預ける者がいなくなり、似寄品を提出すること自体が減ってしまう。

この廻状には、願書の本文は含まれておらず、今回の出願の内容そのものは、ここからはわからない。しかし、大阪市史編纂所所蔵の「質商旧記」には、質屋仲間のもう一つの組である天満組から、大坂組の出願の直後、享保一九（一七三四）年二月に、同様の出願が行われていることがわかる。天満組質屋仲間の願書は、今井組・中村組の年行司三人ずつ六人から町奉行へ願い出ている。「質商旧記」には五ヶ条からなる願書の全文が記録されており、④は願書の一ヶ条目の最後と、⑤は願書の二条目と全く同文である。ここからは、大坂組と天満組は大坂に所在していても、別の仲間であり、同じ内容でも再度出願する必要があったことがわかる。一方で、天満組は先の大坂組の願書を参考に自らの願書を作成しており、両組は決して無関係ではないことなど、両組の相互関係の一端も窺える。

天満組の願書の一条目の内容が、大坂組廻状の⑤にある「右之願」であると考えられるので、それを見てみよう。

一、失物御触書相改候内、不念之儀在之候得は、惣代中を以質蔵江御封印被為　仰付候上、町人へ御預ケ被為　成候、此儀本人は不調法仕候上は、如何様ニ被為　仰付候得共、可申上様無御座候、質置主軽者共ニ御座候故、昼夜質物出シ入不仕候而は、殊之外差支迷惑難義仕候義歎敷奉存候、此義質屋組合之者共へ御改被為　仰付被下候は、難有可奉存候、然上は、勿論組合之者相改候上、若疎略之儀御座候は、組合之者共不念罷成候、

（盗品の触書が出され、盗品調査が行われているうちに、質屋に不念（盗品の質取）があれば、惣代たちにその質屋の質蔵を封印させるとともに、その質屋は町人に御預けとされます。このことに関して、質屋本人は不調法があってのことなのでどういう措置が取られても弁解の余地はありませんが、その店に質物を入れている質置主は貧しい者たちなので、いつでも質物の出し入れができなくては、生活に差し支えが生じ、困り果てることはとても歎かわしいことだと思います。それ故、質屋組合に盗品の調査を命じていただくとありがたく思います。そうなれば、組合の者が取り調べた上で、もしいい加減なことがあれば、組合の者たち全体の責任が問われるのはもちろんです。）

これによれば、現状では、盗品の触書が出され、取調べが行われている時に、気付かず質取りをしてしまえば、惣代が派遣され、質蔵が封印され、質屋は町預けとされてしまう。しかし営業を停止されては、貧しい質置主たちが質物の出し入れができなくなって、とても迷惑するので、盗品調査を質屋組合の者へ仰せつけてほしい、という願いであった。

おそらく、質屋組合の改めは質屋の営業を続けたままで行うことを想定しているのであろう。最後に記載されている、疎略のことがあれば組合の責任だという文言は、盗賊方からの示唆で加えられたものであるが、それは組合による改めの承認とセットだったのである。

これをふまえて、⑤の内容（天満組の願書の二条目）を再度考えてみよう。これは、一条目の願いを認めてもらうために、その根拠を補強する内容であり、全ての文面が盗賊方の役人からの示唆で加えられたものである。一条目は、盗品調査において、不念（盗品と気づかず質取り）で質屋営業ができなくなった場合の利用者の難義を理由としていた。一方、二条目では、不念で咎めを受けたことが広く知られれば、盗品を持ち込む者たちが警戒して、質入れしなくなり、盗賊方の捜査機能を阻害する結果となるということで、組合の調査とすることは町奉行所にとってもメリットがあるという理由づけとなっている。これを盗賊方与力から示唆しているのであり、まさに町奉行所を納得させるための論理と言えよう。

④⑤が盗賊方与力から示唆されたものだ（すなわち組合の当初の願書にはなかった）という点を考慮すると、この出願の本来の意図には、知らず

に盗品を質取りしてしまった質屋が咎められては困る、という質屋仲間自体の利害があったと考えられる。しかしそれは、質屋の確認が不十分であったという落ち度もあるため、ストレートに出願できず、質置主の迷惑という理由で出願したのである。そして、盗賊方の示唆により、盗品調査の「御用にも役立つ」という御用の論理が加えられた。こうした点には、盗賊方のもとで御用を担う仲間としての特質がよく表れている。

また盗賊方与力は、質屋仲間への助言を行っているのだが、組合の責任を明示しつつ、盗品調査の手掛かりにつなげようという盗賊方の意図も感じられ、内々の助言を通して自らの利益になるよう誘導していることが読み取れる。

（3）天満青物市場問屋・仲買

〔史料⑮〕
町奉行所宛口上書（「記録」大阪城天守閣蔵）

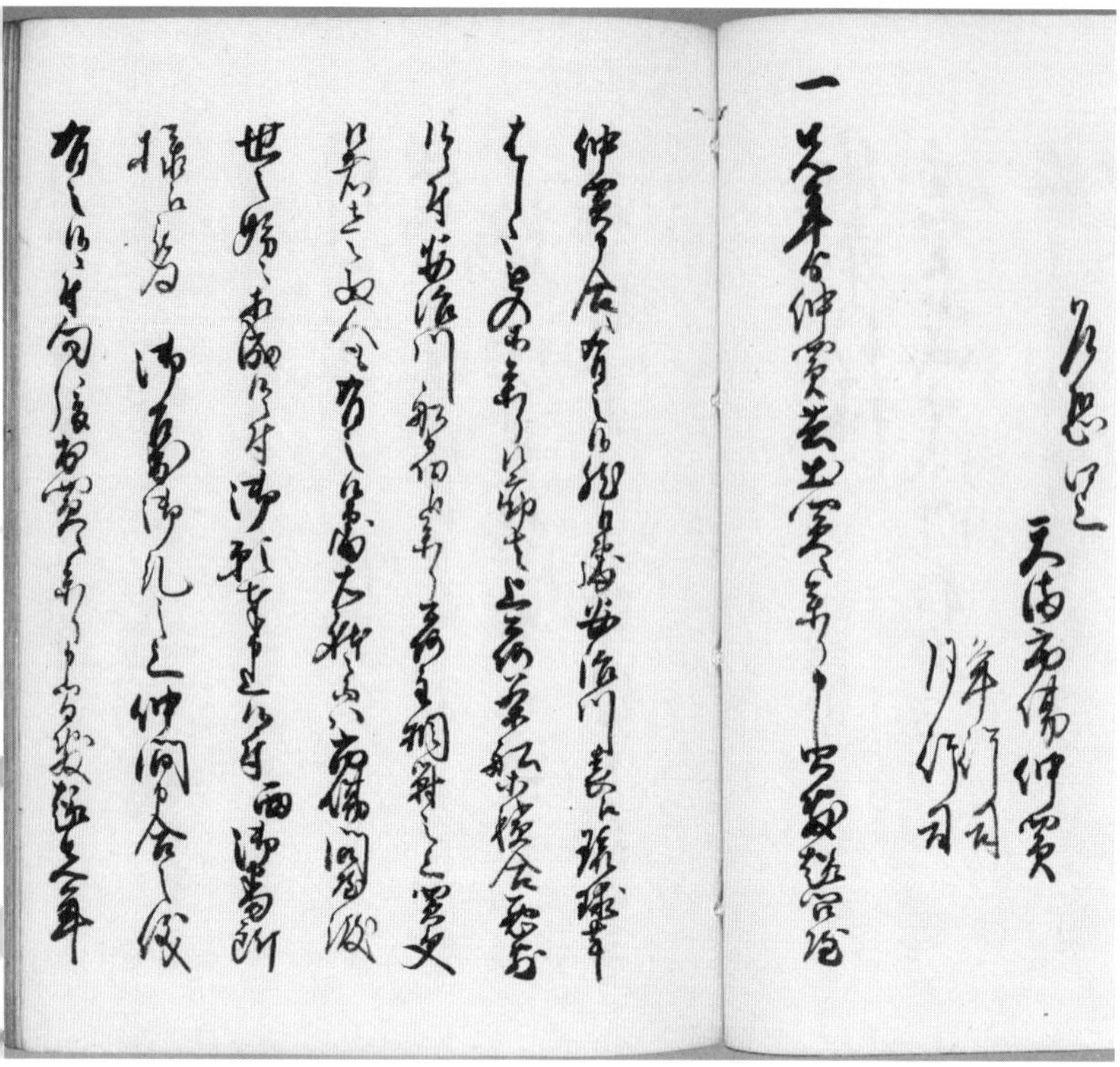

【釈文】

乍恐口上

天満市場仲買
年行司
月行司

一、先年ゟ仲買共出買ニ参り申間敷趣、問屋・
仲買申合ニ有之候、然ル処安治川表江琉球芋・
はしたもの等参り候節は、上荷・茶船等積合悪敷
候ニ付、安治川船宿江参り、荷主相対之上、買受
候者壱両人も有之候処、右体ニ而ハ市場問屋渡
世之妨ニ相成候ニ付、御願奉申上候ニ付、西御番所
様江被為　御召出、御紀之上、仲間申合之儀
有之候ニ付、向後出買ニ参り申間敷趣、先年

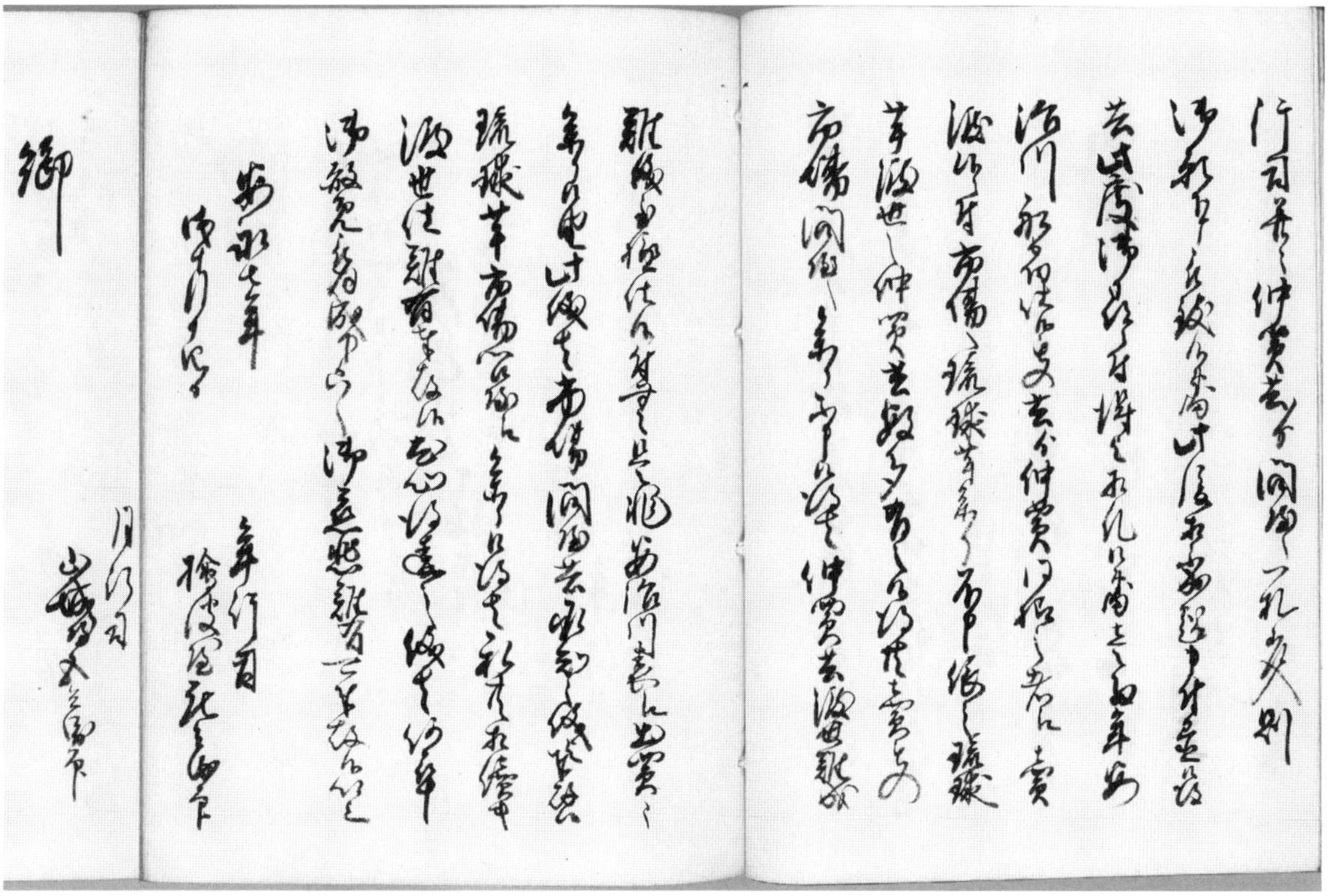

行司幷ニ仲買共ゟ問屋へ一札差入、則
御願下ケ被致候処、此後相不成趣申付置候得
共、此度御尋ニ付得と相糺候処、壱両年安
治川船宿仕候もの共ゟ仲買同様之者江売
渡候ニ付、市場へ琉球芋参り不申、依之琉球
芋渡世之仲買共数多有之候得共、売もの
市場問屋へ参り不申候得は、仲買共渡世難成、
難儀至極仕候付、無是非安治川表江出買ニ
参り候由、此儀は市場問屋共承知之儀と奉存候、
琉球芋市場問屋江参り候得は、私共相続キ
渡世仕難有奉存候、尤心得違之儀は何卒
御赦免被為成下候ハヽ、御慈悲難有可奉存候、以上

安永七年
戌七月十四日　　年行司
　　　　　　　　檜皮屋庄兵衛印
　　　　　　　　月行司
　　　　　　　　山城屋五兵衛印

御

【読み下し】

恐れながら口上

天満市場仲買　年行司・月行司

一、先年より仲買共出買《でがい》に参り申すまじき趣、問屋・仲買申合《もうしあわ》せにこれ有り候、然《しか》る処安治《あじ》川表へ琉球芋・はしたもの等参り候節は、上荷《うわに》・茶船《ちゃぶね》等積み合い悪《あ》しく候に付き、安治川船宿《ふなやど》へ参り、荷主相対《あいたい》の上、買い受け候者壱両人もこれ有り候処、右体にては市場問屋渡世の妨げに相成り候に付き、御願い申し上げ奉《たてまつ》り候に付き、西御番所様へ御召し出させられ、御《お》糺《ただ》しの上、仲間申合せの儀これ有り候に付き、向後《きょうこう》出買に参り申すまじき趣、先年行司幷に仲買共より問屋へ一札差し入れ、則ち御願い下げ致され候処、この後相成らざる趣申し付け置き候えども、この度御尋ねに付き得《とく》と相糺し候処、壱両年安治川船宿　仕《つかまつ》り候もの共より仲買同様の者へ売り渡し候に付き、市場へ琉球芋参り申さず、これにより琉球芋渡世の仲買共数多《あまた》これ有り候えども、売もの市場問屋へ参り申さず候えば、仲買共渡世《とせい》成り難く難儀至極《なんぎしごく》仕り候に付き、是非無く安治川表へ出買に参り候由、この儀は市場問屋共承知の儀と存じ奉り候、琉球芋市場問屋へ参り候えば、私共相続き渡世仕り有り難く存じ奉り候、尤も心得違いの儀は何卒《なにとぞ》御赦免成し下させられ候はば、御慈悲有り難く存じ奉るべく候、以上

安永七年戌七月十四日

年行司　檜皮屋庄兵衛印

月行司　山城屋五兵衛印

御

【現代語訳】

先年より仲買たちが出買に行ってはならないということを、問屋・仲買同士で申し合わせていました。しかし、安治川表へ琉球芋・はしたものが着いた時は、上荷・茶船などの積み合いが悪いので、安治川の船宿へ行き、荷主と相対のうえ買い受けた者が一、二人もいましたが、右のようなことでは市場問屋の渡世の妨げになるので、（問屋仲間が町奉行所に）御願いを申し上げたところ、西御番所様へ（仲買仲間を）御召し出しになって、御糺しがありました。そこで、仲間の申合せがあるので、以後出買いに行かないという趣旨の一札を、先の年行司ならびに（出買に行った）仲買たちから問屋へ差し入れ、（問屋仲間は）御願いを取り下げました。そこで、今後（出買は）してはならないと（仲買たちに）申し付けておきましたが、今度（町奉行所から）御尋ねがあったので、きちんと調べたところ、ここ一、二年は安治川で船宿している者たちから仲買同様の商売をしている者へ（琉球芋を）売り渡したので、（天満青物）市場へ琉球芋が入って来ません。それで琉球芋で渡世をしている仲買たちは数多くいますが、売り物が市場問屋へ入って来なければ、仲買たちは渡世ができず困ってしまい、しかたなく安治川表へ出買に行ったということです。このことは市場問屋たちも承知していると存じております。琉球芋が市場問屋へ入って来れば、私たちも引き続き渡世ができてありがたく思います。もっとも心得違いの（出買に行った）ことは、何卒お許しいただければ、御慈悲をありがたく存じます。以上です。

【語句】

仲買…問屋などから物品を仕入れ、小売商等に売る商人。／**問屋**…荷主

から商品を荷受けし、仲買や小売などの商人に売り捌いて、口銭を取得する業種。／**出買**…直接売り手のところへ出かけて行って買うこと。／**琉球芋**…薩摩芋のこと。甘藷ともいう。／**上荷**…上荷船のこと。大坂市中の堀川を航行し、物資を輸送する二〇石積みの船。／**茶船**…大坂市中の堀川を航行し、物資を輸送する一〇石積みの船。／**船宿**…船荷の世話や船頭の宿泊、船舶用具の調達や船の訴訟の代理人をつとめる存在。大坂では、安治川口や木津川口の湊に多くあった。／**相対**…当事者同士が直接交渉すること。／**御番所**…町奉行所のこと。／**糺す**…取り調べて、理非を明らかにすること。／**渡世**…なりわい。生業。

【解説】

この史料は、天満青物市場仲買仲間が関係する文書を記録した「記録」（大阪城天守閣蔵）に記載されている文書の一つである。安永七（一七七八）年七月一四日に天満青物市場の仲買仲間の年行司・月行司から大坂町奉行所へ出した文書の写しである。

まず天満青物市場の概要を記しておこう。*

*詳細は、八木滋「青物商人」（原直史編『身分的周縁と近世社会3 商いがむすぶ人びと』吉川弘文館、二〇〇七年）を参照。

天満青物市場は、承応二（一六五三）年七月に天神橋上手から龍田町までの間の大川沿い（北岸）の浜側にできたという。一九三一（昭和六）年に大阪市中央卸売市場ができるまで、大坂における青物流通の中心地であった。天満青物市場は、大川沿いの浜側の東西の道路に問屋が軒を連ね、そこで売買が行われていた。一方、仲買は、市場内には居住しておらず、おもに周辺の町に居住していたようである。また、問屋の店先や浜納屋を借りて営業していた。この文書からもわかるように市場での売買の中核となる問屋と仲買は、それぞれ仲間を形成していた。幕府からは明和八（一七七一）年八月に問屋株四〇、仲買株一三〇が認められた。

つぎに、この史料の内容を見ていこう。

文面から、この前段に天満青物市場問屋仲間から町奉行所に対して、天満青物市場の仲買が、安治川口の船宿のところに琉球芋（薩摩芋）の出買に行っていることを訴え出ており、この史料はそれに対する仲買仲間側の弁明であることがわかる。

問屋仲間と仲買仲間の間で、仲買が出買に行くことはしないとの申合せがあったが、琉球芋については安治川口の船宿まで出買に行く者が跡を絶たなかった。問屋側は町奉行所へ訴え、その結果、出買をしない旨の一札が仲買仲間から問屋仲間に提出され、それを受けて、仲間の年行司から仲買たちに対して出買に行かないように申しつけるという経緯があった。

しかし、また出買に行っていると訴えられたのである。それに対する仲買側の言い分は、安治川の船宿が仲買と同様の業態の者（仲買同様の者）に売っているので、天満市場問屋のところには琉球芋が入って来ず、止むを得ず安治川の船宿に出買に行っているのであって、そのことは問屋側も承知していると思っていた、というものであった。さらに、そういう事情なので出買に行った者の心得違いを許してほしいと訴えている。文面の上では仲買は天満青物市場の問屋に琉球芋が入荷されるように求めているが、逆に入荷されなければ渡世のために再び出買に行くことをにおわせ、そのことを正当化しようとしているとも読める。

この史料の内容から、天満青物市場の仲買は、市場の問屋から商品を買うことが義務付けられているが、そもそもは荷主から商品を買う存在なのであり、市場問屋に商品が来なければ、商品を求めて流動する存在であることがわかる。仲買同様の存在が大坂市中に広く分布していることも窺え、天満市場との関係を除いて業態的には仲買一般として共通していると言えるだろう。一方、問屋は、市場という場所で、荷主から送られてくる商品を仲買たちへ売り捌く存在であるということが浮かび上がってくる。また、問屋の業態は、荷主との関係つまり集荷力も重要であって、その機能は船宿も代替可能なものであった。このように、問屋と仲買は流通上の単なる売買の段階差ではなく、質的な違いをもった存在なのである。

天満青物市場は、大坂市中での独占的な「青物」の集荷権を主張した。この文書の後には、同日付の問屋仲間と仲買仲間連名の文書が記載されているが、それによると、安治川の船宿やそこから琉球芋を買っている仲買同様の者が株の赦免を願い出ていることに対して、町奉行所へそれへの反対を訴え出ているのである。琉球芋（薩摩芋）は、六〇年くらい前に市場に出てきた商品で、天満市場問屋が独占的に集荷できる「青物」かどうかが船宿との間で争われているのである。結果としては、船宿に来た琉球芋のうち、七割を天満市場に送り、残り三割は船宿が売り捌いてもよいという大坂町奉行所の裁決が出された。琉球芋という新しい商品をめぐる争いであるが、こうした新しい商品の登場が、天満青物市場の独占的集荷権を動揺させる一因となったのである。

（4）生玉神社社家

〔史料⑯〕
仲間記録（「月番帳」 門林啓三氏所蔵）

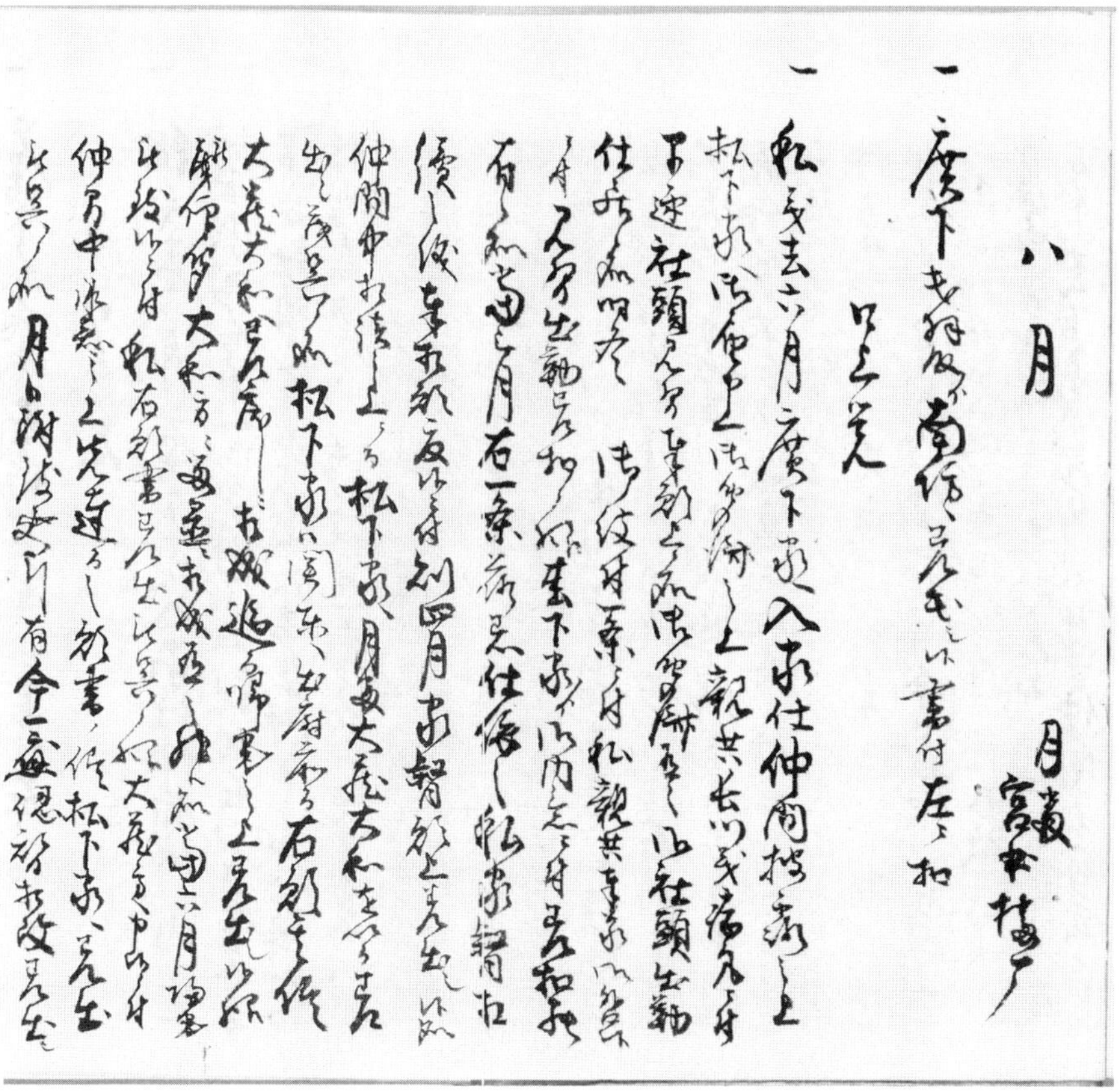

【釈文】

八月

月番
宮本播磨

一、廣下出羽殿ゟ南坊へ差出シ候書付、左ニ扣

口上覚

一、私義、去六月廣下家へ入家仕、仲間披露之上
松下家へ御届申上、御聞済之上、親共長門義、病気ニ付、
早速社頭見習奉願上候処、御聞済有之、御社頭出勤
仕居候処、旧冬　御紋付一条ニ付、私親共奉蒙御咎候
ニ付、見習出勤差扣候様松下家ゟ御内意ニ付、差扣罷
有候処、当三月右一条落着仕、依之私家督相
続之儀奉相願度候ニ付、則四月家督願上差出シ候処、
仲間中相談之上ニ而、松下家へ月番大蔵大和を以而差
出シも呉候処、松下家ハ関東へ出府前而、右願其儘
大蔵大和へ差戻しニ相成、追而帰宅之上差出シ候様
茂《被》仰聞、大和方ニ留置ニ相成有之、然ル処当六月帰宅
被致候ニ付、私右願書差出被呉候様大蔵方へ申候ニ付、
仲間中承知之上、先達而之願書ノ儘松下家へ差出
被呉候処、月日附致延引有、今一応認替、相改差出シ

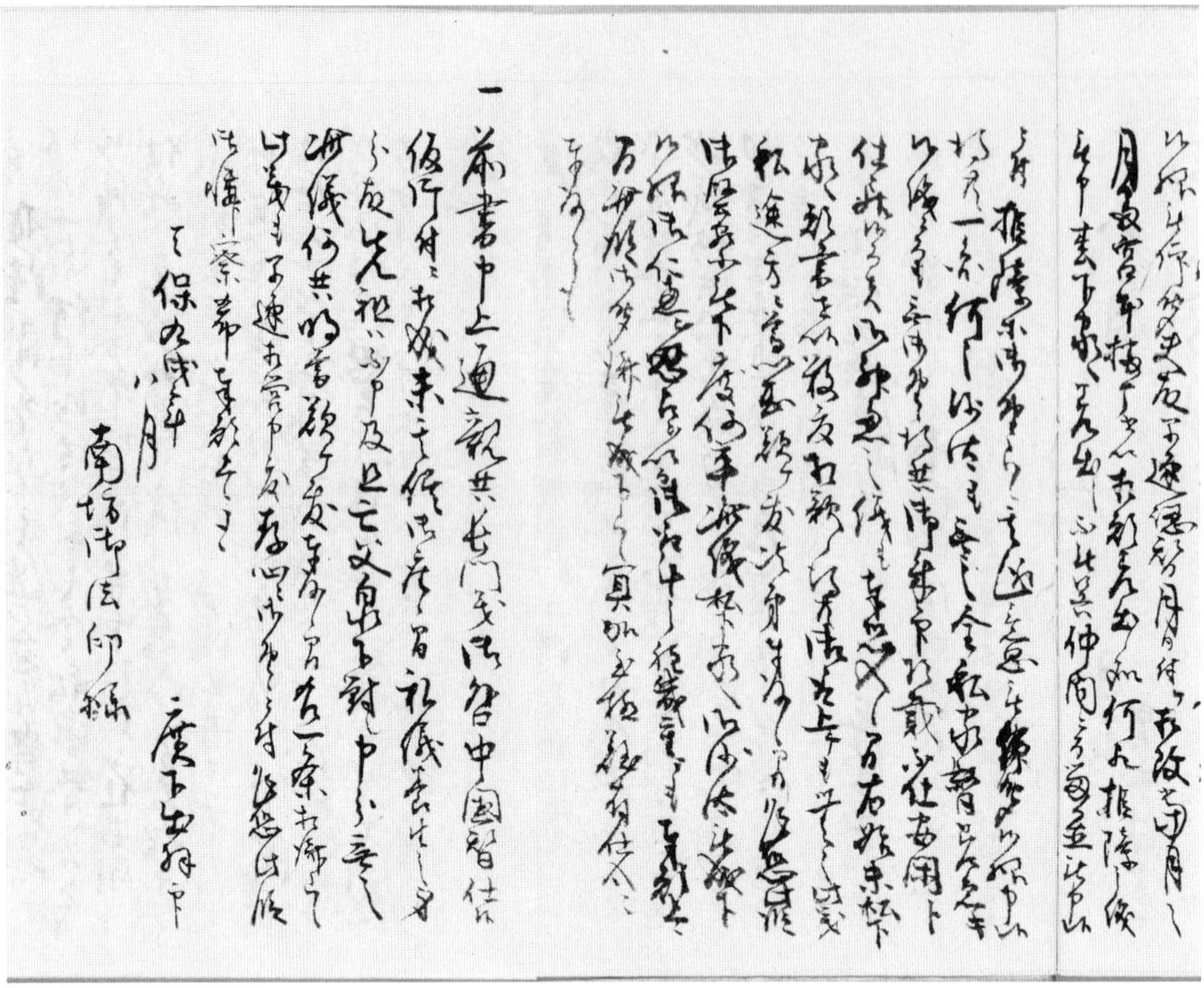

候様被仰聞、夫故早速認替、月日付ケ相改、当月之
月番宮本播磨を以相願差出候処、何歟(故)拒障之儀
被申、松下家へ差出し不被呉、仲間ニ而留置被申候
ニ付、拒障等御座候ハヽ、其趣意思(マヽ)被□(仰)聞候様申候
得共、一円何之沙汰も無之、全私家督差急キ
候儀ニ而も無御座候得共、御朱印頂戴不仕、安閑ト
仕居候而は、御神慮之儀も奉恐入候間、右始末松下
家へ願書を以数度相歎候得共、御取上ケも無之、此義
私途方ニ暮、以甚歎ヶ敷次第奉存候間、乍恐此段
御堅(賢)察被下度、何卒此儀松下家へ御沙汰被成下
候様、御仁恵ヲ(之カ)思召ヲ以而御取計之程、幾重ニも奉願上候
間、此段御聞済被成下候ハヽ、冥加至極難有仕合ニ
奉存候、以上

一、前書申上通(候脱)、親共長門義、御咎中国替仕候、
仮片付ニ相成、未其儘御座候間、私儀養生之身
分故、先祖ハ不申及、且亡父泉下対シ申分無之、
此儀何共明暮歎ヶ敷奉存候間、右一条相済候ハヽ、
此義も早速相営申度存心ニ御座候ニ付、乍恐此段
御憐察希奉願上候、以上

天保九戊年
八月　廣下出羽印
南坊御法印様

【読み下し】

八月　　月番　宮本播磨

一、廣下出羽殿より南坊《みなみのぼう》へ差し出し候書付、左に扣《ひかえ》

口上覚

一、私義、去る六月廣下家へ入家仕り、仲間披露《ひろう》の上松下家へ御届け申し上げ、御聞き済みの上、親共《おやども》長門義、病気に付き、早速社頭《しやとう》見習い願い上げ奉《たてまつ》り候処、御聞き済みこれ有り、御社頭出勤仕り居り候処、旧冬　御紋付一条に付き、私親共御咎《おとがめ》を蒙《こうむ》り奉り候に付き、見習い出勤差し扣え候様松下家より御内意に付き、差し扣え罷り有り候処、当三月右一条落着《らくちやく》仕り、これにより私家督相続《かとくそうぞく》の儀相願い奉りたく候に付き、則ち四月家督願い上げ差し出し候処、仲間中相談の上にて、松下家へ月番大蔵大和を以て差し出しも呉れ候処、松下家は関東へ出府《しゆつぷ》前にて、右願いその儘大蔵大和へ差し戻しに相成り、追って帰宅の上差し出し候様仰せ聞けられ、大和方に留め置きに相成りこれ有り、然《しか》る処当六月帰宅致され候に付き、私右願書差し出し呉れられ候様大蔵方へ申し候に付き、仲間中承知の上、先達ての願書の儘松下家へ差し出し呉れられ候処、月日附延引致し有り、今一応認め替え、相改め差し出し候様仰せ聞けられ、それ故早速認め替え、月日付け相改め、当月の月番宮本播磨を以て相願い差し出し候処、何か故障《こしよう》の儀申され、松下家へ差し出し呉れられず、仲間にて留め置き申され候に付き、故障等御座候はばその趣意（ママ）思仰せ聞けられ候様申し候えども、一円《いちえん》何の沙汰もこれ無く、全く私家督差し急ぎ候儀にても御座無く候えども、御朱印頂戴仕らず、安閑《あんかん》と仕り居り候ては、御神慮の儀も恐れ入り奉り候間、右始末松下家へ願書を以て数度相歎き候えども、御取り上げもこれ無く、この義私途方に暮れ、甚だ以て歎かわしき次第《しだい》に存じ奉り候間、恐れながらこの段御賢察下されたく、何卒この儀松下家へ御沙汰成し下され候様、御仁恵の思し召しを以て御取り計らいの程、幾重《いくえ》にも願い上げ奉り候間、この段御聞き済み成し下され候はば、冥加至《みようが》極有り難き仕合《しあ》わせに存じ奉り候、以上

一、前書き申し上げ候通り、親共長門義、御咎中国替《くにがえ》仕り候、仮片付けに相成り、未だその儘に御座候間、私儀養生《ようじよう》の身分故、先祖は申すに及ばず、且つ亡父泉下《せんか》に対し申し分《わけ》これ無く、この儀何共明け暮れ歎かわしく存じ奉り候間、右一条相済み候はば、この義も早速相営み申したき存心に御座候に付き、恐れながらこの段御憐察希《のぞ》み願い上げ奉り候、以上

天保九戌年八月　　廣下出羽印

南坊御法印様

【現代語訳】

一、廣下出羽殿から南坊へ差し出した書付の控

口上覚

一、私は去年六月に廣下家へ入家するにあたり、社家仲間へ披露し、（神主）松下家へ届け出て、承認を受けました。そのうえで、親の（廣下）長門が病気なので、早速社頭見習いを願い出たところ、承認され、御社頭へ出勤しておりました。ところが、去年の冬に御紋付のことで私の親は（町奉行所の）御咎を受けたので、「見習い出勤を控えるように」と松下家から内意がありましたので（見習い出勤を）差し控えていました。今年の三月になり右の一件（御紋付一件）が落着しましたので、私

の家督相続を願い出たく思い、四月に家督相続願いを差し出しました。（社家）仲間中での相談のうえ、松下家へ（社家）月番大蔵大和から差し出してくれたのですが、松下家は関東（江戸）へ行く直前だったので、相続願いはそのまま大蔵大和へ戻されました。（松下家からは）「追って（関東から）帰宅したうえで差し出すように」と命じられ、（願書は）大和のところに留め置かれました。しかし、今年の六月に帰宅されたので、私は右の願書を差し出してくれるように大蔵へ言ったところ、（社家）仲間の了承のうえで、以前の願書のまま松下家へ差し出してくれたのですが、（松下家から）「月日付が延引しているので書き換えて差し出すように」と命じられました。それゆえ早速書き換え、月日付けを修正して、当月の月番宮本播磨から願書を差し出そうとしましたが、何か不都合なことがあると言われ、松下家へ差し出してくれず、仲間のところで留め置かれました。そのため、「不都合なことがあれば、その趣意について言ってほしい」と申しましたが、全く何の沙汰もありません。私は家督相続を急いでいるわけではありませんが、御朱印《ごしゅいん》を頂戴せず安穏としていては、御神慮に対しても恐れ多いので、右の始末を松下家へ願書で何度も願い出ましたが、御取り上げにならず、私は途方に暮れ、大変歎かわしく思います。恐れながらこの事情をご理解下さり、何卒松下家へ御指示くださいますよう、御仁恵の思し召しによる御取計いを、幾重にも願い上げます。この段承諾していただければ、大変ありがたく思います。

一、前書き（第一条目）に申し上げた通り、親の長門は御咎を受けている期間に「国替」（＝死去）しました。仮片付けにしましたが、いまだその儘です。私は養子の身分であるので、先祖は言うまでもなく、泉下の亡き父に対して申し訳なく、このことを日夜何とも歎かわしく思っています。右一条が済んだならば、この儀（葬礼）も早速営みたく思っております。この段御憐察してください。

天保九戊年八月

廣下出羽印

南坊御法印様

【語句】

月番…生玉神社の社家仲間内の当番。月交替で勤める。天保九（一八三八）年八月の月番は宮本播磨だった。／**南坊**…生玉神社の社僧のトップ。別当《べっとう》。南之坊とも表記される。／**廣下家**…生玉神社の社家の一軒。／**入家**…ここでは養子に入ること。／**仲間**…ここでは生玉神社の社家仲間のこと。／**松下家**…生玉神社の神主家。当時の神主は松下出雲。／**親共**…「親」の謙遜した表現。／**社頭**…神殿。／**「御紋付一条」**…詳細は不明。この年の二月二四日に大坂町奉行所が葵紋付提灯の件で生玉社家を呼び出し、口書に印をおさせており、葵紋付提灯に関して不始末があったか。／**大蔵大和**…生玉神社の社家の一人。／**月日附延引**…文面はそのままで願書を再提出しようとしたが、最初の提出日から日数が経ってしまっていたために、月日附の部分を変更する必要があった。／**拒障**…故障の宛《あて》字《じ》。さしつかえること。／**御朱印頂戴不仕**…生玉神社には幕府から三〇〇石の朱印地が与えられており、そのうち神主・社家の分は合わせて一〇五石、残り一九五石が社僧分（南坊分は一一七石）であった。社家の相続は、朱印地の配分にも関わることであった。／**国替**…この史料群では、死去する、という意味で用いられている。／**仮片付ニ相成、未其儘御座候**…死骸の仮埋葬の状態で、正式な葬儀を行っていないということ。／

泉下…死後の世界、あの世。

【解説】

大坂城から四天王寺へ南北に連なる上町台地一帯には、寺院が密集する寺町がある。そのすぐ近くに、生玉神社（生国魂神社）がある。本史料は、生玉神社の構成員である社家《しゃけ》仲間（禰宜《ねぎ》・神子《みこ》）の月番が記した記録である。月番とは、禰宜が月交替で勤める当番のことで、写真の冒頭に見えるように、天保九年八月の当番は宮本播磨であった。月番の役務を遂行するなかで関わった日々の出来事が記録されており、社家仲間の実態が詳細にわかる貴重な史料である。

生玉神社は、延喜式に見える古くからの神社である。明応四（一四九五）年に蓮如が「石山」（大坂）に本願寺を建設した際に、その側に生玉神社を置いたという。本願寺は、織田信長との合戦ののち大坂の地を離れることになるが、その跡地を利用して城下町建設を進めたのが豊臣秀吉である。秀吉は、大坂城を建設するにあたって、同地にあった生玉神社を遷座させた。これ以降、生玉神社は現在の場所を動いていないが、近世段階の様相は現在のものとはかなり異なっている。その最大の理由が、明治初年に行われた神仏分離である。それ以前の生玉神社は、神仏習合《しゅうごう》の形態を取っており、境内内部に多数の仏教系施設があった。寛文六（一六六六）年の「摂州東成生玉中之絵図」（図6）を手掛かりに生玉神社にあった建築物を確認しておくと、神社系統（本社・拝殿・舞殿・神楽堂・御供所）とともに、寺院系統（太子堂・塔・鐘楼堂・護摩堂・大師堂・仁王門）があったことがわかる。*

神仏習合という点は、内部の組織においても確認できる。神道に関わる神職者としては、神主松下家を頂点に、禰宜七人と神子四人、さらに宮仕《みやじ》がいた。このうち神子は禰宜の家の女性（妻・娘・母など）が勤めており、禰宜とともに「家」として勤めるものであった。この「家」は近世を通じて七軒でほぼ固定していたようで、天保期には、廣下・横山・大蔵・上田・宮本・杉村・藤江の七家があった。一方、仏教に関わるのが社僧《しゃそう》である。生玉十坊とも呼ばれるように全部で十ヶ寺あり、別当南之坊を筆頭に、成就院・東之坊・桜本坊・新蔵院・遍照院・曼荼羅院・地蔵院・覚薗院・持宝院（すべて真言宗寺院）があった。

近世生玉神社の重要な特徴として指摘しておかなければならない点に、幕府から朱印地三〇〇石が与えられていたことがある。その領地は難波村内にあり、村の百姓から納められる年貢は社僧と社家が配分していた。朱印状は神職のトップである神主松下家と、社僧のトップである別当南之坊が一年交替で保管していた。このように生玉神社は、社家集団（神主―社家仲間）と寺僧《じそう》集団（別当南坊―九ヶ寺）からなる内部組織を持ち、境内空間と難波村三〇〇石を領地とする領主として存在していた。

以上の事実を前提としながら、史料の内容の解説を進めていこう。

社家の一員である廣下出羽は、天保九年八月二八日に別当南之坊に宛てて「口上覚」を提出した。その「口上書」は、南之坊家来三宅藤蔵から神主家来伊藤喜十郎へ伝えられ、伊藤から社家仲間へ伝えられている。写真の史料は、その内容を受け取った月番の宮本播磨が書き留めた部分である。この書状の内容をくわしく検討することで、生玉神社の社家の仲間としての姿を垣間見《かいまみ》ることができる。

＊近世の生玉神社については、山下聡一「社家仲間と「家」」（塚田孝編『新体系日本史8　社会集団史』山川出版社、二〇二二年）を参照。

本史料の一年前に書きとめられた天保八（一八三七）年の「月番帳」によれば、廣下出羽は、もとは天王寺村の庄屋松本家の悴《せがれ》で、伊織という名前であった。彼は天保八年三月に、後継ぎのいない廣下長門の養子となった。史料の冒頭に記されているように、養子になるにあたって、まず「（社家）仲間」へ披露を遂げ、「仲間」の承認を得たのち、神主松下家へその旨が届け出られ、神主の承認を受ける、という手続きが取られている。この事例は養子入りのケースであるが、禰宜の子が一五歳になって社役を勤め始めるときも、同じようにまずは社家仲間の承認手続きが踏まれている。

なお近世の神職者は、京都の本所吉田家や白川家から裁許状《さいきょじょう》を得ることで神職者身分を保障されており、生玉神社の神主や社家も吉田家から裁許状を得ていた。社家が裁許状を願い出る場合にも、必ず社家仲間の承認を経たうえで神主松下家を通じて願い出る手続きが取られている。

さて、養子入りした伊織（出羽）は、なぜ別当の南之坊へ「口上書」を提出することにしたのだろうか。これ以降の経過については、別の史料も加えながら、廣下出羽の主張に基づいて迫っていこう。

伊織の養父である廣下長門は、伊織が入家した翌天保九年の年明け早々に死去してしまう。しかし養父長門は、これより先、天保八年の冬に「御紋付一条」（具体的な中身は不明）に関して大坂町奉行所から処罰を受けていた。

「月番帳」の記載によれば一一月二〇日に「（町奉行所の）御吟味之筋」、すなわち取調べを受けていること、さらに「他参留《たさんどめ》」とされていたことがわかる。養父がそういう状態であったので、廣下出羽は、神主松下出雲から見習い出勤を控えるように命ぜられていた。三月になって「御紋付一条」がようやく落着したので、翌四月廣下出羽は、死去した養父長門に代わって廣下家を相続する願書を作成し、社家仲間へ相談したうえで、月番大蔵大和を通じて神主松下出雲へ提出した。月番が神主へ願書を取り次いでいるように、社家仲間の承認を得ていたから、通常であれば何の問題もなくそのまま承認されるはずであった。だが折悪しく、神主松下出雲はちょうど江戸へ向かって出発する直前であったため、江戸から帰宅した後で再提出するように命じられ、願書は月番大蔵大和のところへ差し返されている。ちなみに、この時の神主の江戸出立は、将軍代替わりの朱印改めのためのものであった。

六月になって神主の帰宅に合わせ、出羽は先の願書を再提出するように大蔵へ依頼する。この時も社家仲間に披露するという手続きを経たうえで提出しているが、四月に提出した願書をそのまま提出したために、六月の月日を書くべきところが四月のままになっていた。神主松下出雲から書き換えて再提出するように命じられた廣下出羽は、修正して月番の宮本播磨に願書を提出してもらおうとした。しかし、宮本播磨は支障があるとして願書を提出してくれず、仲間内に留めおかれることになったのである。

そこで困った廣下出羽は神主松下出雲に対して、右の経過を記した願書を何度も提出したが、神主は一向に対応してくれなかった。業を煮やした廣下出羽は、ついに別当南之坊へ直接願書を提出して事態の打開を図ろうとした。それが月番宮本播磨が書き写した「口上之覚」である。

理由は不明だが、神主松下出雲は廣下出羽の家督相続に否定的もしくは消極的だったようである。その神主の姿勢に影響されてか、社家仲間も（全体かどうかはわからないが）消極的な態度に変わっていったのである。そのため、廣下出羽が次に頼っていったのが、神主とならんで生玉神社組織の中核を担う別当南之坊であった。しかし、この行動は、最終的に廣下出羽が禰宜として存在するための条件を喪失させていくことになる。

史料を書き記した宮本播磨は、そのすぐ後に、「往古ゟ社家・社僧格別」であり、社家が「南坊江願書差出シ候事」は先例にもない言語道断な行動であり、さらに「且又仲間ヲ蔑ニ致候仕方、甚以万端不奉存候事」と記している。出羽のこうした行動は、社家仲間を蔑ろにするだけでなく、社家・社僧の別を乱す行為だと見なされた。神職者の問題、なかんずく社家仲間の相続に関わる問題に社僧が関わることは、社家仲間の存立や神社内秩序を動揺させるものであった。

社家仲間と不和になった廣下出羽は、廣下家（＝禰宜役）の相続の道を閉ざされていく。天保一一（一八四〇）年三月に、神子である廣下吉野から神主松下出雲へ一通の届けが出されている。それによれば、「親類一統気合不仕」という理由で、「親類一統相談之上、双方熟談之上」で出羽を離縁するという。廣下家を存続させるために養子として入ってきた出羽は、社家仲間を相手取って神主や南之坊へ願い出た結果、廣下家の「家」から排除されてしまう。社家仲間に受け入れられず、廣下家（と禰宜職）を相続することができなくなった出羽は、社家廣下家の「家」の存続のために排除されることになった。なお、この後、史料が残存している天保一三（一八四二）年まで廣下家の禰宜職は空席のままとなる。

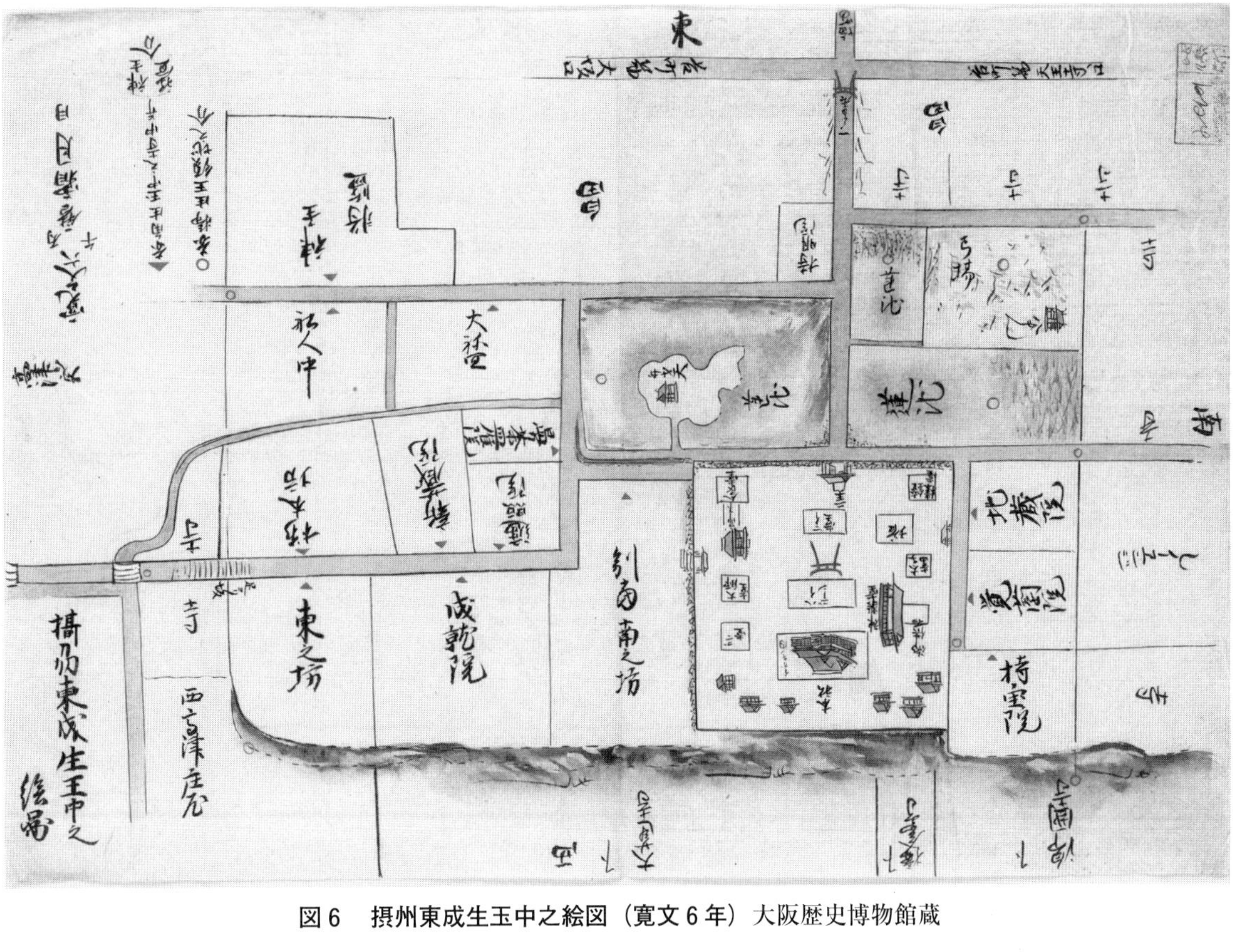

図6　摂州東成生玉中之絵図（寛文6年）大阪歴史博物館蔵

（5）垣外仲間

〔史料⑰〕
身分内法（「悲田院文書」大阪府立中之島図書館蔵）

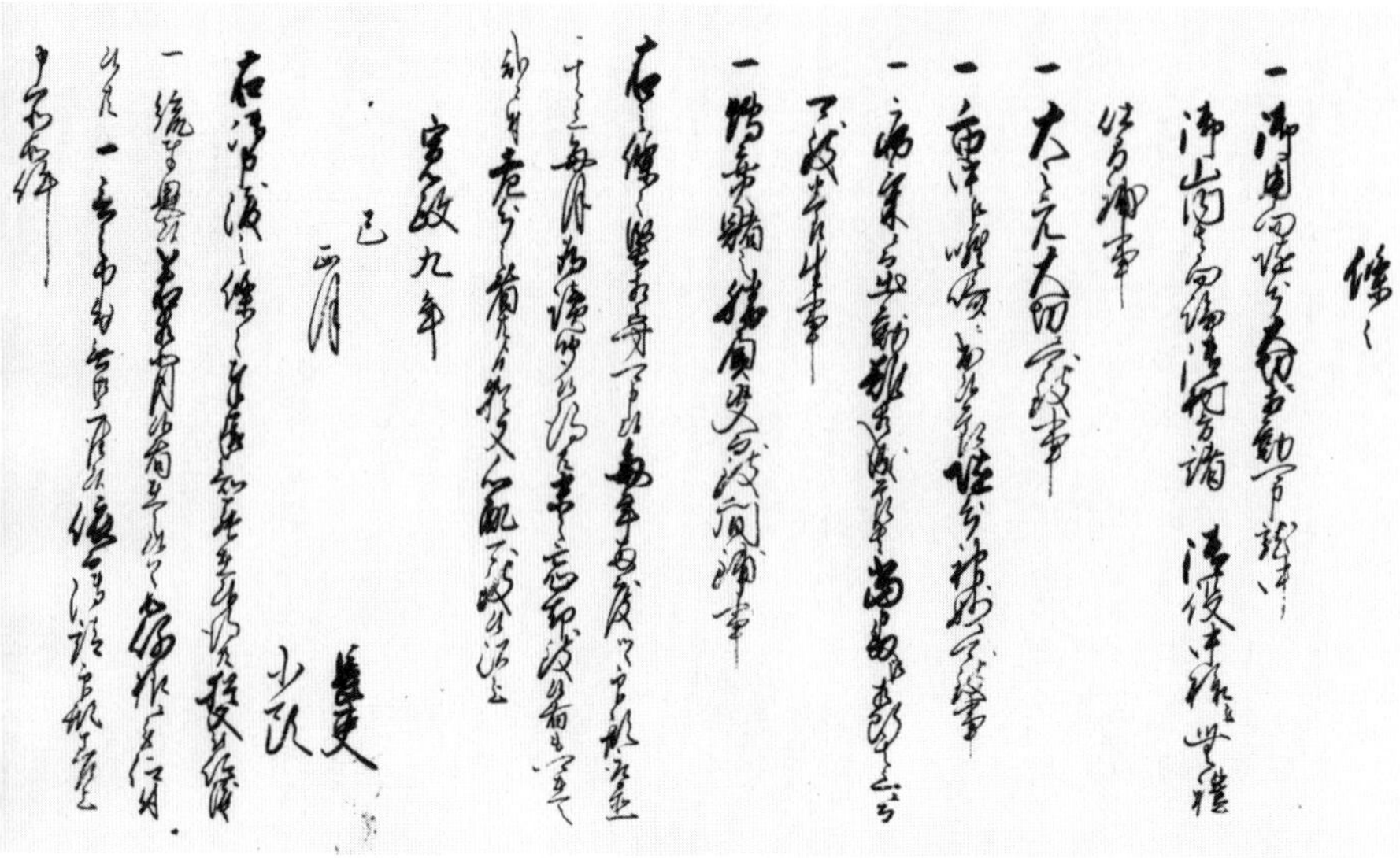

【釈文】

条々

一、御用向随分大切ニ相勤可申、就中
御山内は勿論、御村方諸　御役中様江無礼
仕間鋪事、
一、火之元大切ニ可致事、
一、市中江囉嚌（斎）ニ出候節、随分神妙ニ可致事、
一、病気ニ而出勤難相成節は、当番江相断、其上ニ而
可致養生事、
一、博奕賭之勝負、決而致間鋪事、
右之条々堅相守可申候、毎年両度ツヽ印形取置、
其上毎月為読聞候得共、末々忘却致候者も可在之
哉ニ付、老分之者共ゟ猶又心配可致候、以上

寛政九年
巳正月
長吏
小頭

右御申渡之条々奉承知罷在候得共、猶又被仰渡
一統奉畏候、若相背候者在之候ハヽ、如何様ニ被仰付
候共、一言之申分無御座候、依而御請印形差上
申所、如件

月行司　弥兵衛㊞
同　弥三郎㊞
同　弥　八㊞
同　清　八㊞
音　八㊞
（以下四四名略）

長吏
小頭
御仲

【読み下し】

条々

一、御用向随分《ずいぶん》大切に相勤め申すべし、就中《なかんずく》御山内は勿論、御村方諸御役中様へ無礼仕るまじき事、

一、火の元大切に致すべき事、

一、市中へ囉斎《ろさい》に出候節、随分神妙《しんみょう》に致すべき事、

一、病気にて出勤相成り難き節は、当番へ相断り、その上にて養生《ようじょう》致すべき事、

一、博奕賭の勝負、決して致すまじき事、

右の条々堅く相守り申すべく候、毎年両度ずつ印形《いんぎょう》取り置き、その上毎月読み聞かせ候えども、末々忘却致し候者もこれ在るべきやに付き、老分《ろうぶん》の者共より猶又心配致すべく候、以上

寛政九年巳正月

長吏《ちょうり》
小頭

右御申渡しの条々承知奉り罷り在り候えども、猶又仰せ渡され一統畏《かしこ》み奉《たてまつ》り候、もし相背き候者これ在り候はば、如何様《いかよう》に仰せ付けられ候とも、一言の申し分御座無く候、よって御請印形差し上げ申す所、件《くだん》のごとし

月行司　弥兵衛㊞
同　弥三郎㊞
同　弥　八㊞
同　清　八㊞
音　八㊞

（以下四四名略）

長吏
小頭
御仲《おなか》

【現代語訳】

条々

一、（町奉行所の）御用向は精一杯大切に勤めること。とりわけ四天王寺の方々（御山内）はもちろん、天王寺村の御役人の方々に対し、無礼を働いてはいけない。

一、火の用心に努めること。

一、大坂三郷町々に勧進に出る時は、できる限り節度を保つこと。

一、病気で御用に出れない時は、（小頭の）当番に届けて許可を得て、その上で療養すること。

一、博奕や賭勝負は決してしてはいけない。

右の箇条の内容を必ず守りなさい。毎年二回づつ（誓約の）印判を提出させ、その上毎月（この箇条を）読み聞かせている（ので、理解しているだろうとは思う）が、後々忘却する者もいるかもしれないので、老分の者たちからなお一層心配りしなさい。以上。

寛政九年巳正月　長吏

小頭

右の御申渡しの条々について承知しておりますが、さらに今回仰せ渡されて、一同深く了解いたしました。もしこれに背く者がおりましたら、どのように処罰されましても構いません。そのため誓約書を差し上げますことは、以上の通りです。

（下略）

【語句】

御山内…四天王寺のこと。／**御村方**…天王寺村を指す。／**市中**…大坂三郷の町々。／**囉斎**…乞食・勧進すること。／**随分**…精一杯、できる限り。／**神妙**…おとなしく素直なさま。節度ある態度。／**当番**…小頭の内の当番の者。／**養生**…療養。／**老分**…若き者たちのなかの上位の者。／**心配**…心を配り注意すること。／**長吏**…四ヶ所垣外のそれぞれの最上位者。／**小頭**…垣外の長吏に続く地位にある者。各垣外に数人いる。／**月行司**…若き者たちの中の月ごとの当番。／**御仲**…長吏と小頭からなる各垣外の指導機関。

【解説】

この史料は、大坂の非人集団の集団（身分）内法の一例である。内容の説明に入る前に、大坂の非人と彼らの形成する仲間組織について、簡単に触れておこう。＊

＊詳細は、塚田孝『都市大坂と非人』（山川出版社、二〇〇一年）、同『大坂の非人―乞食・四天王寺・転びキリシタン―』（ちくま新書、二〇一三年）を参照。

四ヶ所垣外の構成　大坂の非人には四ヶ所の集住地（天王寺垣外・鳶田垣外・道頓堀垣外・天満垣外）があった。これら四ヶ所《しかしょ》の垣外《かいと》は、豊臣秀吉の大坂の都市建設の時期から、徳川氏の大坂再建の時期（一六三〇年頃）までに連続的に成立した。この当時、垣外の住人は乞食《こじき》や貧人《ひんにん》と呼ばれており、近世の非人がまさに乞食＝貧人として生み出されたことがわかる。

各垣外には、一番上位に「長吏」が一人、それから数人の「小頭」あるいは「組頭」がいて、垣外の指導機関を構成していた。一般の小屋持《こやもち》非人は「若き者」と呼ばれ、数十人から百人を越えることもあった。その下には小屋を持てない者たちが「弟子《でし》」として抱えられていた。若き者たちは、弟子を市中の各町の垣外番として派遣したが、その垣外番を派遣する権利が町や町人単位に「垣外番株」として固定していく。この垣外番株は小屋持の非人が所持しており、小屋持非人同士で売買されることもあった。なお、垣外番株には、その町内での勧進を実質的に独占する事実上の勧進権としての意味を持っていた。

垣外仲間の変容―御用と勧進　彼らは、もともと乞食＝貧人として出発したのだが、一七世紀後半には大きく姿を変えていく。一七世紀末以降の町触では、野非人《のひにん》・新非人に対する統制やその取締りが、そして野非人などが大量に出て来るような飢饉時には、その救済の仕事が、長吏とその集団に命じられている。そして、その延長上に町奉行所の手先《てさき》としての御用（警察業務の末端）を勤めるようになっていく。

大坂の非人＝垣外仲間の者たちが勤めた町奉行所の手先の御用は、主として定町廻《じょうまちまわ》り方与力《よりき》の下での御用と盗賊方《とうぞくかた》与力の下での御用の二つであった。定町廻り方の下での御用は、巡回の御供《おとも》が基本であり、若き者たちまでが勤めた。一方、盗賊方の下での御用は、犯人の探索・捕縛や広域に及ぶ情報収集なども含まれていた。この御用を勤めるのは長吏・小頭層が中心であったが、若き者とその弟子は、垣外番として市中各町に分散・出入りしている条件を活かして、情報収集の役割を担った。また、盗賊方の下での広域の活動（一九世紀には中国・四国・西国・北国路・伊勢路・美濃路にまで拡大）においては、摂・河・播州の村々番非人（非《ひ》人番《にんばん》）が動員されることもあり、村々の非人番たちも四ヶ所垣外仲間の支配下に組み込まれていた。

彼らの生きていく手段としての勧進《かんじん》＝乞食、これ自体は近世の社会体制の中で認められていた。定式《じょうしき》勧進（年始や節句などの定期的な勧進）と吉凶《きっきょう》勧進（吉凶のあった家から受け取る勧進）の二つに分けられる江戸の非人の勧進のあり方を参照すると、大坂の場合も、多様な形を取るものの基本的にこの二つに整理できる。先に触れたように、垣外番株は垣外番を派遣することが権利として固定したものであるが、それは町旦那株《まちだんな》とも呼ばれ、その町内や町家に出入りして、勧進を独占することができた。これは、垣外仲間の中では家督《かとく》と呼ばれた。そして垣外仲間では、この家督を持つことが御用を勤めることの基準となっていた。その意味で御用と勧進は裏表の関係にあったのである。

四ヶ所垣外の支配系列　四ヶ所垣外は大坂町奉行所の御用を勤め、その支配下にあった。一方で、四ヶ所垣外は三郷の周辺部の村領内に所在していた。天王寺垣外は天王寺村、鳶田垣外は今宮村、道頓堀垣外は難波村、天満垣外は川崎村の村領内にあったのであるが、そのため各垣外は各村役人の支配の下にもあった。また、天王寺垣外と鳶田垣外は四天王寺の御用を勤め、四天王寺の支配も受けていた。特に天王寺垣外は、四天王寺を建立した聖徳太子の貧民救済の下働きをした者たちの系譜にあるという由緒《ゆいしょ》を作り上げ、四天王寺との関係では、悲田院《ひでんいん》垣外という呼称を用いることが見られた。但し、彼らは四天王寺とつながる由緒を必要に応じて利用していたが、決してその支配を内面化しているわけではなかった。

《法の形式》　掲載した史料は、五ヶ条の規定からなる。ここに上げられた五ヶ条は、毎年二度の誓約の印を捺し、毎月読み聞かせるとある。残っているのはこの一通だけであるが、天王寺垣外の非人仲間の基本的な規定である＊。

＊この時期、四天王寺は、悲田院垣外・鳶田垣外が四天王寺の支配をないがしろにしていると感じて、その支配を受容することを求めていた。この条々は、それに対する対応として臨機の措置として（恒常的なものを装って）作成された可能性もある。

この史料は、形式の点でも、内容の点でも興味深い。まず形式の点から考えていこう。前半は、長吏・小頭から若き者たちに守るべき箇条を命じた部分であり、後半は、若き者たちが長吏・小頭にこれらを遵守することを誓約した部分である。この条々に見られるように垣外仲間は独自の身分内法を持っていたが、長吏・小頭御仲から若き者に宛てた申渡しは、身分内法の代表的な二つの形式の一つである。これを第一形式としよう。もう一つは、長吏と小頭たちの間の申合せの形式である。これを第二形式としよう。身分内法は、この条々のような恒常的な基本的規定もあるが、何らかの契機で臨機に決められることもある。また、各垣外毎に規定することもあれば、町奉行所盗賊方などの指示を受けて四ヶ所垣外の申合せを行った場合もある。しかし、いずれにしろ各垣外においては、二つの法の形式に還元される。

第二形式は、小頭たちが申合せ事項を守ることを長吏に誓約するという形をとるが、実質的に長吏・小頭全体での申合せである。それに対し、第一形式の場合、長吏・小頭から若き者に対する命令という性格を持つ。ここには、長吏は垣外のトップではあるが、小頭との間には歴然たる格差は存在せず、長吏・小頭で総体として垣外の指導機関＝「御仲」を形成していたことが示されている。一方、若き者も小屋持の非人ではあるが、長吏・小頭との間にははっきりした階層差があったのである。また、第一形式においても、誓約の署判を行っているのは若き者に限られており、弟子らは入っていないことに注意しておこう。

以上のように、法の形式からは垣外仲間の組織構造を窺うことができるが、法の内容を理解するにも形式に留意することが不可欠である。すなわち、第一形式では、若き者がどうすべきかを規定しているのであって、各箇条の主語は若き者として解釈しなければいけない。一方、第二形式では、小頭を主語として解釈しなくてはならないのである。第一形式である寛政九（一七九七）年正月の条々も若き者に関する規定として理解しなければならない。次に、このことを念頭に条々の内容を見ていこう。

《法の内容》 火の元用心（第二条）や博奕禁止（第五条）は、どこの町・村に宛てられた御触にも普通に見られるものであるが、それが天王寺垣外の基本五ヶ条に含まれていることに、垣外にとっての火事の脅威と非人集団における博奕に手を染めかねないことへの警戒が窺える。

残る三ヶ条は、垣外仲間の特質を示す重要なものである。第一条の冒頭には、町奉行所の「御用向」を大切に勤めることが規定されている。後半の「御山内」は四天王寺を指し、寺僧や天王寺村役人に無礼のないようにとの規定である。ここには、天王寺垣外に対する支配関係が集約されている。一つは、御用の賦課と都市行政の立場からの大坂町奉行所の身分的支配である。もう一つは、天王寺垣外が所在している天王寺村の村役人の支配である。

なお、こうした村役人の支配の実態を示す史料が、道頓堀垣外が所在した難波村に残されており、『道頓堀非人関係文書』（上・下、清文堂出版、一九七四・六年）として刊行されているが、それによると、難波村庄屋は、転びキリシタンやその類族の掌握、垣外敷地や野小屋の許可と掌握を行っており、また道頓堀垣外の者たちは垣外人別帳の呼称など様々な問題を難波村庄屋に対して出願しており、村領内に居住していることに淵源して、非人の人別まで把握し、支配している様子が示されている。この村領に伴う支配は幕領代官の系列下にあることも留意しておく必要がある。

先に触れたように天王寺垣外については、さらに四天王寺の支配が加わる。天王寺垣外は、一七世紀後半に四天王寺と聖徳太子に由来する由緒を創出し、自らを位置付けていた。その背後には、四天王寺に対し、寺役を勤める現実があった。詳細は不明であるが、鳶田垣外も寺役を勤め、四天王寺の支配を受けていた。一八世紀末に至り、天満垣外に生じた問題を契機に、他の三ヶ所の垣外は天王寺垣外から分かれたという形で、四天王寺と聖徳太子にまつわる由緒が四ヶ所全体の由緒として拡張された。しかし、道頓堀垣外・天満垣外については実質的な四天王寺の支配は及ばなかったものと考えられる。つまり、第一条に見られた三方向からの支配関係は、天王寺垣外の現実に見合う規定だったのである。

第三条の「市中へ『囉斎』に出る時は、神妙にせよ」との規定には、非人の生活の根幹に「囉斎」＝乞食・勧進があったことが示されている。また若き者たちの勧進の対象が市中＝大坂三郷だったことも窺える。第四条では、「病気で出勤できないときは、「当番」に許可を得て養生するように」とあるが、この出勤とは町奉行所の御用への出勤であり、「当番」とは小頭の当番のことである。この規定は、天明八（一七八八）年六月の「申渡し条々」では、病気で「囉斎」に出られないほどのときは、平癒まで当り役を免除するとあるのに対応している。すなわち垣外仲間において御用の勤め方と勧進は密接に関連していたのである。

ここでの御用向＝当り役は町奉行所の定町廻り方与力の下で勤める巡回の御供である。すなわち、ここには長吏・小頭らが盗賊方与力の下で勤める御用については言及されておらず、この条々が若き者を対象とした規定であることと照応しているのである。小頭の当番の許可を得て出勤免除とするというのも、長吏・小頭から若き者へ、という法の形式と見合っている。

なお、若き者のあり方について、何人かの老分の者がいたこと、毎月四人ずつ月行司を勤めたことがわかる。

以上、寛政九（一七九七）年正月の条々から、大坂の非人集団の身分内法のあり方と垣外仲間の組織構造の大枠を見てきた。そこでの法の形式からは、長吏・小頭らの形成する御仲と若き者が階層差を持ちつつ、垣外仲間の構成主体をなしており、その下に弟子層が従属している組織構造が窺えた。また、条々の内容から、天王寺垣外は、大坂町奉行所、四天王寺、天王寺村役人という性格の異なる三方向からの支配関係の下にあったこと、非人たちにとって勧進と御用の二つが生活の根幹に位置することが確認できた。

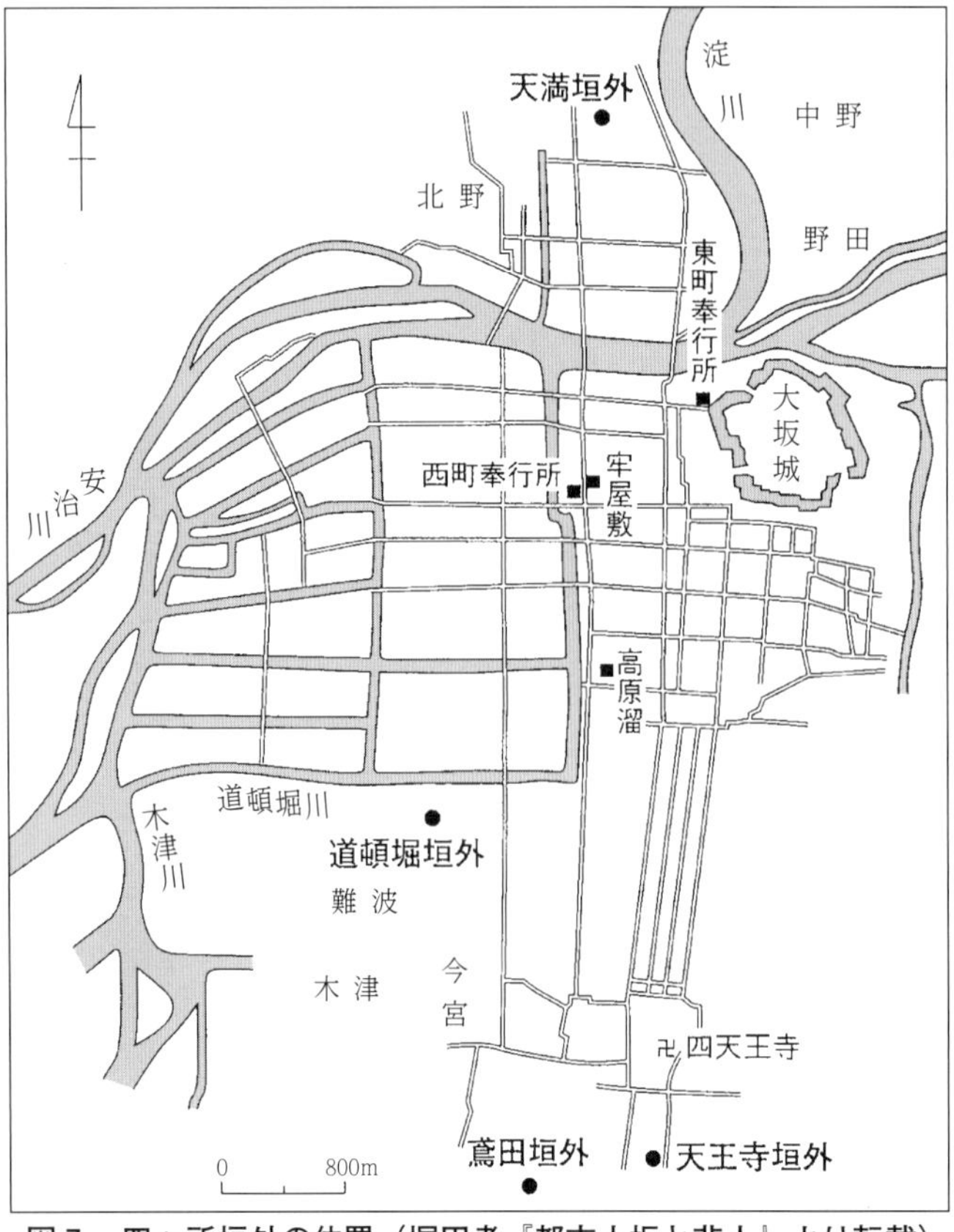

図７　四ヶ所垣外の位置（塚田孝『都市大坂と非人』より転載）

【コラム】

番付から見た大阪相撲

このコラムでは、大阪相撲という相撲渡世集団に関する基本的な史料である番付を紹介しながら、相撲集団の特質の一端に触れることにしたい。

その前提として、まず大阪相撲について簡単に解説しておきたい*。

＊詳細は、飯田直樹「大阪相撲の部屋と勧進」（塚田孝編『新体系日本史8 社会集団史』山川出版社、二〇二一年）を参照。

現在、日本相撲協会が興行する大相撲は、江戸時代には三都（江戸、京、大坂）で開催された。四季に一度開催されたため、「四季《しき》勧進《かんじん》相撲」とも呼ばれた。この興行のシステムは、延享－寛延期（一七四四～五一年）に成立したと言われており、興行には三都をはじめ各地の相撲渡世集団が参加した。大阪相撲とは、大相撲興行を担った相撲を渡世とする集団であり、現在の相撲協会の前身の一つでもある。

大阪相撲は、親方である頭取《とうどり》（江戸では「年寄」と呼ぶ）、相撲取、行司などから構成され、相撲取と行司らは部屋ごとに頭取に統括されていた。大相撲が終わると、次の大相撲までの間、相撲取たちは部屋を単位に各地を巡業するなどしていたのである。このように大阪相撲は流動性の高い集団ではあったが、拠点とする都市社会で様々な集団と関係を持っていた。

干鰯《ほしか》市場《いちば》のあった靫《うつぼ》には、靫部屋という相撲部屋があった。この部屋は、靫のなかでも仲仕《なかし》と呼ばれる労働者が商品である干鰯や塩干魚《えんかんぎょ》の荷《に》揚《あげ》作業を行っていた永代浜にあり、そうした空間に相撲部屋が存在した

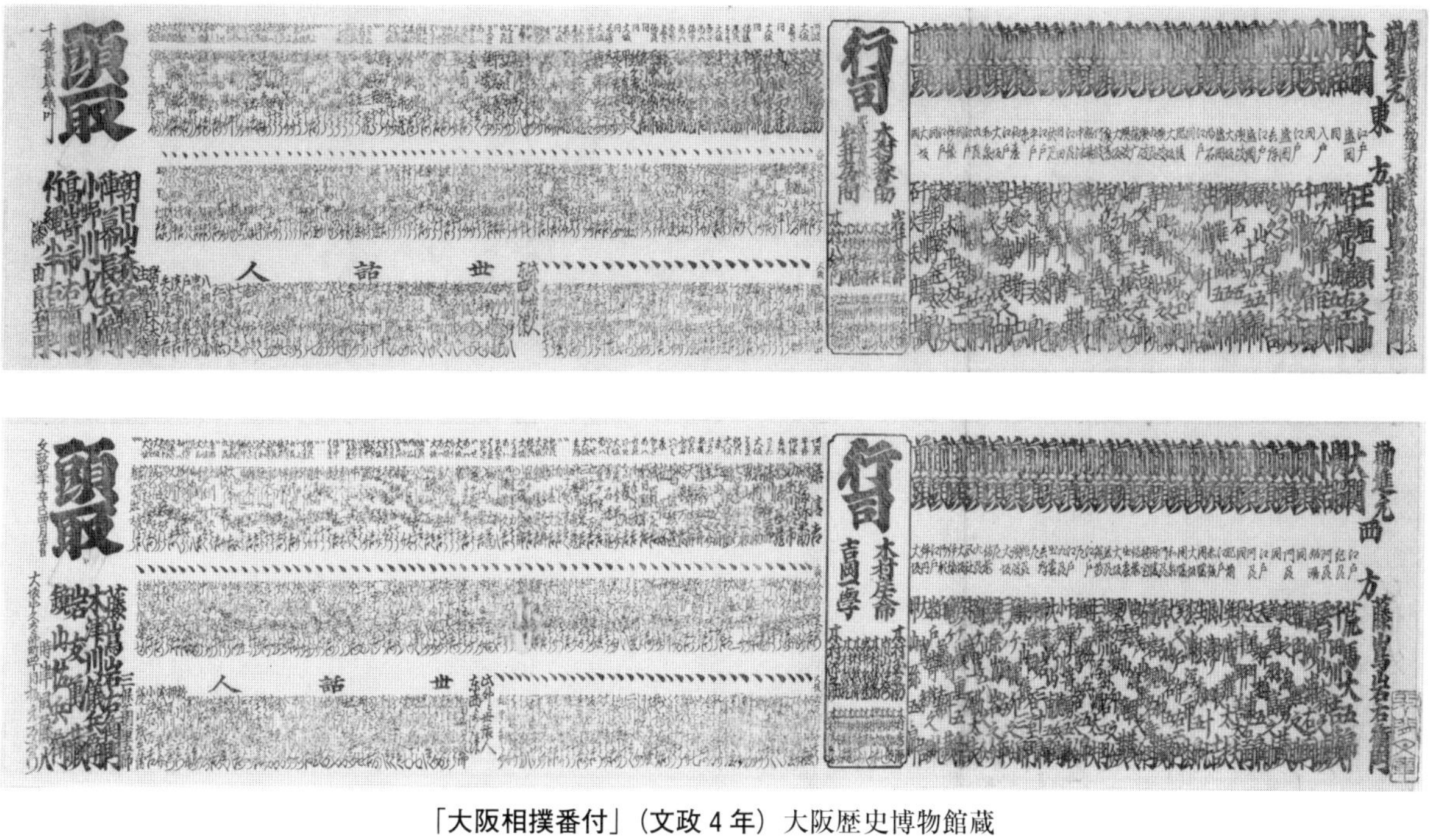

「大阪相撲番付」（文政4年）大阪歴史博物館蔵

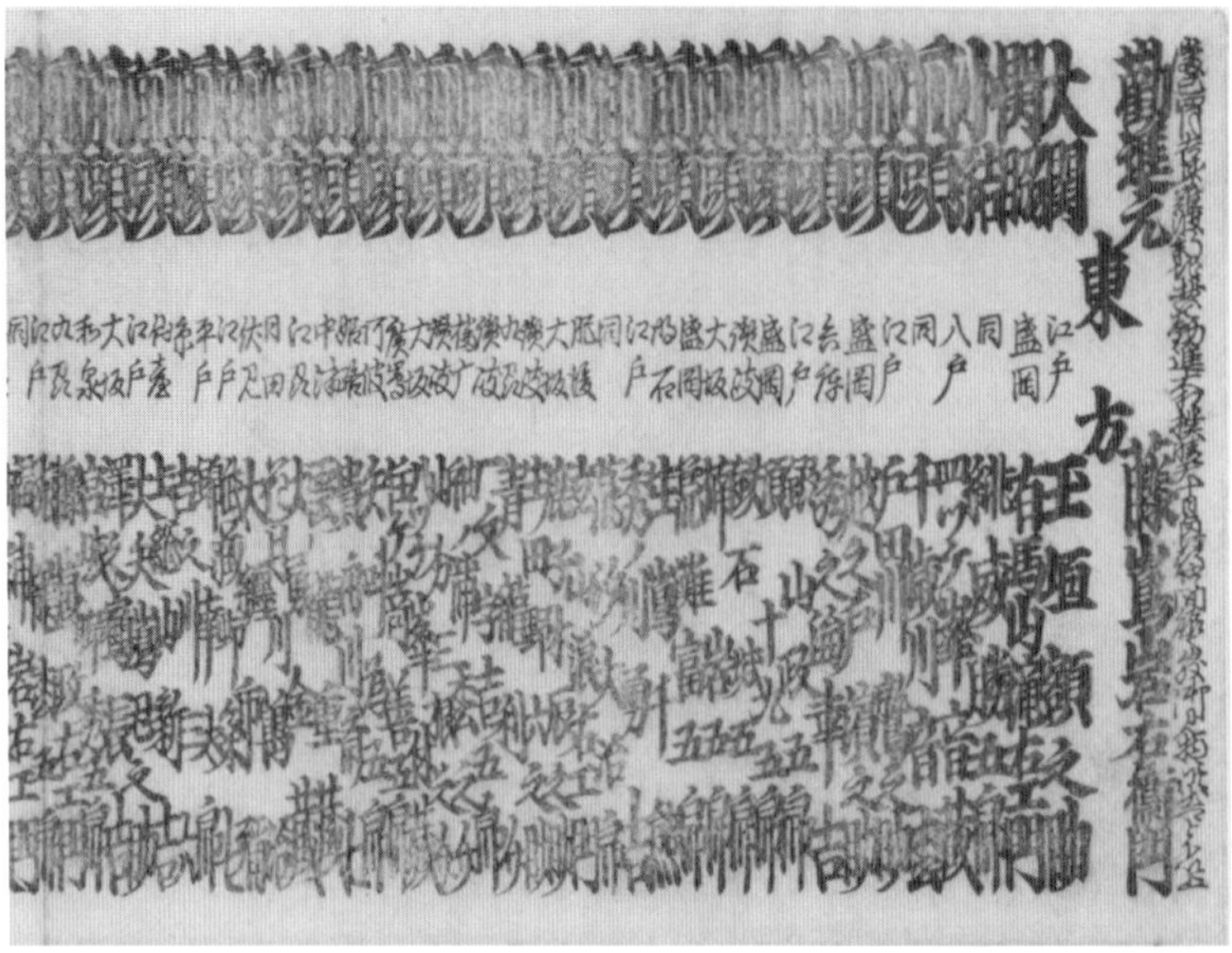
勧進元
東
方
大関

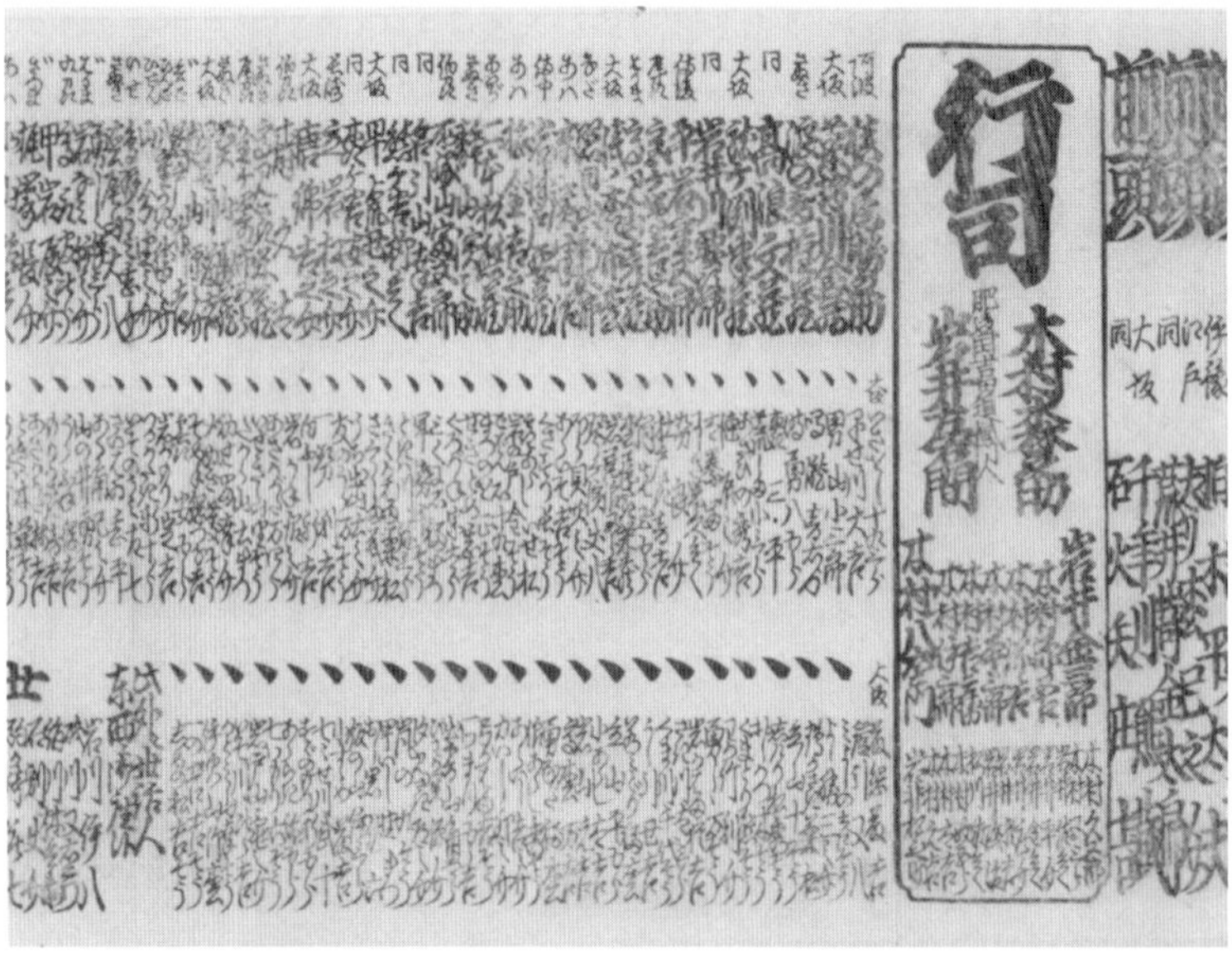
行司

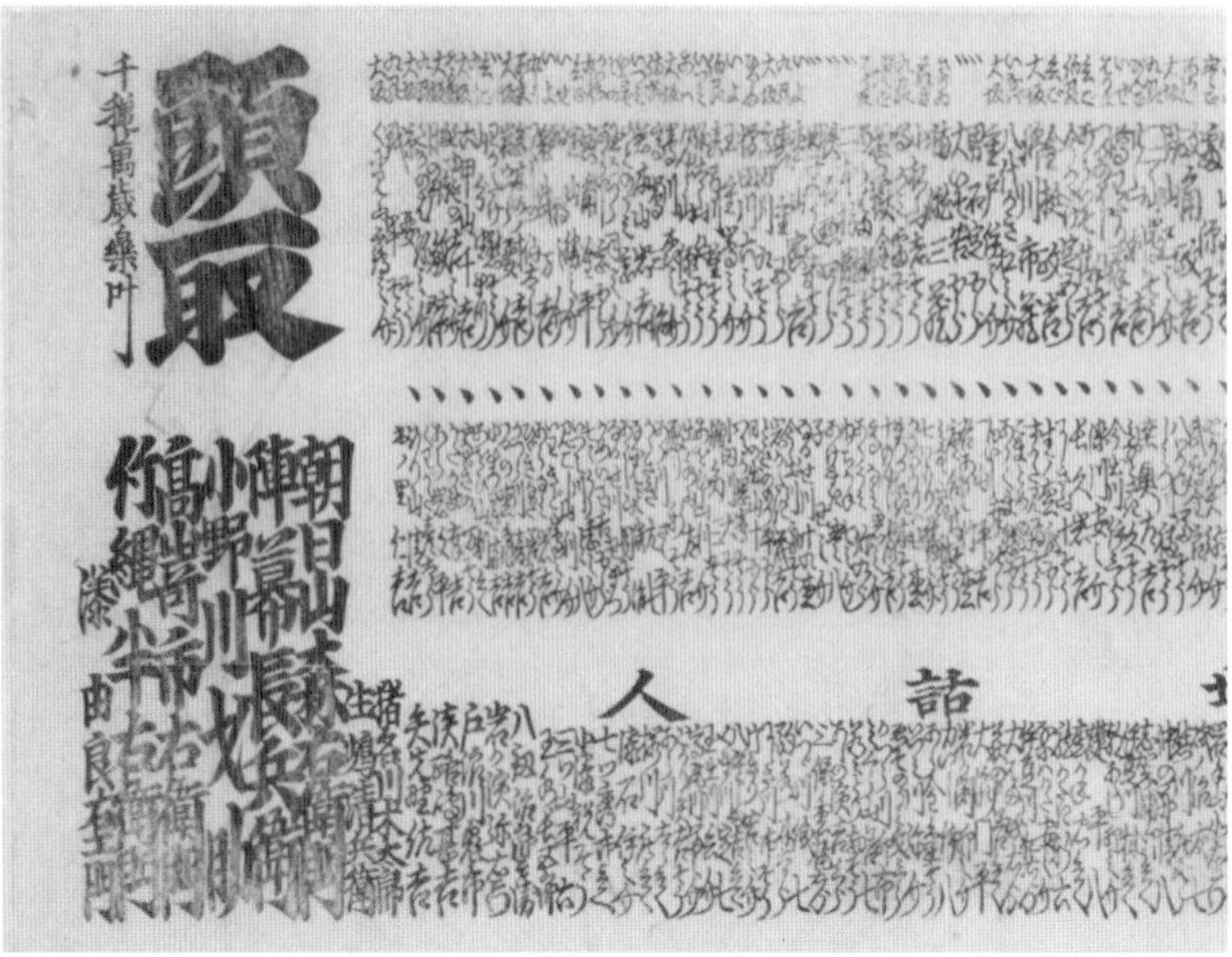
千穐萬歳大叶
頭取

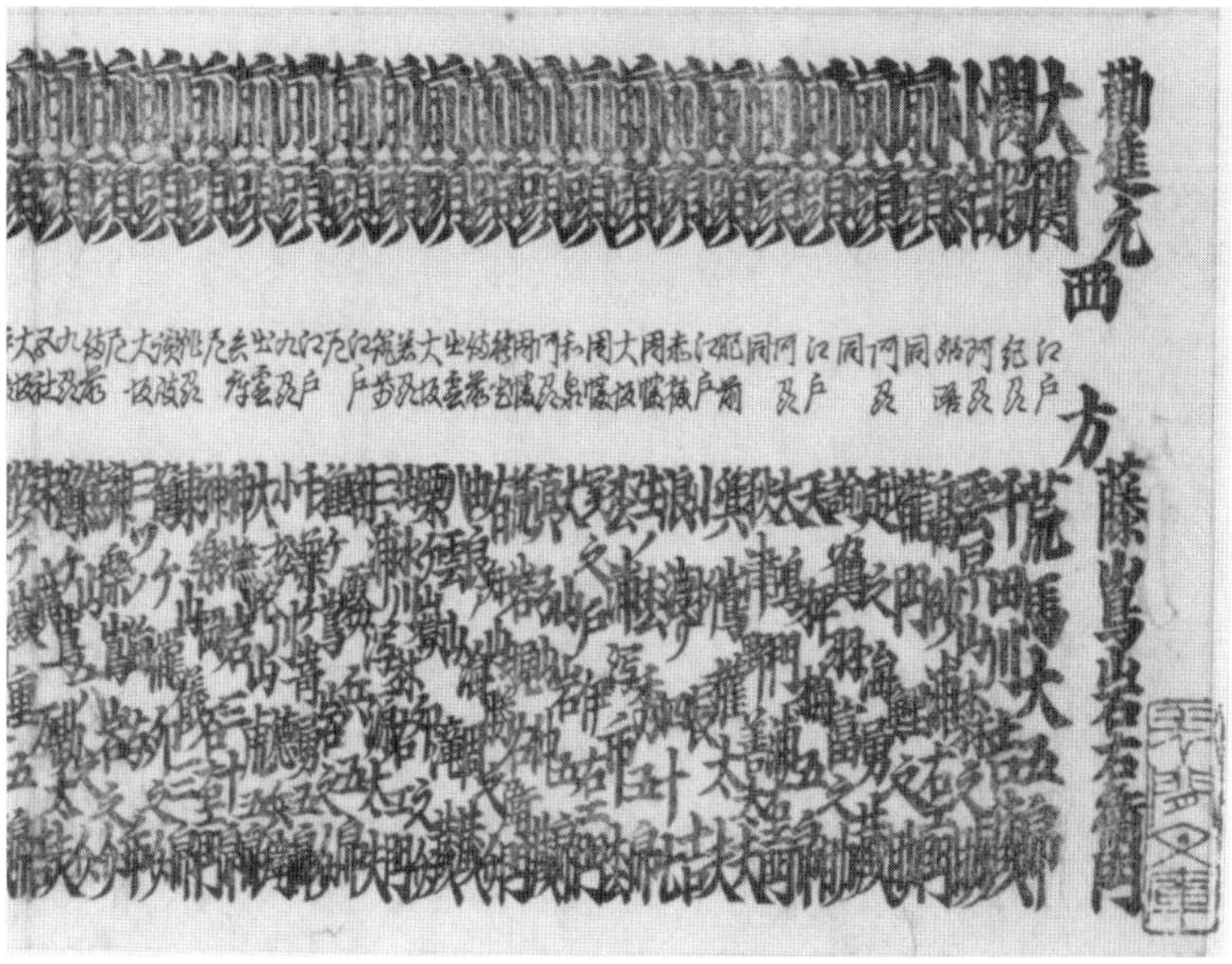

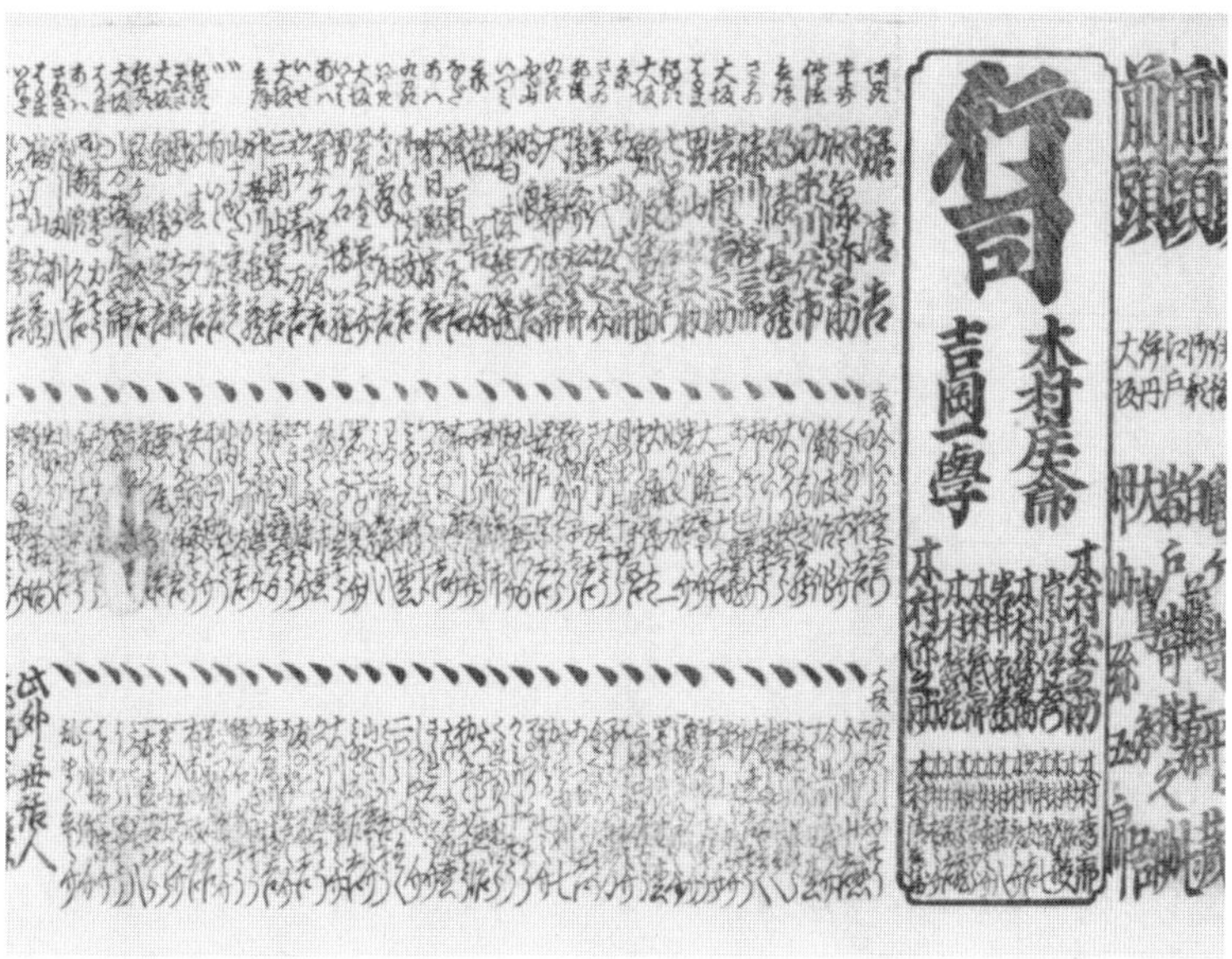

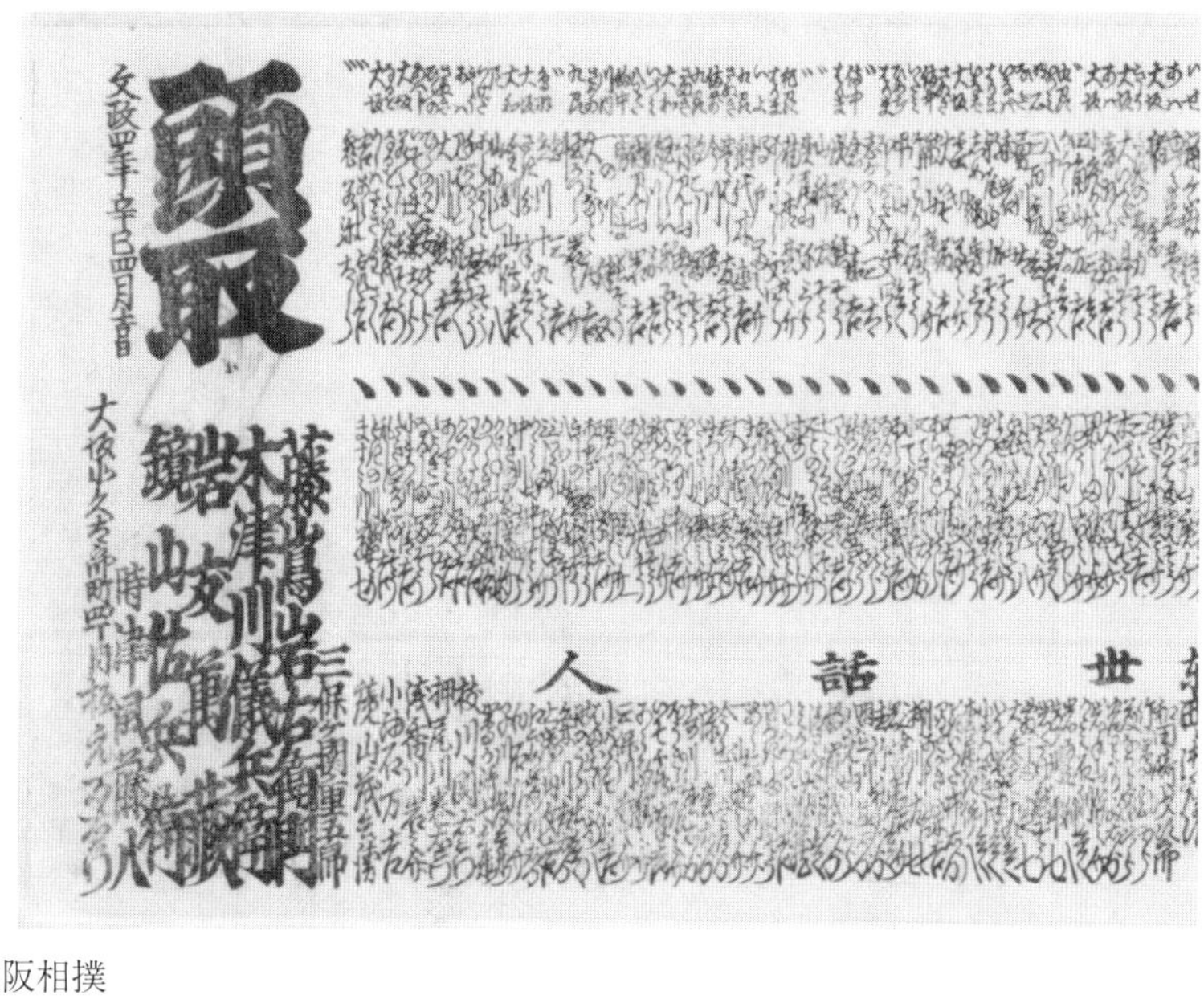

ことが注目される。また、仲仕出身の頭取や相撲取がいた。このように大阪相撲は、仲仕や市場社会と密接な関係を有していたのである。

現在の大相撲では縦長の一枚番付が発行されているが、大阪相撲は大相撲を開催するたびに横長の番付を二枚発行していた。興行に参加する相撲取を東方と西方に分けて掲載していたのである。文政四（一八二一）年の番付では、東方番付の右端に「当巳四月吉日ゟ難波新地ニおいて勧進大相撲晴天十日興行仕候間、賑々敷御見物ニ御出可被下、以上」（当年四月吉日より難波新地において、勧進大相撲を晴天十日の間、興行しますので、ふるって見物に御出でください。以上）とある。

勧進大相撲の「勧進」とは、もともとは仏教用語で、寺社や仏像の建立、修復のために広く寄付を募ることなどを意味していた。幕府は、勧進相撲についても寺社や橋の修復や新地繁栄策など公共性のある目的を持ったものに限定して許可しており、その番付にも目的が明記されていた。しかし、延享元年頃から目的が明記されなくなり、文政四年番付にあるように、単に「勧進大相撲」などと記されるようになる。これは、相撲渡世集団にとって「勧進」が単なる名目となり、渡世のための興行が認められたことを意味している（高埜利彦『相撲』山川出版社、二〇二二年）。

しかし、「勧進」には単に施しを受けたり、物乞いをしたりするという意味もあった。そのような意味での勧進行為をする他の集団にとっては、勧進相撲は自らの勧進行為を侵害するものと認識され、それらの集団と相撲集団との紛争が起きていた。大阪相撲はそうした対立を回避するため、興行前に勧進元（興行元）から非人集団に銭（「角力《すもう》勧進元成り」）を与えたり（塚田孝『都市大坂と非人』山川出版社、二〇〇一年）、かわた村である渡辺村や非人集団に観客席のチケット（提札《さげふだ》）を供与したりしていた。

さて、文政四年の興行は難波新地で開催されたが、大坂での勧進相撲は新地の開発と密接に関係していた。史料上最初に確認できる大坂での勧進相撲は、元禄一五（一七〇二）年四月に堀江の橘通三丁目で開催されたものである。これは、同一一年より開発が始まった堀江新地の振興策として認められたもので、以後大坂での勧進相撲が堀江で開催されるようになる。明和元（一七六四）年に難波新地の開発が始まると、翌年には難波新地でも勧進相撲が認められるようになり、安永三（一七七四）年以降は、隔年で堀江と難波新地で開催されることとなった。しかし、文化四（一八〇七）年から天保一四（一八四三）年までは難波新地でもっぱら開催されるようになる。堀江で行われなくなったのは、開発が進むにつれ、興行場所の確保が難しくなったからだと考えられる。当時の興行は屋外で開催されており、広い興行空間を確保しやすい空地や河原などで開催されていた。屋外での興行のため、雨が降ると興行が順延された。番付に興行日数が「晴天十日」と記されているのはそのような事情からである。

次に番付に掲載されている人々について確認しておこう。番付の右から、①勧進元、②相撲取（大関から前頭まで）、③行司、④相撲取、⑤世話人（④相撲取が掲載されている三段目の途中から）、⑥頭取、という順に掲載されている。

⑥頭取欄には東西あわせて九名の頭取が掲載されている。このうち、西方の木津川と鏡山を除くすべての頭取名が現在の年寄名跡《みょうせき》として残っている。他に年寄名跡として残っている例としては押尾川や千田川などが

あるが、このように年寄名跡につながる名前が大阪相撲で確認できるようになるのは、延享期（一七四四～八年）からのことである。

⑤世話人とは、相撲取を引退した者のうちの有力者で、このなかには将来頭取になる者がいた。また、草相撲《くさずもう》の親方が掲載されることもあった。大阪相撲が在方《ざいかた》で巡業する際、地元の草相撲集団の協力が不可欠であり、草相撲集団は実力ある相撲取の供給源としての役割を果たしていた。なお、①勧進元（興行元）になるのは、多くはこの⑤世話人と⑥頭取の人々であり、文政四年の勧進元である藤島岩右衛門も西の頭取であった。ちなみに藤島は靭部屋に所属しており、この相撲興行の際、靭の仲仕たちに土俵一式を仕立てるよう依頼していた。

②・④相撲取の名前の上の頭書には、生国や出身地が記されることが多いが、大名に抱えられた相撲取には藩名が記された。例えば東関脇の有馬山瀧右衛門と同小結の緋縅勝五郎はそれぞれ摂津国と安芸国の出身であったが、頭書は「盛岡」とある。これは両人が盛岡藩南部家の抱えであったことを示している。こうした大名抱えの相撲取たちは、大相撲や巡業の合間に、大名の国元を訪れ、藩主の求めに応じて相撲を取るという生活をしていた。

②相撲取の地位のなかに「横綱」が存在しないことにも注意しておきたい。文政四年の番付に限らず、江戸時代の番付において相撲取の地位として横綱という名称が掲載されたことはない。これは、横綱という名称が大関・関脇・小結・前頭に比して新しいことを示している。横綱は、寛政元（一七八九）年に当時の相撲界の権威であった吉田善左衛門（熊本藩細川家家臣）が「発明」したものであった。同年、吉田善左衛門は、谷風梶之助と小野川喜三郎の両人に門弟《もんてい》入りを許すとともに、横綱を免許した。これが横綱の初例である。吉田家はもともと京都の行司《ぎょうじ》の家であったが、寛延頃から相撲の式法《しきほう》と故実《こじつ》を伝える相撲に由緒のある家として「本朝《ほんちょう》相撲司《つかさ》」と自称しはじめた。寛政元年の横綱免許は、自らの権威をより高めるためのものであった。相撲渡世集団側も興行をめぐる他集団との競合を制するために吉田家に接近した（高埜前掲書）。そうした両者の関係については、番付でも確認することができる。東方の③行司に名前のある岩井左右間《そうま》の肩書に「肥後国吉田追風門人」とあり、大阪相撲の行司であった岩井左右間が吉田家の門弟であったことがわかる。吉田家による相撲集団組織化の動きは大阪相撲にも及んでいたのである。

あとがき

本書『史料から読む近世大坂』の出発点は、一〇年以上前になる。

私は、大阪市立大学の共通教育の授業で主として一回生が履修する「歴史のなかの大阪」という科目を長年担当してきた。その授業の経験を踏まえて、二〇〇二年に岩波書店から『歴史のなかの大坂　都市に生きた人たち』という本を出版した。これは、古代から近代までの展望の中で都市大阪の歴史を概観する内容であったが、その後しばらくはこの本をテキストとして「歴史のなかの大阪」の授業を行っていた。そのうち徐々に、授業の中に近世大坂に関する史料を読み込んで、解説し、そこから理解を深めてもらう方式を盛り込んでいった。そうすることで、過去の歴史に生きた人びとの〈人間存在〉への手触り感といったものが学生にも得られるのではないかと考えたからである。

そうして少しずつ本書につながる内容を蓄積していったが、二〇一〇～一二年度に大阪市立大学の学内経費のプロジェクト「都市問題研究」において「近世都市大坂の歴史構想と史料テキストの開発」という課題で助成を得て、二〇一一年に『史料から読む近世大坂〔基礎編〕《試行版》』を作成し、二〇一二年には『史料から読む近世大坂《試行版Ⅱ》』と題する報告書を作成した。この時の共同研究は、当時大阪歴史博物館の学芸員だった八木滋氏が重要な役割を果たした。私は共通教育の授業で使いたい、八木氏は博物館の市民向け講座などで利用できる良いテキストが欲しいと考えて取り組んだのである。

『史料から読む近世大坂《試行版Ⅱ》』は私と八木氏の共編といってよいものであり、その編集後記に八木氏は次のように記している。

日本の近世史（おもに江戸時代）を研究する目的はさまざまにあるが、その一つに古文書を読む楽しみがある。思いがけない事実が書いてあったり、いろいろな解釈の可能性を考えたり、複数の古文書から思わぬことがわかってきたり、と楽しみ方もさまざまである。いずれにしても、文字面だけを追うのではなく、具体的な状況を思い浮かべながら、分析的に読むことで、新しい事実が発見できるところに、その醍醐味がある。

本書は、そんなことを追体験しつつ、近世の大坂の都市社会について理解してもらうことを目的としたものである。一つの史料を読みながら、近世大坂の「教科書」にもなっているということを、一冊の本の中で実現していくことは、甚だ難しい。〔試行版〕から工夫したつもりであるが、いまだ不十分であろう。また、解説やそこでの分析も、学生や一般市民の方々を対象とするには、まだ難解な部分も多いだろう。平易な表現でも、複雑な史料分析や社会事象を叙述することは可能なのだとは思うが、実際にはこれが難しい。少しでも古文書を読む醍醐味を味わっていただければ幸いである。

ところで、古文書を読む醍醐味というならば、近世に限ったことではないのではないか、と思われるかもしれない。確かにそうだが、中世以前は古文書の量が絶対的に少ないし、近代になると量は膨大となるが、行政史料や二次的な史料（例えば、新聞・雑誌など）が多くなってしまう。その点で、近世は質・量ともに充実しており、内容も具体的なものが多い。このような文書の残り方は、世界でも珍しいという。今でも、旧家から様々な形で文書が「発見」される。過去の人々が生きた証しであるこれらの古文書をのこし、そこに書かれている事実を掘り起こし、古文書とともに後世に伝えていくことが、私たちの生きる証しでもある。歴史を学ぶことは未来の教訓を得るためという面もあるが、古文書を読んでいると、過去に生きた人々の営みそのものに価値があったのだと気づかせてくれる。そうした営み・努力（失敗も含めて）の蓄積のうえに、私たちの社会がなりたっているのである。その視点がないと、過去に類似の事例を見つけるだけで、そこからよりよい教訓は得られないだろうし、私たちが現代を生き抜いていくための視点も得られないであろう。過去の人々の営みが、今から思えば不十分なものであったり限界があっても、その営み自体には価値があるのである。現在の世相はそれをちょっと忘れているような気がする。

ここに八木氏が記していることは、私もまったく同感であり、『史料から読む近世大坂《試行版Ⅱ》』を作成した意図をよく表現していると思い、引用した次第である。

その後、私は「歴史のなかの大阪」の授業では、『歴史のなかの大坂』を参考図書として、それについては学生の自主学習とし、全面的に『史料から読む近世大坂《試行版Ⅱ》』を利用したものに切り替えていった。その過程で大小いろいろな誤りに気づいたり、さらに改善すべき点を蓄積してきた。

二〇二〇年三月末で私は大阪市立大学を退職し、「歴史のなかの大阪」の授業を担当することはなくなったが、逆にこれまでに蓄積してきたことを踏まえて、広く歴史に関心をもつ人に利用してもらえるために出版したいと考えるに至った。そこで、現在取り組んでいる科研プロジェクト「近世巨大都市・三都の複合的社会構造とその世界史的位置―〈史料と社会〉の視点から―」（基盤研究(A)２０２０～２３年度：代表・塚田孝）の共同研究の一環として、改訂作業を行ってきた。それぞれの執筆者が担当した部分の見直しを行ったことはもちろんであるが、大阪歴史博物館の学芸員の飯田直樹氏と執筆者の一人である渡辺祥子氏の二人は、私とともに全体にわたる内容チェックや編集作業にも格別の尽力をいただいた。執筆者以外にも科研プロジェクト大坂チームのメンバーにも貴重な意見をいただいた。記して感謝したい。なお、八木滋氏が病気のため、編集作業に加われなかったことは、きわめて残念なことであった。本書の中には、八木氏の知恵と思いが生きていることを付言しておきたい。

本書『史料から読む近世大坂』のできるまでの経緯を振り返ってきたが、そこで言及した拙著『歴史のなかの大坂』と本書を合わせて利用していただければ、より理解が深まるだろうと思われる。同書を参照いただければ幸いである。

最後に、本書で史料として使用した古文書の所蔵先に触れておきたい。大阪公立大学所蔵史料と大阪歴史博物館所蔵史料が多いが、その他、大阪府立中之島図書館「道修町三丁目文書」「菊屋町文書」「悲田院文書」、道修町文書（道修町資料保存会）、大阪城天守閣所蔵史料、門林啓三氏所蔵史料が含まれている。利用に際し、ご協力いただいた方々や機関に謝意を表したい。また、出版事情が困難ななかで、本書の意義を理解していただき、全面的なサポートをしていただいた和泉書院の廣橋研三氏に深く感謝したい。

二〇二三年七月

編者　塚田　孝

編者紹介

塚田　孝　〔史料②〕〔史料④〕〔史料⑤〕〔史料⑥〕〔史料⑦〕〔史料⑧〕〔史料⑨〕〔史料⑩〕〔史料⑫〕〔史料⑰〕
【コラム】「元伏見坂町と伏見屋善兵衛家」

1954年生れ　大阪市立大学名誉教授

『近世身分社会の捉え方―山川出版社高校日本史教科書を通して―』（部落問題研究所、2010年）、『大坂　民衆の近世史』（ちくま新書、2017年）、『日本近世の都市・社会・身分―身分的周縁をめぐって―』（花伝社、2019年）

執筆者紹介

八木　滋　〔史料①〕〔史料③〕〔史料⑮〕
【コラム】「菊屋町と道修町三丁目」

1969年生れ　元大阪歴史博物館学芸員

『近世身分社会の比較史―法と社会の視点から―』（塚田孝・佐賀朝と共編、清文堂出版、2014年）、「天王寺牛問屋と摂河泉播の牛流通」（『部落問題研究』147、1999年）、「熊本藩国産明礬と銭佐」（逸身喜一郎・吉田伸之編『両替商銭屋佐兵衛２　逸身家文書研究』東京大学出版会、2014年）

高橋菜穂子　〔史料⑪〕〔史料⑭〕

1985年生れ　元大阪歴史博物館学芸員

「近世大坂における質屋仲間の特質―定方書の分析から―」（西本菜穂子：『大阪歴史博物館研究紀要』11、2013年）、「大坂三郷質屋仲間の盗品調査」（西本菜穂子：『大阪歴史博物館研究紀要』12、2014年）

渡辺祥子　〔史料⑬〕

1970年生れ　大阪公立大学非常勤講師

『近世大坂薬種の取引構造と社会集団』（清文堂出版、2006年）、「近世京都の薬種屋仲間と薬種流通」（『市大日本史』22、2019年）、「唐薬問屋」（塚田孝編『社会集団史』山川出版社、2022年）

山下聡一　〔史料⑯〕

1974年生れ　和泉市教育委員会会計年度職員（和泉市史編さん室）

「近世大坂生玉神社における社家仲間」（『市大日本史』11、2008年）、「近世都市堺・中浜一丁目の空間構成と家・家持」（『ヒストリア』288、2021年）、「社家仲間と「家」」（塚田孝編『社会集団史』山川出版社、2022年）

飯田直樹　【コラム】「番付から見た大阪相撲」

1971年生れ　大阪歴史博物館学芸員

『近代大阪の福祉構造と展開―方面委員制度と警察社会事業―』（部落問題研究所、2021年）、「町の近代化」（塚田孝編『シリーズ三都　大坂巻』東京大学出版会、2019年）、「大阪相撲の部屋と勧進」（塚田孝編『社会集団史』山川出版社、2022年）

史料から読む近世大坂

上方文庫別巻シリーズ11

2023年9月30日　初版第1刷発行

編　者　塚田　孝

発行者　廣橋研三

発行所　和泉書院
〒543-0037　大阪市天王寺区上之宮町7-6
電話06-6771-1467　振替00970-8-15043

印刷・製本　遊文舎　装訂　森本良成

ISBN978-4-7576-1077-4 C1321　定価はカバーに表示

©Takashi Tsukada 2023 Printed in japan
本書の無断複製・転載・複写を禁じます

和泉書院　日本史研究叢刊

福沢諭吉と大坂	森田康夫著	7	五五〇〇円
近世畿内政治支配の諸相	福島雅藏著	14	八八〇〇円
戦国期畿内の政治社会構造	小山靖憲編	16	八八〇〇円
近世の豪農と地域社会	常松隆嗣著	27	七四八〇円
日本の近世社会と大塩事件	酒井一著	31	一一〇〇〇円
中世・近世堺地域史料の研究	矢内一磨著	32	九三五〇円
古墳と池溝の歴史地理学的研究	川内眷三著	33	九九〇〇円
豊臣政権の形成過程と大坂城	中村博司著	34	九三五〇円
難波古代史研究	栄原永遠男著	43	八八〇〇円
奈良時代貴族官人と女性の政治史	木本好信著	45	六三八〇円

（定価は 10%税込）

和泉書院の本

古浄瑠璃・説経研究 近世初期芸能事情 上巻 街道の語り物　阪口弘之 著　一三二〇〇円

古浄瑠璃・説経研究 近世初期芸能事情 下巻 近世都市芝居事情　阪口弘之 著　一四三〇〇円

上方文化講座 曾根崎心中　大阪市立大学文学研究科「上方文化講座」企画委員会 編　二二〇〇円

上方文化講座 菅原伝授手習鑑　大阪市立大学文学研究科「上方文化講座」企画委員会 編　二〇九〇円

上方文化講座 義経千本桜　大阪市立大学文学研究科「上方文化講座」企画委員会 編　二二〇〇円

秀吉と大坂 城と城下町　大阪市立大学豊臣期大坂研究会編／大澤研一・仁木宏・松尾信裕監修　三六三〇円

『河内名所図会』『和泉名所図会』のおもしろさ　森田恭二 編著　二五三〇円

京大坂の文人 続々々　管宗次 著　二六四〇円

船場大阪を語りつぐ 明治大正昭和の大阪人、ことばと暮らし　前川佳子 構成・文　近江晴子 監修　二〇三五円

大阪のことば地図　真田信治監修／岸江信介・中井精一・鳥谷善史編著　一九八〇円

（定価は 10％税込）

義太夫年表　昭和篇

全七巻

国立文楽劇場　義太夫年表
昭和篇刊行委員会　編

第一巻　昭和二年〜昭和十一年　一九八〇〇円
第二巻　昭和十二年〜昭和二十年　一九八〇〇円
第三巻　昭和二十一年〜昭和二十九年　二〇九〇〇円
第四巻　昭和三十年〜昭和三十五年　二〇九〇〇円
第五巻　昭和三十六年〜昭和四十五年　二〇九〇〇円
第六巻　昭和四十六年〜昭和五十六年　二〇九〇〇円
第七巻　昭和五十七年〜昭和六十四年　他　価未定

和泉書院

（定価は 10%税込）